프리드리히 쉴러

프리드리히 쉴러

그의 삶과 문학

김 승 옥

고려대학교출판부
KOREA UNIVERSITY PRESS

차례

1. 유년 시절

쉴러 서거 200주년

2005년 쉴러 서거 200주년을 맞아, 동서 냉전의 종식 후 토마스 홉스가 말한 바와 같이 '만인 대 만인의 싸움'에 더 보태어 모든 나라들이 자신의 이익만을 추구하는 '국가 대 국가의 싸움'의 시대에 쉴러를 고찰할 필요가 있다고 생각한다. 그는 "우리의 병든 시대의 임상병리 의사"로서 국가와 도덕과 교육을 치료할 "정신과 의사"였다(Alt I, 13). 그렇다면 그는 우리에게 현대를 어떻게 살라고 말하였을까? 그 대답을 여기서 찾아보고 싶다.

한 사람의 인물, 특히 작가를 묘사한다는 것은 그 한 사람에 대한 사실만이 아니라 그의 시대의 전반적인 문제를 다루는 것이다. 또한 그 당시의 그 나라의 현실을 다루는 것이다. 특히 작가는 시대를 예민하게 파악하고 그 시대의 사건과 밀접하게 연관되어 있어 그의 작품은 그 시대의 바로미터라고 볼 수 있다. 프리드리히 쉴러라는 작가의 삶은 바로 그 시대의 구조적 양상의 한 모습이며, 모순된 시대 현상을 변화시켜 지상에 '이성 국가'를 세우려고 노력한 작가였다.

유럽의 다른 대부분의 국가가 그렇듯이 독일도 국민의 대부분인 농민들이 올바른 법 치하에 있지 않았다. 쉴러가 태어난 당시 독일은 300여 개의 군소 국가로 나뉘어져 있었다. 작은 국가는 독립적인 국가였으며 오늘날보다 비교적 자유롭게 국경을 드나들 수는 있었지만 물품을 교역할 경우에는 관세를 물어야만 하였다. 예를 들자면 괴테(1749-1832)가 재상을 지냈던 바이마르에 밀 풍작이 들어 이것을 외국에 수출하려고 하였을 때, 수많은 세관을 지나는 동안 세금이 곡물 값보다 더 많이 붙었다. 수치로 본다면 밤베르크에서 마인강을 내려가 마인츠에 이르기까지 약 220킬로미터를 지나는 동안 33개의 세관을, 라인강을 통해 슈트라스부르크에서 네덜란드 국경까지는 14개의 세관을 통관해야만 하였다(Alt I, 21). 즉 이렇게 많은 국가가 있었다. 그중의 작은 국가에 불과한, 현대의 지도에서 독일 남서쪽의 슈투트가르트를 중심으로 한 뷔르템베르크라는 곳이 쉴러의 고향이다. 또한 군주도 독일의 전형적인 다른 소국가와 마찬가지로 절대적인 지배자 카를 오이겐이라는 폭군이 통치하고 있었다. 인구는 약 50만 명 정도였다.

쉴러의 조상은 대대로 거의가 빵 굽는 사람들이었고 작은 땅을 경작하는 프로테스탄트 집안이었다. 쉴러의 아버지는 일찍이 군에 입대해 유럽 여러 곳을 여행하였다. 25세에 귀향하여 외과 수술 시험에 합격해 초기에는 위생병과 하사관으로 지냈고, 후에 모병장교가 되었으며 쉴러가 태어날 때는 대위였다. 쉴러 대위는 당시의 독일 아버지들이 거의 그렇듯 엄하였다. 푸른 눈에 의지력이 있는 강한 인상의 얼굴이었으며 현명하고, 자세와 몸짓, 말씨가 군인다웠다. 아이들은 아버지를 두려워하면서도 따랐다. 쉴러의 어머니 쪽의 가계도 빵 굽는 집안이었다. 외할아버지는 한때 부유하였으나 재산을 모두 잃고 '황금사자관'이라는 아주 작은 여관을 경영하고 있었다. 쉴러의 아버지는 군인으로서 전쟁에 참전하거나 군이 이동하는 대로 각처를 옮겨 다녀야 했기 때문에 집에 없을 때가 대부분이었다. 쉴러가 태어나기 직전 7년전쟁이 발발하였다. 쉴러의 어머니는, 쉴러가 태어날 날이 얼마 남지 않았지만 멀리 전선으로 떠나는 남편을 면회하고 와서 한 달 후, 1759년 11월 10일에 쉴러를 낳았다. 그의 세례명은 요한 크리스토프 프리드리히 쉴러였다.

쉴러의 어머니는, 후에 학자들이 그녀의 편지와 여러 증언, 자료를 통해 연구한 바에 의하면, 천성적으로 단순하고 마음이 착하고 신앙심이 깊은, 독일의 전형적인 여성이었으며, 당시 어머니 상의 세 가지 이상형인 '순종, 덕성, 신앙심'을 모두 갖춘 부인이었다. 신교 집안인 이들은 아이들이 아주 어렸을 때부터 성경을 읽어 주고 기도하는 것을 매일 지키고 있었다. 성경뿐만 아니라 영웅전과 그 외 다방면(심지어 자연과학에 관한)의 책을 어린 쉴러에게 읽어 주곤 하였다.

쉴러가 태어난 곳은 네카어 강변의 마르바흐라는 작은 마을이었다. 지금은 국민 작가 쉴러를 기념하기 위하여 이곳에 국립쉴러박물관이라는 이름의 큰 기념관이 자리 잡고 있다. 이곳은 독일의 문학에 관한 자료들뿐만 아니라 모든 정신적 유물을 보관하는 아카이브의 대표적인 장소가 되어, 독일에 관한 문물을 연구하는 학자들이라면 누구나 찾는 순례지가 되었다. 그는 이곳에서 네 살까지 자랐다. 어릴 때 어머니를 빼닮았던 쉴러는 호리호리한 키에, 붉은 머리, 넓은 이마, 고운 피부, 서양 어린이들이 흔히 그렇듯 주근깨가 많은 얼굴, 쉽게 충혈되는 눈을 갖고 있었다.

아버지의 전근으로 가족이 로르히라는 작은 마을로 이사하여(1763년) 쉴러는 아름다운 자연 가운데서 자랐다. 원래 슈바벤 지역은 아주 아름다운 곳으로 오스트리아 황제 요제프가 '하나님의 정원'이라고 극찬할 정도였다. 이곳의 경관이 아름다워 후에 쉴러가 〈군도〉에서 잊지 못할 곳이라고 묘사한 곳이기도 하다. 그는 5세 때 학교에 입학했다. 그의 손위 누이 크리스티아네는 학교가 아주 좋은 곳이라고 하였으나, 실은 그 지방에서 가장 낙후된 곳으로 큰 교실에 모든 연령의 아이들을 함께 모아 공부시켰다. 여름에는 123명이, 겨울에는 밭일이 없어 160명의 아이들이 공부를 하였으며 교사는 책임감이 없는 사람이었다. 다음 해에 부모는 마을 목사 모저에게도 어린 쉴러의 교육을 맡겨 라틴어와 그리스어를 배우게 하였다. 모저 목사는 그의 동시대인 가운데서도 유명한 사람일 뿐만 아니라 학식이 높고 인격적인 사람이었다. 모저 목사에게는 페르디난트라는 아들이 있었는데 그는 어린 쉴러의 첫 번째의 친구였다. 쉴러 대위는 모저 목사와 즐겨 이야기를 나누었으며, 그의 아들 쉴러도 목사직을 갖게 하겠다고 약속하였다. 쉴러는 모저 목사를 〈군도〉에서 같은 이름으로 등장시켜 두려움이 없는 계시적인 말을 하는 목사로 불멸의 이름을 남기게 하였다. 모저 목사는 이 어린이에게 '이상적 형상'이였다. 누이의 의하면, 어머니와 누나는 검은 천으로 (설교용) 가운과 모자를 소년에게 만들어 주어야 했으며 그의 말에 귀를 기울여야 했다고 한다. 쉴러가 말하는 내용은 대부분 학교에서 배운 것과 목사님의 설교에서 따온 것이었다. 그의 이야기를 듣고 누군가 웃기라도 하면 어린 쉴러는 어디론가 사라져 나타나지 않았다고 한다. 그의 아버지가 성경을 읽을 때나 아침 기도 혹은 저녁 기도를 드릴 때 어린 그의 진지한 모습을 보면 누구나 그를 사랑하지 않을 수 없었다고 한다.

한동안 그는 책이나 옷을 남에게 주었다. 이불을 거지에게 주어 아버지로부터 야단을 맞은 후에야 남에게 주는 것을 그만두었다고 한다. 그는 교회에서 혹은 아버지가 기도에서 말하고 있는 것을 실천하려고 했던 것이다. 괴테는 쉴러가 죽은 후 에커만에게 쉴러가 '기독교적 경향'이 있다고 말한 바 있다. 이곳에서의 어린 시절은 그에게 이상향으로 남아 있었다.

쉴러의 부친은 2년 이상 봉급을 받지 못하였다(Darsow, 10). 그는 그의 주군에게 모병장교 근무를 끝내고 다시 옛 부대로 귀속시켜 줄 것을 청원하였다. 그는 원대로 돌아가 군에서 받는 봉급이 아니라 농사를 지으며 군 생활을 하겠다고 하였다. 결국 가족을 동반하여 루트비히스부르크로 돌아올 수 있었다. 쉴러 가족도 루트비히스부르크로 이사하게 되었는데 이때 쉴러는 7살이었다. 그는 누이와 함께 산과 들을 거닐던 아름다운 곳을 떠난 것을 훗날에도 두고두고 이야기하게 된다. 유년기의 전원생활은 누구나 갖고 있는 것이지만 작가인 쉴러에게 이곳은 천국과 같은 곳이었다.

카를 오리겐 공

카를 오리겐 공(1728-1793)은 이미 루트비히스부르크로 옮겨 살고 있었다. 그의 아버지 시대에 이곳은 사냥터였다. 이미 그의 할아버지 시대에 그 당시의 모든 군주들이 그렇듯이 새로운 도시를 계획하여 귀족적인 로코코 스타일의 건물을 많이 건축하였다. 카를 공은 여기에 보태어 곧은길을 내고 밤나무(한국의 밤처럼 식용은 아니다), 보리수 등 많은 나무를 거리에 심고 많은 마차를 세울 수 있는 주차장과 이국풍의 열대 식물을 재배하는 온실(오랑제리)을 만들었으며 화려한 건물을 세웠다. 그 화려함이 독일의 다른 나라와 비교할 수 없을 정도였으며 흔히 '슈바벤 지방의 베르사유'라고 불렸다.

여기서 카를 공은 다른 독일 도시와 비교할 수 없는 큰 축제를 열곤 하였다. 유럽의 유명한 오페라 가수, 댄서, 서커스단이 몰려들었다. 쉴러가 이곳에 왔을 때에는 어느 정도 화려함이 지난 시기였다. 그러나 여전히 오페라와 연극은 성황이었다. 오페라 공연 때는 모든 궁정인과 군인들이 예복을 갖추고 참석해야 하였으며 쉴러 대위도 참석하였다고 추측된다. 극장은 독일에서 제일 규모가 큰 것으로 객석 옆에는 수많은 거울에, 휘황찬란한 조명을 갖추었고, 무대에는 많은 로마신 석상이 있었으며 배우들은 말을 타고 나올 정도였다. 진지한 루터교 신자인 그의 부친하에서 어린 쉴러가 그런 축제를 경험하였다고는 볼 수는 없을 것 같다. 그의 누이의 말에 따르면, 아버지는 쉴러가 학교 성적을 잘 받아 왔을 때에 오페라 관람을 허락하였다고 한다. 쉴러 가족의 집은 코타출판사 바로 옆에 있었다. 넓은 정원이 있어 어머니는 화초와 채소를 심었고 아이들이 뛰어놀기에 아주 좋은 곳이었다. 동네에는 훗날까지 친구가 된 프리드리히 폰 호펜이라는 아이가 있었다. 그의 아버지도 역시 대위였다.

인상(골상)학으로 유명한 그 시대의 라바터는 카를 오이겐을 "지칠 줄 모르는 허영! 독수리의 눈! 〔…〕 죽음과 삶! 천국과 지옥!"(Burschell, 36)이라고 묘사하였다. 그는 끊임없는 명예심을 지녔으며, 옳건 그르건 처벌에 관해서는 탁월한 기억력으로, 어느 때라도 기회가 오면 무자비하게 처단하는 인정 없는 통치자였다. 14살 때 세자로서 교육을 받기 위해 베를린의 프리드리히 대제에게 갔을 때, 대제는 외교상의 고려로—프로이센은 오스트리아의 합스부르크 왕가와 헤게모니 경쟁 중이였다—그를 프로이센군의 소장으로 임명하였다. 그러나 후에 그는 프로이센과 오스트리아와의 7년전쟁이 일어났을 때, 프로이센에 반대하고 오스트리아 편을 들었다. 귀국 후 정치를 경험 많은 장관들에게 맡기는 대신 항상 돈을 요구하였다. 그래도 성이 차지 않아 그는 자신의 군대를 다른 나라에 '빌려 주고' 돈을 벌었다.

그의 허영심은 대단하였다. 그는 유럽에서 가장 화려한 궁을 만들었다. 30여 개의 인공 호수와 그 주위에 오렌지 나무와 진기한 식물들, 벽을 따라 멋진 기둥과 그리스의 신상을 만들어 놓았다. 여기에 많은 손님을 초대하고 14일간에 걸친 축제를 하였다. 유럽의 가장 유명한 오페라 가수와 댄서들을 불러 공연을 하게 하였으며, 많은 동물들(5천 마리)을 기르다가 정자 앞으로 몰고 오게 하여 '3보 앞에서' 활을 쏘는 사냥을 즐겼다. 당시의 보고에 의하면 축제를 한 번 하는 비용은 30만에서 40만 굴덴이었다(1770년 기준 한 가정의 연 생활비는 약 1천 굴덴이었다고 함, 1굴덴은 2003년 기준 약 50 유로 ; Ueding은 연 생활비를 600탈러라고 함, Ueding, 82). 여기에다 축제에 참가한 귀부인들에게 보석을 나누어 주는 일도 흔히 있었다. 하루저녁 순식간에 나누어 주는 선물의 가격은 약 5만 탈러(1탈러는 약 30유로)였다고 한다. 당시의 거의 모든 군주가 그렇듯이 그도 수많은 애첩을 두고 있었는데 주로 이탈리아인 가수나 댄서였으며 자기의 애첩을 나타내기 위하여 애첩들에게 항상 같은 색의 구두를 신도록 하였으며 여행할 때에는 마차에 태워 행렬을 이루어 이동하였기 때문에 사람들은 긴 마차 행렬의 모습을 빗대어 '소시지'라고 불렀다. 그의 애첩 가운데 귀족 출신의 프란치스카라는 여인이 있었다. 공은 본처가 죽자 곧 이 여인과 결혼을 하였는데 그것을 비난한 시인 슈바르트를 체포하여 오랫동안 재판 없이 구금하였다. 프란치스카는 현명한 부인이었으며 공에게 많은 조언을 하였다고 한다.

카를 오이겐 공은 학교를 하나 세우기로 하였다. 그러나 당시의 유행 사상인 루소의 이상에 의해서가 아니라 프랑스의 루이 15세가 세운 군사학교를 모방하여 세우는 것이었다. 우선 튀빙겐대학에 부설 학교를 세우는 것이 가능한가를 타진하여 보았으나 불가능하였다. 그는 군사학교를 세우려던 계획을 바꾸어, 궁정에서 높은 임금을 받는 외국인을 저렴한 인부로 대신할 수 있도록 정원사, 소공업자, 화가, 음악가, 댄서 등 후에 '기술자'라고 불리는 내국인 인력을 양성할 수 있는 '고아원 학교'를 세우기로 하였다. 울란트가 쓴 《카를학교》에는 오이겐 공은 "인간을 총체적으로 사용하기 위하여"(Ueding, 26) 학교를 세운다고 하였다. 1년 후 그는 고아원 학교를 다른 곳으로 옮기고 군사학교를 만들기로 하였다. 그는 이곳에서 군사적으로 취약한 장교와 공무원을 양성하기로 하고 어렸을 때부터 이들을 교육하면서 자신에게 충성스런 인물을 만들고자 하였다. 이전의 고아원 학교에서는 주로 전투에서 사망한 하사관들의 자녀를 모아 기술을 배우도록 하였다.

카를 군사학교 생활

쉴러는 1773년 1월 16일, 집에서 그리 멀지 않은 카를학교에 입교하였다. 카를 군사학교의 관한 자세한 보고는 많은 사람들이 남겨 놓고 있다. 특히 쉴러와 함께 조국을 탈출하고 불행한 고난의 시기 동안 시인을 헌신적으로 도와준 안드레아스 슈트라이허(1761-1833)가 《쉴러의 도주》에서 젊은 시절의 쉴러의 관해 자세히 묘사하고 있어 후세 사람들의 궁금증을 풀어 주고 있다.

학교를 세운 카를 오리겐 공은 자기 영내 모든 초등학교에 명령을 내리기를, 각 학교에서 우수한 학동을 모두 자신의 학교로 보내라는 것이었다. 쉴러도 이 학동에 속하였다. 그러나 쉴러 대위는 이미 모저 목사에게 자식을 성직자로 키우기로 약속하였으므로 공에게 자신의 자식은 신학 수업이 없는 군사학교 입교를 예외로 해 줄 것을 공손히 청하였다. 그러나 대답은 불가였다. 쉴러 대위는 두 번이나 간청하였으나 결국 어린 쉴러는 이 학교에 입학하게 되었다. 1773년 쉴러의 나이 14세 때였다.

여기의 모든 학생들은 푸른 윗옷에 조끼를 입고 15권의 라틴어 교재를 받았으며 신체검사를 받았다. 입교 시험도 있었는데 전에 그가 다니던 라틴어 학교 선생인 얀이 출제하였으며, 시험은 잘 알려진 라틴어 작가의 작품과 그리스어 신약성서를 번역하라는 것이었다. 쉴러 대위는 아들을 그곳에 보낸 직후, 그가 이미 전투에서 알고 있었던 학교 책임자 제거 대령에게 아들을 부탁하는 서신을 보냈다〔쉴러의 관한 모든 서류나 관공문서, 학교 선생들의 쉴러의 관한 평가 등 많은 자료는 금년(2006년)에 발간된 NA. 42, 2에서 참고할 수 있다〕.

일단 학교에 들어오면 밖의 세계와는 단절된 생활을 해야 했다. 면회와 서신도 허가와 검열 후에나 가능하였다. 학생들은 세 계층 출신으로 구성되었으며 제1계층은 귀족 출신의 아동들이었다. 제2계층은 시민 계층으로서 장교 집안이 아이들, 제일 하층은 거의가 수공업자나 병사의 아이들이었다. 쉴러는 제2계층의 속하였다. 그는 약 5, 60명이 함께 생활하는 한 방에 들었다.

당시 쉴러에 대한 기록 가운데 쉴러를 아주 잘 묘사한 것은 그의 친구 샤르펜슈타인의 글이다. "쉴러는 곧고 키가 큰 신체였다. 그의 가슴은 앞으로 둥글게 나와 있었고 목은 아주 길었다. 그는 좀 뻣뻣하였다. 그의 이마는 넓고, 코는 엷고 굽었으며, 희고, 앵무새 입처럼 유난히 굽어 뾰족하였다. 눈썹은 붉어, 깊고 푸른 눈 위에 둥글게 그려져 있었다. 이것은 퍽 인상적이었으며 격정적으로 보였다. 입은 감동적이었는데 입술은 얇고, 아랫입술은 약간 위로 나왔는데 쉴러가 감정을 갖고 이야기할 때면 아주 힘찼다. 턱은 강하였고 뺨은 창백하였다." 이 친구와는 우정이 한때 크게 금이 간 적이 있었다. 쉴러가 군사학교에서 자신이 쓴 시를 친구들에게 낭독하였을 때, 샤르펜슈타인은 시가 클롭슈토크의 아류에 불과하다고 혹평하였다. 쉴러는 그의 비판에 마음의 상처를 크게 받았고 그와 거의 말을 하지 않았다. 자신이 좋아하는 작가의 시를 읽고 모방하는 것이 어린아이가 시를 쓸 때 자연스러운 일이었음에도 쉴러는 마음속으로 그를 용서하지 않았다. 그들은 훨씬 시간이 지난 후에야 화해하였다.

모든 그의 전기 작가들이 여기서의 8년간의 생활이 그의 젊은 시절의 성격, 아니 평생 그를 지배한, 자유를 그리워하는 정신을 형성하였다고 묘사하고 있는 것은 당연한 일이다. 그가 일생 동안 자유를 갈망하였고, 일생을 바쳐 작품을 쓴 동기도 여기서의 억압된 군대생활과 군주의 폭력에 항거하기 위한 것이었다. 쉴러는 한날한시도 자유로운 때가 없었다. 거의 감옥과 같은 생활이었다. 휴가도 없었고 가족 중 누군가 사망하였어도 나가는 것이 허락되지 않았다.

일과는 군대생활과 같았다. 여름에는 새벽 5시, 겨울에는 6시에 기상한다. 기관병(아마도 훈련소의 기관병이라고 해야 할 것이다)이 화장실까지 동반하고, 취침 때도 지켰다. 다닐 때도 귀족과 시민 출신 아동들은 각각 나누어져 행군종대로 행군하듯 다녔다. 예배나 식사 때도 함께 구호에 맞추어 행군하였다. 7시부터 11시까지 학과시간이다. 그 후 30분간 정리 및 청소 시간이었다. 어린 쉴러는 청소에서 늘 낙제점을 맞았다. 행진 연습 때는 푸른 제복에 흰 조끼를 입고 검을 찼다. 군주가 붉은 머리를 싫어하여 쉴러는 머리에 가루를 뿌리고 긴 가발을 썼다. 후에 쉴러의 부인이 된 샤를로테 폰 렝게펠트는 1783년, 이미 쉴러가 여기서 떠난 후이지만 여행 중 이곳을 방문하였다(샤를로테, 줄여서 로테라는 여성명은 독일에서 아주 흔한 이름으로 여기에 나오는 여성 이름의 대부분이 로테이다). 당시 군주가 이 학교를 널리 선전하였기 때문에 외지에서 방문하는 귀족이나 주요 인사들이 이 나라를 지나는 경우 이 학교를 방문하는 것은 흔한 일이었다. 로테는 스위스로 가는 도중 이곳을 방문하였다. 그녀는 "학교 제반 시설은 좋았다. 그러나 자유로운 사람은 학생들이 식사를 하는 것에서 독특한 인상을 받았다. 식사 중에도 하나하나의 동작이 감독자의 구령에 따라 움직였다. 마치 줄에 달린 인형이 무기력하게 움직이는 것 같았다"고 하였다. 식사 후 산책이 있고, 오후 2시부터 6시까지 다시 강의, 그 후 다시 청소였다. 청소 후 자습 시간이 있고 저녁 식사 후 바로 취침 시간이었다. 이런 판에 박힌 반복된 생활은 쉴러가 21세가 될 때까지 계속되었다.

군주는 학생들을 자신의 '아들'이라고 불렀다. 그는 아버지로서의 아들들에 대한 관심이 남달랐다. '무조건의 복종과 완전한 존경심, 감사한 마음'을 규칙으로 정하였다. 친부모와의 정도 멀리하도록 하였다. 특히 여성과의 면회, 가족이라고 할지라도 어머니나 누이와의 면회도 철저히 금하였으며, 필요한 경우 아버지와의 면회도 군주의 허락을 얻은 후 기관병의 참여하에 행하여 졌고, 면회 시간은 단 1분을 넘길 수 없었다. 외부로 나가고 들어오는 편지도 사감이나 감독자의 검열 후 군주가 허락할 때에만 받아 볼 수 있었다. 모든 소포도 검열하였으며 음식물의 반입도 금지되었다. 운동장에는 석고로 만들어 금을 입힌 군주의 동상이 서 있었고, 모든 교실에는 벽마다 그의 초상화가 걸려 있었다.

학생들의 선발도 그 스스로 하였을 뿐만 아니라 선생의 선발도 스스로 하였다. 다만 놀라운 일은 당시 유행 사조인 계몽주의를 반전제군주의 사상이라고 싫어하였으면서도 선생 선발 시에는 약간의 자유로운 사상을 지닌 선생도 선발하였다. 아마도 이것은 당시의 교육이념에 너무 역행할 수는 없다고 생각했기 때문인지도 모른다. 그는 교과 과정을 스스로 검토하였고, 강연 테마, 논쟁 테마도 스스로 결정하였다.

각 교실 문에는 작은 구멍을 하나씩 만들어 놓아야 했다. 어느 때고 군주가 순시 중 그 구멍을 통하여 몰래 수업을 엿보기 위해서였다. 몰래 복도로 숨어 들어와 구멍을 통해 교실 안을 보기도 하고, 양호실도 들어오고, 식사 시간에도 참여하고, 어떤 때는 한밤중에 생도들이 자는 것을 둘러보기도 하였다. 모든 훈련, 모든 상벌, 모든 것을 그만이 결정할 수 있었다. 선생이나 감독은 다만 위반하는 생도가 있을 때는 위반 티켓만 줄 수 있었고, 이 티켓을 받은 생도는 식사 시간까지 단추 구멍에 달고 있어야 했다. 군주는 식사시간에 들어와(그는 거의 매일 점심시간에 참여하였다) 이 티켓을 보고 위반사항을 크게 읽은 후 즉석에서 벌을 결정하였다. 구금, 금식, 산책 금지 혹은 회초리 등이었다. 그 자리에서 뺨을 칠 때도 있었고, 가끔 기분이 좋으면 우스갯소리를 하기도 하였다. 벌을 줄 때 아무도 거기에 끼어들지 못하게 하였다. 생도가 잘한 경우, 상을 줄 때, 귀족 출신 생도는 군주 자신의 손에, 시민 출신 생도는 무릎을 꿇고 군주의 옷에 키스하도록 하였다.

쉴러의 입학 첫해의 성적은 좋은 편이었다. 그리스어 과목에서는 메달과 양피지로 된 상장을 받았다. 철학과 라틴어에서도 좋은 성적을 받았다. 그러나 댄스, 펜싱, 승마에서는 소질이 없는 듯하였다. 청소(청결, 정리)에서는 아주 나쁜 성적을 받았다. 청결 불량으로 기관병에게 욕을 먹었을 뿐만 아니라 첫해 동안 네 개의 벌 티켓을 받았다. 학교에 남겨진 기록에 의하면 회초리를 맞은 적도 있다(12대). 수줍은 그는, 일반인들의 생각과는 달리 크리스마스이브에 다른 친구들과 청소하는 처녀와 커피를 마시다가 벌을 받은 기록도 있다. 선생의 최초의 평가는 "쉴러는 선의지를 지니고 있고, 무엇인가를 배우려는 충동이 있다. 그러나 그의 느리고 방종한 면은 가끔 경고가 필요하다. 그는 자신의 잘못을 인정하고 고치려고 애쓴다"라고 쓰여 있다.

그 다음 해의 성적은 좋지 않았다. 11명 가운데 7등이었다. 그의 선생이 '자유분방하다'고 이미 1학년 때 평하였듯이 자유를 좋아하는 그는, 후에 알려진 대로 억압된 군사학교에서 학교 공부에 흥미를 느끼지 못하고 대신 작품을 썼다. 그리고 평생 그의 삶에 십자가라고 할 질병을 이때부터 앓기 시작하였다. 2학년까지 그는 양호실에 일곱 번이나 들어갔으며 한번은 7주 동안이나 있었다. 나이에 비해 너무 빨리 성장하는 데서 비롯된 허약이라고 하였다.

어떤 때는 학생들에게 '자신과 동료에 관해서 논술하라'는 제목으로 글을 쓰게 해 군주는 학생들이 서로 감시하고, 혹은 스파이 행동을 하도록 하였다. 쉴러의 긴 논술문은 아직도 남아 있는데 친구를 모함하는 내용은 없었다. 당시 15세의 소년은 군주를 존경한다는 내용의 긴 문장을 썼다. 후세에 전기 작가들이 친구들이 그에 관해 쓴 논술문을 오랫동안 찾다가 결국 일부를 발견하였다. 독일어, 라틴어, 프랑스어로 쓴 31명의 것이었다. 아이들이 쓴 것인 만큼 많은 내용이 담긴 것은 아니나 쉴러의 성향을 알 수 있는 것이 들어 있다. "쉴러는 훌륭한 재주를 가졌다"고 하였으며 "풍부한 위트가 있다"거나 "쉴러는 활발하였으며, 무엇보다 상상력이 풍부하여 시와 비극을 좋아하였다"고 쓰고 있다. 다른 친구들은 "그가 너무 우울하고 홀로 있기를 좋아"하며, 특히 주목을 끄는 것은 그가 "시작과 미학에 관심을 갖고 있다"는 것이다. "그의 주 관심사는 시에 관한 열정"이며 "아무도 그것을 그만두게 할 수 없다"는 것이다. "그의 상상력이 너무나 커서, 시에 대한 재미를 많이 갖고" 있으며 특히 "비극시"에 흥미를 느끼고 있다는 것이다. 어린 친구들의 눈에도 쉴러는 이미 문학적 성향이 강해 보였다는 것을 알 수 있다.

의학 수업과 습작기

쉴러가 처음 입학하였을 때는 카를학교라고 불리던 것이 입학하자 국립군사학교(아카데미)라고 바뀌었다. 군주는 교과 과정을 서둘러 바꾸어 전공

과정을 개설하였다. 전공은 학생이 스스로 정하는 것이 아니라 군주가 일방적으로 정해 주었다. 이에 따라 쉴러는 법학을 전공하게 되었다. 법학 과목과 더불어 수사법, 자연법, 국사와 법제사를 들었다. 당시의 강의 방법은 주입식이었다.

군사학교는 1775년 11월 모든 학교를 수도인 슈투트가르트로 옮겼다. 군주 카를 오이겐은 이미 학생이 800명 이상이 되어 버린 큰 규모의 학교를 작은 시골에 둘 수만은 없었다. 학생들은 교복을 입고 걸어서 시내까지 악대를 앞세우고 행진하였다. 군주가 성문까지 가서 그들을 맞아 앞서 인도하고 길가의 양측 창문에서는 소녀들이 꽃을 뿌리는 대단한 행진이었다. 이 새로운 이주를 축하하는 의미로, 혹은 확장의 기념으로 군주는 새로운 학부를 하나 더 개설하였다. 의학부였다. 새로운 학부에 속하는 학생 중에 쉴러도 지정되었다.

안드레아스 슈트라이허에 의하면 쉴러가 의학을 택하게 된 것은 다음과 같은 이유 때문이라고 한다. 어느 날 군주가 쉴러의 부친을 불러 그의 아들에게 의학을 권한다고 통보하였다. 그 이유는 "법학을 공부하는 학생이 너무 많아 앞으로 유용한 의학을 쉴러에게 권한다"는 것이다. 쉴러는 어려서부터 목사가 되기를 원하였다. 그의 아버지는 아들을 이 학교에 넣으라는 군주의 강권에도 버티기를 자신의 아이가 신교 목사가 되기로 결정하였기 때문에 신교신학을 가르치지 않는 이 학교에 아들을 입학시키는 것을 거부하였었다.

그러나 쉴러는 어쩔 수 없이 의학을 택할 수밖에 없었다. 체념에서 나왔는지는 모르겠으나 오랫동안 우정을 나누었던 군사학교 친구 빌헬름 폰 호펜에 의하면 쉴러는 "메마른 법학보다 의학이 시작술에 더 가깝다"고 하였다고 전한다. 쉴러는 당시의 가장 사랑받는 스위스의 시인 알브레히트 할러가 의사로도 유명하다는 것을 알고 있었다. 할러의 책을 읽고, 후에 거기서 학위 논문 테마를 잡은 것을 보면 알 수 있다.

쉴러는 의학 자체보다 심리학에 가까운 논문을 작성하였다. 사실 의학부가 생겼다고는 하나 실험실 하나 제대로 갖추지 않은 의학부였고, 해부학을 배울 만한 대상조차 없었다. 그래서인지 아버지 쉴러 대위는 이 학교에 동사한 노예의 시체를 제공하기도 하였다. 쉴러가 의학부에 들어간 것은 그에게 좋은 계기가 되었는지도 모른다. 법학을 공부할 때에 그렇게 자주 받던 벌에 관한 기록이 없을 뿐만 아니라 육체적으로도 건강을 회복했는지 양호실에 들어갔다는 기록도 없다.

학교를 옮긴 후의 몇 년간 그가 시를 지었다든가 문학에 관하여 이야기하였다는 친구들의 보고는 없다. 그러나 학교가 이전하기 전에, 어린 그는 당시 독일에서 가장 유명한 시인이며 거의 모든 독일인이 읽는 클롭슈토크를 읽고 감동하고 있었다. 그가 거의 매일 그의 시를 읽었다고 친구들은 증언하고 있다. 그의 시 읽기는 결코 피상적이거나 홍얼거리는 것이 아니었다. 아주 진지하고 주의력을 갖고, 느끼며, 비교하고, 연구하는 독서였다. 클롭슈토크의 세계관과 감성이 쉴러의 인격 형성에 영향을 끼친 것은 의심할 바 없다. 클롭슈토크가 얼마나 당시 젊은이들에게 강력한 영향을 주었는가는 〈젊은 베르테르의 슬픔〉에서 베르테르와 로테와의 사랑이 이루어진 동기를, 파티 중에 두 사람이 소나기가 쏟아지는 것을 창문으로 보며 동시에 "클롭슈토크"하고 외치며 손을 잡고 있는 것을 보아도 알 수 있다. 그의 시 〈봄의 향연〉은 당시 모든 젊은이들이 외우는 힘찬 송가였다. 그의 힘차고 마성적인 북구의 독일적 시풍은 독일 '슈투름 운트 드랑(질풍노도운동)'을 일으키는 동인이 되었다. 이 시의 내용을 살펴보면 아름다운 봄날 별안간 하늘이 어두워지면서 소나기가 내린다. 그리고 바람과 함께 빗줄기가 쏟아지는 소리가 "여호와, 여호와" 하는 소리 같다는 내용이다.

젊은 쉴러에게 영향을 끼친 또 다른 작가는 프랑스 작가이며 사상가인 루소였다. 루소의 어떤 작품을, 언제부터, 어떻게 읽게 되었는지는 밝혀지지 않고 있다. 그는 한 작품 전체가 아니라 발췌본을 읽었는지도 모른다. 그러나 〈군도〉에서 루소와 거의 같은 문구를 사용하고 있는 것을 알 수 있다. "이 얼룩진 세기"는 루소에서도, 헤르더에게서도 나오는 문구이다. 쉴러는 흰 백합을 좋아하였다고 한다. 그것은 순수와 소박의 뜻으로, 성서에 나오는 "들에 핀 한 송이 흰 백합"의 의미를 지닌다. 이는 당시의 가발과 분 덩어리와 온통 가식으로 둘러싸인 절대주의에 대비되는 것이기도 하다.

이때에 쉴러는 또한 《플루타르코스 영웅전》을 읽었다. 이것은 학교의 필독서에 들어 있는 작품이기도 하다. 누구나 아는 바와 같이 《플루타르코스 영웅전》에는 역사 속에서 의지가 강하고 용맹스런 인간들이, 그들의 시대에 활동하면서 역사를 스스로 만들어 나간 사람들이 들어 있다. 쉴러는 아마도 그저 보통 아이들이 재미로만 읽고 지나는 책으로서의 영웅전이 아니라 그 속에 역사가 어떻게 그려져 있는가를, 어떻게 만들어지는가를, 한 인간이 역사와 어떤 관계가 있는가를 알아낸 것이 아닐까 한다. 왜냐하면 그는 후에 역사극을 쓰고, 역사학 교수가 되었고, 역사가 우리에게 주는 교훈이 무엇인가를 평생 생각하였기 때문이다. 그는 "세계의 역사는 심판의 역사"라는 멋진 말을 남겼다.

이즈음 어린 쉴러는 자신에게 평생 동안 영향을 끼친 스승을 만난다. 그는 아벨이라는 사람으로 쉴러보다 여덟 살 위였다. 군주는 그를 튀빙겐대학에서 초빙하여 철학 교수로 임명하였다. 21세의 젊은 청년이었다. 아벨은 이 학교에서 가장 유능한 교수가 되었다. 그는 당시의 새로운 학풍인 영국 철학을 소개하였다. 경험철학, 인식론, 상식론 등을 강의한 그는 젊은이들에게 금방 인기 있는 선생이 되었다. 당시 교수들은 교탁 위에서 군림하였으나, 그는 학생들의 책상이 있는 곳으로 내려가 강의를 열성으로 하였다. 군대 같은 학교에서 그는 학생들의 참된 친구였고 동지와 같았다. 그는 학교 규칙으로 금지되었던 책도 학생들에게 몰래 빌려 주곤 하였다. 학생들은 그를

'진짜 소요학파'라고 불렀다.

아벨은 학교 창설 기념일에 연설을 하였다. 이제까지 보통 학교 설립자를 찬양하였던 것과는 달리 그의 연제는 '천재는 선천적인가 또는 후천적인가. 또 그 특징은 무엇인가?'였다. 그는, 선천적이든 후천적이든 "천재는 일상적 규칙을 넘어서 태양을 향해 오르는 것"이라고 하였다. 이것은 질풍노도의 천재 예찬이나 같은 것이었다. "일상 속에서 천재는 잠깐 바보처럼 보여 부모와 선생으로부터 비난받지만 그가 문득 깨어나면 온 나라가 환성을 지른다"는 내용이었다. 이 연설을 들은 쉴러가 감명을 받았다는 흔적은 없다. 그러나 〈군도〉에 이와 거의 비슷한 내용이 있는 것을 보면 확실히 이 연설이 그에게 감명 깊었던 것 같다. 이때에 쉴러의 성적은 별로 좋지 않았으며 교수 중 아무도 쉴러에게 관심을 둔 사람은 없었다. 다만 아벨이 그를 관심 있게 보았을 뿐이었고, 후에 그는 쉴러에 관한 글을 썼다.

아벨이 쉴러에게 가장 큰 인도자가 된 계기는 그가 심리학 강의에서 세익스피어(1564-1616)를 소개한 것이었다. 아벨은 당시에는 많이 알려져 있지 않은 세익스피어를 강의 때 인용하여 쉴러로 하여금 처음으로 세계 문호의 작품을 접하게 함으로써 쉴러의 내부에 있는 문학적 성향을 깨우는 계기를 마련해 주었다. 쉴러는 아벨이 심리학 강의에서 세익스피어의 《오셀로》를 인용하자 강의가 끝나자 바로 따라 나오며 그 책을 빌려 줄 수 있는가 묻고는 그 책을 읽었다고 한다. 후에 쉴러는 《리어 왕》을 열여섯 번이나 읽었으며 거의 모든 장면을 외우고 있다고 고백하였다. 그뿐만 아니라 그는 작품을 쓸 때에도 셰익스피어의 작품을 옆에 놓고 읽고 쓰고 하였다.

쉴러에게는 마음에 맞는 친구들이 몇 있었다. 이미 언급한 호펜, 샤르펜슈타인, 페터슨이 그들이었다. 그들은 금지된 책, 잡지, 담배—쉴러는 평생 파이프 담배를 애용하였고 커피, 카드놀이를 즐겼다—나 먹을 것 등을 몰래 반입하였다. 이것은 주로 아무도 모르게 '밀수품'을 잘 들여오는, 쉴러가 '전능자'라고 별명을 붙인 친구가 맡아서 하였다. 그들은 금지품을 침대 밑이나 장 속에 숨겨 놓았다. 특히 그들에게는 '음란서'라고 금서로 취급되었던 빌란트의 소설도 있었다. 이 비밀 서클이 숨겨 읽었던 책은 독일적인 것의 특성을 나타내는 '숲의 시사'의 작품과 스코틀랜드의 민요시 〈오시안〉(이 시는 원래 오시안이라는 시인이 지은 시로서 맥퍼슨이라는 스코틀랜드의 시인이 3세기경의 게일어로 된 것을 번역하면서 자신의 창의적인 시구도 삽입하고 '오시안'이란 이름으로 발표하였다. 쉴러 당시의 사람들은 스코틀랜드의 '민요'라고 생각하였다. 낭만파 문학 작가들이 선호하던 시이다)이나 영국의 영, 괴테(〈젊은 베르테르의 슬픔〉) 등으로, 그들은 닥치는 대로 읽었다. 읽을 뿐만 아니라 읽은 작품을 모방해서 경쟁적으로 작품을 쓰고 서로 읽어 주기도 하였다. 이때 쉴러가 쓴 작품 중에 〈나사우의 대학생〉이라는 것이었으나 전해지지 않고 있다. 쉴러는 밀수하여 얻은 책을 몰래 밤새워 읽느라고—그는 몰래 읽기 위하여 소등 때 담요를 쓰고 읽었다—

행군 때에는 졸음을 못 이겨 비틀거리기 일쑤였다고 한다. 그 사정을 모르는 다른 친구들은 그가 술에 취하였다고 놀려댔다. 쉴러의 학교 성적이 좋지 못한 이유도 여기 있었다.

쉴러는 자신의 작품이 처음으로 잡지에 실리는 기쁨을 가졌다. 원래 이 비밀 문학 서클에서는 호펜의 주선으로 작품집을 출판하기 위한 비밀 계획이 진행되고 있었다. 호펜은 튀빙겐에 서적상을 알고 있었다. 하지만 출판업자가 별안간 사망하여 출판은 불가능하게 되었다. 그러나 어느 때고, 어느 곳이고 뜻이 있으면 길이 있고, 좋은 작품은 언젠가는 눈에 띄게 마련이다. 이곳 군사학교의 교수 중 논리학과 예술론을 가르치는 발타자르 하우크라는 사람은 그 지역 잡지 《슈바벤》지의 편집자였다. 또한 이 학교에 재학하는 아들을 둔 아버지로서 아들에게서 쉴러가 문학에 열정이 있다는 말도 들었다. 그는 쉴러의 시를 자신의 잡지에 싣기로 하였다(1776년 10월 호). 그러나 군주가 군사학교 학생이 시를 쓰는 것을 금하였기 때문에 가명으로 실었다. 첫 번째 시는 〈저녁〉이라는 시였고 다음에는 〈정복자〉라는 시였다.

잡지에 그의 시가 실린 것은 쉴러가 작가의 길을 택하게 하는 또 다른 계기가 되었다. 쉴러가 그의 처녀작 〈군도〉의 소재를 이 잡지에서 얻었던 것이다. 크리스티안 슈바르트라는, 요즘 용어로 말한다면 반체제 작가이며 동시에 음악가가 쓴 글에서 소재를 얻었다. 그는 폭정과 미신에 대하여 거친 언어로 저항의 글을 썼다. 루트비히스부르크 시의 오르간 연주자였고 귀부인들에게 피아노 레슨을 하면서 스캔들로 염문을 뿌리기도 하였다. 성공적이지는 않지만 소설도 썼다. 그는 《슈바벤》지에 〈인간 마음의 이야기〉라는 산문을 실었다. 시기 많은 동생이 카를이라는 형과 아버지에게 죄를 범하는 내용의 이야기였다. 아버지의 오해로 프로이센군에 들어갔다가 돌아와 아버지의 성 근처 어떤 농가의 종이 된 형이 동생의 모함을 알고 복수하는 내용의 가정 비극이었다. 그리고 "스페인이나 그리스에서 일어난 일이 아니라 독일 땅에서 일어난 일"이라고 하였다. 실제로 당시 7년전쟁에서 돌아온 많은 젊은이들이 거리를 헤매고 있었다. 군사학교가 아무리 밖의 세계와 절연된 곳이라고 해도 학생들은 귀향한 군인들이 걸인으로, 도둑으로, 남부 독일 곳곳마다 무리지어 다닌다는 것을 알고 있었다.

쉴러가 〈군도〉를 쓰는 것은 쉬운 일이 아니었다. 엄한 군율이 지배하는 막사에서 기관병 몰래 수없이 많은 밤을 새운다는 것부터가 쉬운 일이 아니었다. 장면 장면을 쓰고 다시 쓰고, 친구들에게 읽어 주고, 다시 쓰기를 거듭하였다. 밤을 새워 잠을 자지 못하고 행진할 때나 점호할 때 그는 비틀거렸다. 거의 1년간 이런 생활을 하면서 보냈다. 그러나 다가온 시험 준비로 글쓰기를 중단할 수밖에 없었다. 그는 다음 2년간을 의학 공부에 열중하였다. 만일 시험에 불합격하면 또 일 년간을 지옥과 같은 곳에서 썩어야 하기 때문이었다. 1779년 가을, 그의 나이 20세에 그는 라틴어로 된 긴 논문을 제출하였다. 〈심리철학〉이라는 이 논문은 현재 분실되었으나 독일어로 된 제1장만 발견되었다(전체는 5장으로 알려짐). 여기서 그는 주로 아벨이 강의 시간에 다루었던 도덕철학에 관한 것을 썼다. 쉴러는 논문에서 고대로부터 내려오는 의문인 물질과 정신, 육체와 영혼과의 상호작용에 관한 것을 다루고 있다. 쉴러에게 새로운 점이 있다면 육체와 영혼, 물질과 정신의 이분법적으로 분명히 나뉘어 있는 것이 아니라 '중간 매체'가 있다는 것이다. 누구나 어린 시절의 문제의식을 평생 동안 해결하려고 붙들고 있게 된다는 것을 알 수 있다. 쉴러 문학의 화두는 인간의 육체적 억압을 극복하고 정신적 자유를 위하여 자유의 세계로 나아간다는 것이다. 그의 용어로 말한다면 물리적 (환경의) 속박을 정신적 자유를 위하여 유희로 극복한다는 논점의 출발이 그의 초기 논문에 나타난 것이다.

심사 교수들은 그의 논문을 미흡하다고 판정하였고 보고를 받은 군주는 그의 논문에 "시적인 것이 많으며 젊은이의 유능함은 인정하나 일 년간 학교에 머무르며 참고서를 더 읽을 것"을 명하였다. 다른 친구들도 함께 머물게 되었다.

쉴러의 졸업 논문은 유보되었으나 학기 말인 1779년 개교기념일에는 바이마르의 카를 아우구스트 공과, 이미 인기 작가로 거의 모든 유럽 독자들이 읽고 있던, 바이마르 공의 추밀고문관 괴테도 참석하였다. 쉴러는 이 기념식에서 4번이나 상을 받으러 앞으로 나와 군주의 옷깃에 키스를 하며 메달을 받았다. 이때가 쉴러와 괴테의 첫 번째 상봉이었다. 그러나 그들 둘 모두

15여 년이 지난 후 두 사람의 서로 보완적인 우애로 세계 문학을 빛낼 절친한 친구가 될 줄은 아무도 몰랐다.

이미 강의를 모두 들은 쉴러의 마지막 일 년간의 학교생활은 자유시간이 많았다. 그의 일과는 논문 수정과 동료들이 병원에 입원할 경우, 특히 위험한 고비의 환자일 경우, 밤을 새우며 그의 곁을 지키는 일이었다. 이 기간 중에 그의 처녀작 〈군도〉를 대부분 쓴 것으로 추측된다. 그는 몰래 숨어 있을 수 있는 다락방이나 밤에도 불을 켤 수 있는 병실 근처 방에서 작업하였다. 한밤중에도 군주가 올 때가 있어, 그는 의학책을 곁에 놓고 있다가 군주가 오면 쓰고 있던 작품을 책상 속에 넣고 의학책을 펴놓곤 했다. 어느 5월 일요일 대위의 인솔로 모두가 성 밖으로 야유회를 나갔을 때 쉴러는 다른 무리들과 떨어져 몇몇 친구들과 더 깊은 숲으로 들어가 자신이 가져온 작품을 나무 밑에서 읽었다. 그들은 쉴러의 낭독을 듣고 환호하며 박수갈채를 보냈다. 그림의 소질이 있는 후배가 있어 그가 나무 밑에서 동료들에게 둘러싸여 작품을 읽는 광경을 그린 그림이 전해지고 있다.

작품 이외에 당시의 그가 기록으로 남긴 것은 자살을 시도한 동료의 병상을 지키며 그에 관하여 친구 아버지에게 쓴 편지와 자살을 기도한 또 다른 친구의 병상을 지켰던 것에 대하여, 군주가 그의 병태에 관한 기록을 보고하도록 요구하여 군주에게 쓴 보고문이 있다. 그의 친구인 그라몽은 의학부 학생인 쉴러에게 수면제를 요구한 적이 있었다. 그라몽은 엘자스 출신으로 학교에서 아주 우수한 학생에 속하였으나 아버지가 죽은 후 학교생활을 견디지 못하고 우울증 증세를 보였다. 쉴러는 오랜 이야기를 나눈 끝에 그가 자살하려고 한다는 것을 알았다. 그리고 그라몽의 병이 정신적이라는 것을 알았다. 예민한 성격으로 인해 학교를 감옥이라고 생각하여 우울증을 얻은 것이었다. 그는 이 학교를 떠나는 것이 소원이었다. 쉴러는 그의 상태가 학교의 억압적인 교육 방법 때문이라고 보고서에 기록하여 군주의 마음을 불편하게 하였으나 결국 그라몽은 학교를 떠나 요양원에 입원하였다.

어렸을 때부터 친구였던 빌헬름 폰 호펜의 동생 아우구스트가 죽었을 때 그의 아버지에게 보낸 위로편지에는 "귀하의 아드님이 죽은 것을 저는 오히려 수천 번이나 부러워하였습니다. 제 나이 아직 스물하나가 안 됐습니다. 그러나 저는 감히 말씀드리고 싶습니다. 세상이 결코 매력적이지 않습니다. 세상에 기대할 기쁨이 없습니다. 〔…〕 수년 지난 세월에서 만족은 없었습니다. 점점 성년의 나이로 갈수록 어린아이로 죽어버렸으면 합니다"라고 썼다. 이 우울한 감정은 단지 세상을 비관하여 자살한 친구의 병상을 지키면서 오는 감상이 아닌 것 같다. 쉴러가 그의 누이에게 보낸 편지에서도 죽음을 동경하는 문구를 볼 수 있다. "얼마나 내가 내면적으로 변하고 파괴되었는지 모를 거야. 넌 내 정신력이 얼마나 파괴되었는지 결코 모를 거야." 쉴러의 죽음에 대한 동경의 직접적인 이유는 아마도 논문을 쓰는 것에서 오는 중압감과 오랜 병영생활로 인하여 누적된 피곤 때문이라고 생각된다. 편지를 받은 빌헬름의 아버지는 감동하여 쉴러를 앞으로 아들로 생각하겠다고 하였다.

쉴러는 1780년 12월 중순 21세 때 군사학교를 떠났다. 당시 졸업 논문 두 편을 제출하였는데 하나는 순수 의학적인 것으로 라틴어로 쓴 신체의 화농에 관한 것이었다. 그러나 이것은 남아 있지 않다. 아마도 출판하지 않았기 때문인 듯하다. 다른 하나는 긴 논문으로 철학적이며 동시에 심리학적인 관점에서 쓴 것으로서 코타출판사에서 출간하였다. 제목은 〈인간의 동물적 본성과 정신적 본성과의 관계에 대한 시론〉이었다. 논문의 골격은 최초에 제출하였다가 보류된 것과 같다. 그러나 이번에는 보다 학술적이었다. 그는 논문에서 인간은 육체와 영혼이 각각 분리되어 있는 것이 아니라 두 요소가 혼합되어 있는 것이라고 하였다. 육체는 정신의 감옥이 아니며 감성적인 것이 인간의 완성에 이르는 첫 단계라고 하였다. 육체와 영혼 사이에 교량적 역할을 하는 것을 보다 더 명확하고 현실적으로 기술하였다. 이에 대한 증명으로 많은 작가, 특히 셰익스피어, 클롭슈토크, 할러, 괴테의 작품을 인용하였다. 그는 당시의 인기 있었던 철학자 가르베(1742-1798)와 시인들인 오비드, 셰익스피어, 괴테, 게르스텐베르크, 애디슨을 인용하였다. 그는 교묘하게 자신이 아직 발표하지 않은 작품 〈군도〉에 영국 작가 크레이크라는 가명을 붙이고 작품명을 비극 〈모어의 삶Life of Moor〉이라고 하면서 인용하였다. 선생들은 그의 논문에 토를 달기는 하였지만 만족하였고, "필자가 어려운 테마와 많은 천재들〔작품〕을 다루었을 뿐만 아니라 스스로 생각하여 낸" 논문으로 평가하였다. 그리고 12월에 졸업하면서 군사학교의 문을 나섰다. 쉴러는 이제 의사가 된 것이다. 쉴러가 작가이며 철학자일 뿐만 아니라 인간의 마음을 꿰뚫어 보는 심리학자의 대가인 이유도 그의 심리학적인 논문에서 찾아볼 수 있다.

2. 청년 군의관 시절과 〈군도〉

군의관 쉴러

쉴러는 졸업하자마자 군주에 의해 준사관의 군복을 입고 오제라는 연대장 수하에서 의무관으로 근무하게 되었다(1781년). 월급은 18굴덴에 불과하였다. 지급된 군복은 너무나 넝마 같아서 도시에 길거리로 나가 상이군인처럼 구걸을 하여도 아무도 의심하지 않을 정도로 남루했다. 아버지는 딱한 아들에게 좋은 민간복을 마련하라고 우선 20굴덴을 주었다. 그리고 군주에게 아들이 민간복을 입고 시내에서, 혹은 근처 시골에서 의사로 개업을 하도록 허락할 것을 청원하였으나 군주는 일거에 개업 청원을 거절하며 '군복만 입을 것'을 명령하였다. 그의 모습을 기억하는 사람들은 그가 얼마나 우스꽝스러웠는지 말하고 있다. 껑충한 키에, 목은 길고, 맞지 않는 신과 누더기 군복을 입은 그를 보고 못생긴 '황새' 같다고 하였다.

당시 쉴러는 생리학 및 의학 교수가 되어야겠다는 생각을 갖고 있었다. 학교를 나왔지만 그에게는 아직도 계속 시험의 관문이 남아 있었다. 튀빙겐 대학 의대에서 박사학위를 따기 위한 시험과 국가 의사자격시험이었다. 그는 2년간 슈투트가르트에 머물렀다. 아직도 그곳에 머물고 있는 많은 동료들이 그를 보고 놀릴 때마다 그도 역시 함께 웃어 버렸지만, 아직 장교가 아니어서 아무 장식이 없는 칼을 차고 다녀야 하는 것에 혼자서 마음이 상한 상태였다. 그는 슈투트가르트를 떠나고 싶었지만 그럴 수가 없었다. 심지어 얼마 멀지 않은 곳에 사는 부모님도 찾아뵐 수가 없었다. 그저 친구들과 술집에 드나들고 카드놀이를 하거나 독한 담배를 피우며 하숙집에 머물렀다.

그는 구시가지에 스스로 '작은 무덤'이라고 부르는 일층 방에서 살고 있었다. 이 방조차 혼자 쓸 수 없어 학교 동료였던, 거칠고 좀 난폭한 친구 샤르펜슈타인과 함께 사용하였다. 이 방에는 책상 하나에 의자와 야전침대가 두 개씩 있었다. "방구석에는 빈 술병, 감자 뭉치가 놓여 있고 담배 냄새가 진동하였고 지저분한 식기가 놓여 있는 것이 보통이었다. 우리는 가진 것은 없지만 검소하고 젊은이다운 밝은 분위기였고 우리 스스로 요리한 만찬을 즐겼다. 물론 음식은 간단한 소시지에 감자뿐이었다"고 룸메이트 샤르펜슈타인은 후에 기술하고 있다.

이때 군사학교를 함께 졸업한 빌헬름 폰 볼초겐이라는 친구와도 가까이 지내게 되었다. 그는 군사학교에서 제1계층에 속한 몇 안 되는 귀족 출신

학생이었는데, 연대 의무관 쉴러를 자기 집에 초대하였다. 원래 그의 어머니 헨리에테 폰 볼초겐의 집은 튀링겐 지방 바우어바흐에 있었으나 겨울에는 혹한을 피하여 슈투트가르트로 오곤 했다. 또 그녀의 두 아들이 군사학교를 다니고 있었으므로 더욱 자주 오는 편이었고 쉴러의 어머니와도 가깝게 지내는 부인이었다. 이 부인은 후에 쉴러가 궁핍하게 되었을 때 그에게 피난처를 제공하기도 한다. 빌헬름 폰 볼초겐은 나중에 쉴러의 동서가 된다.

하숙집 여주인은 대위의 미망인으로 루이제 피셔라고 불리는 약 30세 된 여자였다. 이 여성은 쉴러의 첫 시 중에 하나인 〈라우라 송가〉의 대상이라고 추측되고 있다. 그녀와 쉴러와의 관계가 어떠하였는가는 모두가 추측만 할 뿐이었는데, 후에 쉴러 스스로는 내밀한 관계는 아니었다고 말한 바 있다. 쉴러는 그 집의 세 아이들과 잘 놀았으며 그녀가 맛있게 담근 펀치술을 즐겨 마셨다고 한다. 페터슨의 증언에 따르면 그녀는 아름답지도 않고, 평범한 여인네에 불과하다고 하였다. 그러나 샤르펜슈타인은, 그녀가 아름답지는 않았으나 명랑하고 매력적이라고 하였다. 후에 그녀는 군사학교 졸업생으로서 오스트리아 장교가 된 젊은이와 도망하였다고 한다. 쉴러가 그녀와 같은 집에서 살기는 하였으나 '감각적인' 관계는 아니었다는 것이다.

1781년 봄, 마침내 쉴러는 〈군도〉를 완성하였다. 친구들은 "우리는 마침내 폭군들이 불태워 버릴 책을 하나 만들었다"고 하였다. 출판을 위해서 페터슨이 나서기로 하였는데 그들이 살고 있는 슈투트가르트에서는 아무도 출판해 주려는 사람이 없었기 때문이었다. 쉴러는 우선 출판비가 없어서 힘들었고, 자신이 속한 나라(지방)보다는 다른 곳에서 발행하여 독자(관객)의 진정한 반응을 보고 싶었고, 정말 자신이 극작가로서 설 수 있는가를 알고 싶었다고 후술하였다. 그는 다른 어떤 것으로 입신할 수단은 없다고 생각하였다. 심리학이나 철학으로 교수가 된다는 것은 어렵다고 생각하였다.

그러나 아무도 그의 책을 출판하여 주겠다는 사람은 없었다. 그는 어쩔 수 없이 친구의 보증을 받아 50굴덴 빚을 내어 자비출판하기로 하였다. 출판 비용은 총 150굴덴이었다. 이 빚은 그의 젊은 시절의 질고가 되었으며, 평생 남의 빚을 지게 되는 시작이기도 하였다. 출판사는 자신이 살고 있는 슈투트가르트에 있었으나 군주의 화를 두려워하여 출판 장소는 프랑크푸르트와 라이프치히로 하였다. 책은 5월에 내기로 하였다. 쉴러는 책의 머리말을 썼으나 출판사는 시대비판적인 글이라 하여 내용을 수정할 것을 요구하여 좀 부드러운 말씨로 수정하였다. 이 머리말은 후에 '금지된 머리말'이라고 하여 이 드라마를 이해하는 데 큰 도움이 된다. 책이 나오자 작품에 대한 평이 나오기 시작하였다. 7월 《에어푸르트》 신문에는 "우리가 독일의 셰익스피어를 기대하였다면 바로 이 사람이다"라고 하였으며, 10월 코타출판사에서 나온 신문에는 "지난 5월 슈투트가르트의 메츨러출판사에서 나온 드라마 〈군도〉는 슈투트가르트의 군의관 쉴러 씨의 작품으로 〔…〕" 하고 실명을 밝히고 있다. 이로써 쉴러의 이름이 차차 널리 알려지기 시작하였다.

작품이 출판된 지 3개월 후인 8월, 만하임에 있는 출판업자이며 서점을 경영하고 있는 슈반에게 우선 전지 7장분(작품 전체에서 약 30쪽 분량)의 작품을 보냈다. 슈반은 젊은이의 원고에서 거칠지만 재능이 있음을 발견하고, 원고를 같은 시의 만하임 국립극장장인 하이베르트 달베르크(1750-1806)에게 가져가 배우들도 배석한 자리에서 제1막을 읽어 주었다. 슈반은 쉴러에게 보낸 편지에서 쉴러를 격려하면서 "내가 귀하를 이 사람〔H. 달베르크〕에게 소개한 최초의 사람"이라고 하였다. 편지를 받은 지 얼마 안 되어 극장장 달베르크는 쉴러에게 공연을 위해서 〈군도〉를 고쳐 줄 것을 요구하는 편지를 보냈다. 그는 작품을 수정하는 데 친구들의 의견을 참고했으며 그의 선생 아벨도 터놓고 작품의 부족한 곳을 이야기해 주었다. 쉴러는 달베르크에게 "저는 벌써부터 만하임 극장의 명성을 알고 있었습니다. 저도 연극의 재질이 있다는 것을 느끼고 있었으며 언젠가는 만하임 뮤즈의 전당과 가까이 하고 싶었습니다. 다만 제가 있는 뷔르템베르크와의 의무가 그것을 어렵게 하고 있습니다. 장래 작품으로 그곳과 보다 가까이 하고 싶습니다. 그러나 유감스럽게도 경제적 사정으로 인해 그곳 극장에 대한 많은 의견을 지니고 있어도 귀하에게 전해드리지 못하고 있습니다" 하고 썼다. 그리고는 '쉴러 박사'라고 하였다. 당시 대학을 다녔던 사람들은 학위를 받지 않았어도 그렇게 쓰는 것이 보통이었다. 괴테도 박사학위를 받지 못하였으나 평생 '박사'로 통하였다.

달베르크는 무대에 올리기 위해서 〈군도〉를 다시 수정하기를 바랐다. 쉴러는 2주 만에 그가 원하는 대로 수정하려고 하였으나 2개월 후에야 수정된 원고를 보내게 되었다. 달베르크는 다시 몇 번이고 수정을 요구하였다. 예를 들자면 연극의 시대 배경을 중세로 할 것과 의상도 현대가 아니라 막시밀리언 시대(1500년대)로 요구하였다. 그는 당시의 시대적 상황과 연극의 시대적 배경이 일치한다는 관객의 '오해'를 불식시키고 싶었기 때문이다. 작가는 자신의 생각을 극장장에게 설득하려고 하였으나 소용없었다. 달베르크는 궁정인으로 귀족이었다. 그는 사회적인 문제제기의 극을 단순화하고 시대적인 것을 피하려고 하였다.

수정하는 동안 쉴러는 하나의 뜻있는 일을 하였다. 이미 5년간 재판도 없이 감옥에 수감되어 있던 슈바르트를 면회한 것이다. 11월, 쉴러는 루트비히스부르크에서 의사로 일하고 있는 학교 친구 호펜과 당시에는 무서운 감옥으로 알려진 호에나스페르크라는 곳으로 '죄수'를 방문하러 갔다. 이 감옥의 교도소장은 호펜의 대부인 리거 장군이었다. 리거 장군은 또한 어린 아이로만 알고 있던 쉴러가 유명한 작가가 되었다는 것을 알고 그를 보고 싶은 마음도 있었다. 장군은 교도소에서 죄수들이 연극도 공연하도록 하였으며 근처 도시에서 관객들을 초대하기도 하고 슈바르트에게는 책도 제공하는 등 교도소장으로는 관대한 사람이었다.

리거 장군은 쉴러가 방문하기 전에 슈바르트에게 그의 작품을 읽고 평하도록 부탁하였다. 장군은 쉴러를 절친한 친구인 피셔 박사라고 소개하면서 쉴러를 그 앞에 데리고 가 작품이 어떠냐고 물었더니, 슈바르트는 "위대한 시인을 개인적으로 볼 수 있다면 행운"이라고 말하는 것이었다. 장군은 그의 어깨를 두드리며 "자네는 원을 풀었네. 바로 이 사람이 〈군도〉의 작가일세"라고 말하니, 슈바르트는 "이것이 정말입니까?" 하면서 쉴러의 목을 끌어안고 키스를 하면서 눈물을 글썽거렸다. 쉴러는 평생 동안 이 해후를 기억하고 있었다.

쉴러는 달베르크가 원하는 대로 작품을 개작하였다. 원작자의 의도와는 달리 많이 수정되기는 하였으나 그래도 그 의미가 완전히 다르지는 않은 것만도 다행한 일이었다. 작품 〈군도〉는 퍽 화려한 무대 위에 올려졌다. 극장 문 앞 알림판에는 이렇게 씌어졌다. "1782년 1월 13일 일요일 이곳 국립극장에서 〈군도〉가 공연됩니다. 5막의 비극으로서 저자 쉴러 씨가 만하임 국립극장을 위하여 다시 개정한 작품입니다. 작품이 길어 오늘 오후 5시부터 시작합니다." 이미 전 독일에서 잘 알려진 작품이었기 때문에 관중은 그 근처의 멀고 가까운 거의 모든 지역인, 하이델베르크, 다름슈타트, 프랑크푸르트, 마인츠, 보름스, 슈파이어 등에서 말이나 마차를 타고 모여들었다. 이 작품은 당시 예술적인 가치, 정치적 의미, 도덕적 특성 등으로 사람들이 모이는 장소마다 토론의 대상이었기 때문에 모두가 공연을 보고 싶어 하였다. 이미 1시부터 사람들이 몰려왔다.

쉴러는 자신의 처녀작이며 초연인 연극을 보려고 친구 페터슨과 예쁜 여급 한 명과 함께 만하임에 도착하였다. 그는 슈반과 함께 귀빈석에 자리 잡았다. 3막이 공연될 때까지 객석은 조용하였다. 그러나 도둑의 두목인 카를이 복수하기 위하여 아버지의 성에 도착하는 4막부터 객석은 동요하기 시작하였다. 박수와 소란은 연극이 끝날 때까지 계속되었다. 당시 만하임의 어떤 사람이 쓴 보고서에는, "극장 안은 정신병동 같았다. 객석에서는 눈동자를 굴리고, 주먹을 불끈 쥐고, 소리를 질렀다. 낯모르는 사람끼리 서로 훌쩍이며 끌어안고 여자들은 거의 정신을 잃고 문으로 갔다. 그것은 마치 혼돈 속에서, 안개 속에서 새로운 창조를 하는 것 같았다"라고 기록되어 있다. 각 막이 끝나고 커튼이 내려갈 때마다 힘찬 박수가 요란하게 울리고 사람들은 소리를 질렀다. 당시 이런 현상은 거의 없었다. 음모와 폭력에 대항하는 격정적인 이 작품은 프랑스혁명이 일어나기 전에 독일을 이미 흔들어 놓았다.

〈군도〉(1781)

5막극으로 쉴러의 처녀작이며 동시에 그의 작가적 위치를 확고하게 한 출세작이기도 하다. 독일 질풍노도(슈투름 운트 드랑) 문학운동 시기의 작품 가운데서 괴테의 〈젊은 베르테르의 슬픔〉과 더불어 대표적인 작품이다.

모어 백작은 두 아들을 두었는데 맏이인 카를은 당시 라이프치히 대학에 재학 중이었으며, 둘째인 프란츠는 아버지와 함께 살고 있다. 둘째인 프란츠는 형인 카를을 모함하여 아버지로 하여금 그를 버리도록 하고 형과 결혼을 약속한 아말리아를 수중에 넣으려 한다. 프란츠는 카를에게서 온 편지도 조작하여 큰 죄를 짓고 도망 다니고 있는 듯이 꾸미고, 아버지를 대신해 카를에게 보내는 편지에 카를을 내 자식으로 여기지 않겠다고 쓴다. 프란츠가 대필한 답장을 보고 실망한 카를은 도적 떼의 대장이 되어 그들과 생사를 함께 하기로 맹서하고 여러 곳을 다니며 분탕질을 한다. 그러나 실제 나쁜 짓을 하는 사람은 슈피겔베르크라는 동료이다. 도적인 카를은 현실 세계에서 절망하여 이상 세계를 그리지만 제한된 '법'은 그의 이상을 막고 있다. 그러므로 그는 현세를 '거세된 세기'라고 한다. 아버지의 사랑을 잃어 탕자와 같이 살게 된 그는 의적으로 탐관오리인 귀족을 징벌하고 빼앗은 재물을 가난한 사람에게 나누어 준다. 도적들과 함께 고향으로 돌아와 보니 프란츠에 의해 아버지는 거의 폐인이 되어 있었고 자신이 속은 것을 알게 된다. 그는 프란츠와 자신의 애인을 죽인 후 법의 심판을 받겠다고 법정으로 간다.

형 카를은 정통성을 잃은 적자로서의 자기 권리를 주장하는 반면에 동생 프란츠는 "이 세계의 저주받을 불평등"(실제 공연에서는 제외되었던 대사)에 도전한다. 확대 해석한다면 하나의 권력구조에 대한 싸움으로 정치적인 해석이 가능하다. 형은 젊은이로서 자신의 뜻을 펴지 못하게 하는 "저주받을 법"(제외된 대사)의 한계를 느끼며 세상법이 자신을 묶는 것에 저항한다.

동생은 수단과 방법을 가리지 않고 동원하여 세상의 모든 것을 자기 수중에 넣으려는 마키아벨리스트에 속한다. 이런 동생과의 싸움에서 형은 "이 세상에 브루투스의 자리는 없다"고 한다. 쉴러는 프란츠와 슈피겔베르크를 악의 화신으로 삼고 있는데, 그 모형은 셰익스피어의 악한을 닮았다. 카를이 모저 목사에게 퍼붓는 저주는 기존 질서에 대한 부정이다. 관객들의 반응은, 이러한 카를의 기존 질서에 대해 느끼는 한계와 프란츠의 마키아벨리스트적인 행위에 대한, 열광과 분노라고 볼 수 있다.

공연 후 쉴러는 배우들과 저녁을 함께 하면서 그 역할 하나하나에 대해 이야기를 나누고 배우와 극작가의 갈 길에 대한 토론을 하면서 군복을 입지 않은 자유로운 분위기가 어떤가를 실감하였다. 이 자리에서 자신이 주인공이면서도 자신은 얼마나 의무에 묶여 있는가를 새삼 깨달았다. 달베르크는 아주 겸손한 말로 쉴러에게 앞으로 혹시 공연을 위해 괴테의 〈괴츠〉의 대본을 개작하여 주겠냐고 하였으나 쉴러는 자유와 국가권력에 관한 작품 〈피에스코의 모반〉을 쓰겠다고 하였다. 달베르크는 관심을 보이지 않고 쉴러에게 돌아갈 차비를 하라고 돈을 주었다. 당시 작가에게 저작권을 부여하거나 공연료를 주는 규정이나 관례가 없었다.

바이런이 어느 날 깨어 보니 유명해졌다고 하였듯이 쉴러는 한 작품, 한 번의 공연으로 유명한 극작가가 되었다. 쉴러는 돌아와 달베르크에게 편지를 썼다. "저는 많은 것을 보고, 많은 것을 배웠습니다. 만일 독일이 언젠가 극작가를 저에게서 발견한다면, 저는 지난주에 한 시대를 긋는 것을 보았습니다."

쉴러는 만하임 공연에 관한 짧은 평을 보름스의 특파원으로 가장해 다음과 같이 썼다. "산문으로 씌어진 이 작품은 좋은 성과를 거두었다. 프란츠 역의 〔배우〕 이플란트는 가장 잘 소화하고 있다. 반대로 카를 모어 역의 베크 씨는 좀 실망스럽다. 그럼에도 그는 자신이 맡은 역에서 배우가 할 가능한 역할을 하였다고 볼 수 있다. 탑을 중심으로 한 한밤의 장면에서 아버지 앞에서 무릎을 꿇고 격정적인 언어로 달과 별에게 하는 맹서는 〔…〕 어떤 무대에서도 볼 수 없는 장면이었다." 쉴러는 이때 이미 자신의 드라마적 특징으로 장점이며 또한 단점이기도 한 '격정적 언어'에 대해 잘 알고 있었다. 이 밖에도 그는 스스로 무명으로 쓴 평에서 작품에 대해 칭찬과 비판을 했다. 프란츠 모어는 너무나 악한으로 묘사되었고, 카를 모어는 너무 영웅적이라고 쓰고 있다. 그가 가명으로 쓴 '자평'은 그의 〈군도〉를 이해하는 데 많은 도움이 된다. 작가의 내면의 소리를 암암리에 드러내고 있기 때문이다.

쉴러의 이 작품은 독일 질풍노도 문학에 속한다. 이 작품으로 그는 당대의 같은 문예사조에 속한 다른 작가들, 클링거, 렌츠, 바그너 등의 작품보다 우수하여 괴테와 함께 천재 문학이라고 일컬어지는 사조의 대표 작가가 되었다. 그의 작품 속에, 우리들이 많이 인용하는 '거세된 세기'니 '얼룩진 세기'니 하는 것은 당시의 다른 작가의 작품을 인용한 것이었다. 형제간의 반목이나 부자간의 반목도 역시 당시에 흔한 모티브였다. 그러나 사악한 동생의 거짓 편지를 받고 아버지로부터 버림받았다고 느끼면서 뵈멘 숲에서 세상을 등지고 세상에 복수할 결심을 하는 장면은 관객에 폭발적인 효과를 가져오는 역할을 하고 있다.

〈군도〉에 관한 연구는 여러 방면으로 진행되어 일치점을 찾을 수 없다. 마르크스주의적인 해설이 있는가 하면 자유주의적 해설도 있다. 어쨌든 일치하는 점은 한 가지 있다. 사회혁명적인 자유에 관한 작품이라는 점에서는 일치한다. 주인공 카를 모어가 "독일에 공화국을 세우고 싶다"고 하는 것은 사람들이 자유를 원하고 사회를 변화시키고 싶은 욕망을 품고 있다는 것을 의미한다.

쉴러의 군주인 카를 오이겐 공은 슈투트가르트를 떠나 만하임에서 머물 일이 있었다(어떤 전기에서는 군사학교를 정식 대학으로 승격시키기 위하여 빈에 갔다고도 한다). 이때를 이용하여 쉴러는 연대장의 묵인하에, 그러나 군주 몰래 자신의 연극을 보려고 만하임 극장으로 갔다. 이번에도 혼자가 아니라 어머니 친구이며 후에 그를 오랫동안 후원한 폰 볼초겐 부인과, 하숙집 주인 피셔 부인과 동행이었다. 쉴러는 극장장 달베르크에게 자신이 그곳으로 가 연극 관람을 하겠다고 연락하였다. 그러나 그가 도착하여 보니 배우들 사정으로 연극을 무대에 올릴 수 없었다. 그 대신 달베르크에게서 아주 고무적인 말을 들을 수 있었다. 군 복무를 마친 후에 극장에 와서 함께 일하자는 것이었다. 젊은 작가에게 이 제안만큼 용기를 준 것은 없었다. 비록 연극은 보지 못하였으나 여기서 폰 볼조겐 부인은 쉴러와 달베르크와의 대화나 만하임 사람들과의 교류를 통해 쉴러를 아들 같은 자랑스러운 젊은이로 느끼게 되었다. 그러므로 이 부인은 쉴러가 곤경에 처하였을 때에 도움을 준 것이었다. 이미 귀족 부인이 일반 시민의 여인인 하숙집 여주인과 함께 쉴러를 따라 만하임에 함께 간 것만 보아도 쉴러에 대한 신뢰가 얼마나 컸던 것인가를 알 수 있다.

귀향하면서 쉴러는 인생의 희망찬 새로운 여정을 생각하며 꿈에 부풀었다. 그러나 도착하여 주위를 보니 하나도 변한 것이 없는 군대생활의 비참함 가운데 있는 자신을 발견하고 고뇌에 빠졌다. 군복을 입고 겨울에 군의 사열 때문에 모이는 것도 정말 싫었다. 그는 아프다는 핑계로 가지 않았다. 귀향길에 실제로 감기가 들었던 것도 사실이다. 쉴러는 이 처지를 타개하기 위하여 만하임으로 편지를 썼다. 그는 달베르크에게 이런 상황에 대해 "저보다 불행한 사람은 아마 없을 것입니다. 〔…〕 귀하의 팔에 저를 맡겨도 좋겠습니까?" 하고 물으며 "귀하께서는 제가 이곳을 빠져나가기 위한 방법을 찾으시는 것이 어려울 것 같지 않습니다만 〔…〕"이라고 쓰면서 그 방법 몇 가지를 제의하였다. 쉴러가 제안한 것은, 예를 들면 군주에게 편지를 써 그를 만하임으로 보내거나 아니면 적어도 그곳으로 파견하도록 하거나, 만하임에서 의학을 더 공부하도록 부탁하는 것이었다. 그리고 그는 "귀하께서 군주께 서신 한두 장을 쓰시어 저를 도와주시는 것을 주저하실 필요는 없을 것" 같다고 하였다. 물론 달베르크는 귀족으로 신분이 높은 사람이었다. 그의 형제는 후에 에어푸르트 시의 기독교 군주인 주교가 되기도 하였다. 또 뮌헨의 귀족 가문에 속하여 군주에게 편지를 할 수도 있었을 것이다. 그러나 그가 '외국'의 무명작가를 위하여 부탁을 들어줄 것이라고 생각하는 것은 정말 젊은이의 순박한 공상에 지나지 않았다. 대답은 없었다. 혹은 대답이 있었으나 보존되어 있지 않은지도 모른다. 쉴러나 그의 친구들의 기록이 없었던 것으로 보아 답을 받지는 못한 것 같다. 그 대신 보다 가혹한 것이 쉴러를 기다리고 있었다.

쉴러가 만하임에 갔었다는 소문이 당시로는 아주 작은 도시 슈투트가르트에 점점 퍼져 가고 있었다. 여자를 두 사람씩이나 동반한 것이, 요즘 같아도 시끄러울 터인데, 당시에는 좋지 않은 소문으로 퍼지지 않을 수 없는 일이었다. 군주는 그의 행적을 소상히 알게 되었다. 군주는 쉴러에게 연대장이 '탈영'을 알고 있었는가를 몇 번이고 물었다. 쉴러가 떠날 때 연대장에게는 알리고 떠났으나, 연대장에게 화가 미칠 것을 염려한 쉴러는 한사코 그가 모르고 있었다고 변명하였다. 군주는 "2주간의 금고에, 외국과의 관계를 금하고 칼을 반납"하게 하였다. 그러나 2주간 영창에 있다가 나온 후 그는 곧 달베르크에게 편지를 쓴다. "귀하에게 갈 운이 따르지 않아, 제가 단언하

건데 몇 개월 후에 만하임에 갈 결단을 내리겠습니다." 간절한 편지도 아무 소용이 없었으므로 이제는 단호한 결단의 편지를 썼던 것이다. 쉴러는 자신이 이미 쓰고 있던 두 번째의 드라마 〈피에스코의 모반〉과, 계획하고 있는 〈돈 카를로스〉에 대한 것을 편지에 썼으나 역시 아무 응답이 없었다.

달베르크의 답을 기다리면서, 또 괴로워하면서도 그는 이제까지 쓴 시를 모아 사화집을 내기로 결심하였다. 당시에는 시를 모은 책을 내면서 '연감'이라는 제목을 붙이는 것이 유행이었다. 연감이란 실은 달력이라는 뜻이나 그 안에 달력은 없었다. 오히려 요즘식으로 한다면 그해 나온 여러 사람들의 시를 모아 한 해를 결산하는 '한 해의 시 모음집'이라고 해야 옳을 것이다. 이 형식은 1770년부터 유행하기 시작한 형식이었다. 책의 형태는 작고 아름답게 하여 누구나 어디서나 시간이 있을 때면 쉽게 읽을 수 있도록 하는 것으로 이는 포켓판의 선구라고 할 수 있다. 쉴러는 자신의 시를 모아 《연감. 1782년》이라고 하면서 이름을 밝히는 대신 '〈군도〉의 저자'라고 표기해 출간하였다. 또한 다음 작품 〈피에스코의 모반〉을 계속 쓰고 있었다.

3. 만하임으로의 탈출

불안한 미래

쉴러는 미래에 대한 불확실성으로 괴로움은 여전히 계속되었다. 한밤에 숲을 거닐기도 하고 옛날 학교 근처를 거닐며 자신의 미래에 대해 생각하여 보았으나 문학을 떠나서는 자신의 미래는 없다고 생각하였다. 이때 쉴러의 작품에 대한 평이 여러 곳에서 나오면서 극 속에서 악한의 역할을 하는 슈피겔베르크의 만행을 비판하는 기사가 군주의 심사를 평안치 않게 하였다. 카를 오이겐 공은 쉴러를 자신의 궁으로 불러 "앞으로는 코미디를 쓰지 말 것"을 명하였다. 쉴러는 다시 친구들에게 돌아와 주점 '황소'에서 아무 일도 없었다는 듯이 함께 지냈다.

쉴러는 혼자 고민에 빠졌다. 문학을 계속하면서 군주가 모르게 한다는 것은 불가능하였다. 설혹 그가 군을 이탈하여 민간인으로 돌아간다면 이제까지 군주의 비용으로 교육받은 비용을 지불하라고 할 것이며, 이는 그의 아버지에게 역시 불가능한 일이었다. 그는 군주에게 청원하기로 하였다. 폰 볼초겐 부인과 몇몇의 지인들도 그렇게 조언하였다. 그는 군주에게 아주 겸손한 어조로 "조금이나마 조국의 이름을 알린 것도 군주의 은혜로 카를 학교에서 교육받은 덕에 있으며, 보다 조국의 이름을 독일 전체에 알리기 위해서 문학의 일을 더 할 수 있도록 허락하여 주실 것"을 청원하였다. 청원서를 본 군주는 오히려 연대장에게 만일 그가 다시 그런 청원서를 제출한다면 그를 체포하여 영창에 넣으라는 명령을 내렸다. 쉴러에게 이제 남은 출구는 없었다. 그는 친구들과도 터놓고 이야기할 수도 없었다. 군주는 자기의 명령을 아무에게도 말하지 말고 비밀에 부치라고 명하였기 때문이었다. 쉴러는 전에 슈바르트를 면회하러 가서 보았던 감옥을 생각하였다. 언제 그에게도 그런 명령이 떨어질지 아무도 모른다. 여기에 아버지와 경쟁 관계에 있던 발터라는 사람은 문학의 유해성에 대해서 계속 군주에게 보고하고 있었다.

탈영

좋은 기회가 왔다. 1782년 9월 중순, 군주의 친척인 러시아 대공이며 후에 황제가 된 파울 공이 국빈 자격으로 뷔르템베르크를 방문했다. 카를 오이겐은 대단히 화려한 접대를 준비하였다. 많은 사람들을 초대하고, 이제까지

치르던 행사에서는 볼 수 없었던 가장 호화로운 행사를 준비하였다. 특히 9월 22일에는 6천여 마리의 노루를 풀어 사냥을 하는 행사가 있었고, 성에는 아름다운 조명을 밝혀 파울 공의 방문을 축하하였다.

쉴러는 이때를 탈출의 기회로 삼기로 하였다. 그는 많은 시련을 겪으며 생을 헤쳐 나갔으며, 어떻게 보면 불운한 삶을 살기도 하였으나, 그의 위기의 순간에는 항상 그를 돕는 우군이 있었다. 그의 평생의 운명을 결정하게 될 탈출의 순간에도 그에게는 아주 훌륭한 친구가 있었다. 어떻게 보면 이 두 사람의 우정은 세계에 남을 훌륭한 우정의 전형으로 볼 수도 있다. 그의 이름은 안드레아스 슈트라이허였다. 그는 쉴러가 쓰고 있던 〈피에스코의 모반〉을 읽어 주곤 하던 친구로서 음악을 배우고 싶어 하는 예술가 지망생이었다. 그러나 그도 강제로 군사학교에 끌려와 좋아하는 음악을 억지로 포기할 수밖에 없었다. 후에 그는 쉴러와 함께 탈주한 과정을 《쉴러의 도주》라는 책에서 상세히 기술하여 젊은 쉴러 연구의 가장 중요한 자료를 남기게 되었다. 쉴러의 모든 전기 작가는 그의 저술에서 벗어날 수 없다. 필자도 젊은 시절의 쉴러를 서술하는 데 대부분 그의 신세를 졌다.

슈트라이허는 원래 다음 해에 함부르크로 갈 예정이었다. 거기서 그는 우리가 지금 잘 알고 있는 유명한 요한 제바스티안 바흐의 아들 필리프 바흐에게서 사사하기로 하였다. 그러나 쉴러의 결심을 듣고 그를 돕기 위해서 그도 함께 한 해 앞당겨 슈투트가르트를 떠나기로 하였다. 슈트라이허는 어머니를 설득하여 여행비를 마련하였다. 쉴러는 어머니와 여동생을 만나 탈주 계획을 이야기하고 아버지에게는 비밀에 부쳤다.

오전 10시경에 슈트라이허가 약속대로 쉴러의 방을 찾았을 때 쉴러는 아무렇지도 않은 듯 군용침대에 누워 클롭슈토크의 시를 읽고 있었다. 밤 10시 그들은 낡은 권총을 옷 속에 숨기고 이미 예약하여 두었던 전세마차에 가방과 슈트라이허의 피아노를 싣고 출발하였다. 둘은 모두 가명을 쓰기로 하였다. 쉴러는 리터 박사라고 부르기로 하였고, 슈트라이허는 하사관 볼프 박사라고 하였다. 그들은 혹시나 자신들이 의심받거나 혹은 추적당하는 것에 대비하여, 도주하려는 반대 방향인 남쪽으로 갔다. 거기에는 그들의 친구인 샤르펜슈타인이 초소를 지키고 있었다. 남쪽으로 갔다가 시를 돌아 북쪽으로 가기 시작하였다. 밤 12시쯤 멀리 남쪽에서 환한 불빛이 보였다. 러시아 귀빈을 환영하는 행사장 졸리튜데에서 밝힌 불이었다. 중간에서 그들은 커피를 마시면서 쉴러가 지니고 있던, 당시에 널리 알려진 군주를 비난한 시인인 슈바르트의 시를 읽었다.

이날 밤 라이프치히와 함부르크에서는 그의 드라마 〈군도〉를 공연하고 있었으며 청중들은 환호성을 지르고 있었다. 그러나 그는 무일푼으로 조국을 등지고 군인으로서 탈영하는 신세였다. 이른 새벽에야 그들은 국경에 이르렀다. 그들은 전세 낸 마차를 다시 돌려보내고 우편마차를 이용하기로 하였다. 국경을 넘어 목적지인 만하임에 도착하였으나 이른 아침 아직 성문은 열려 있지 않았다. 그들은 근처에서 잠깐 눈을 붙인 후 성문이 열리자 들어갔다. 우선 쉴러의 첫 작품을 공연하도록 적극적으로 주선하였던 극장 감독 마이어를 찾았다. 마이어는 반가워하였지만 당황하였다. 더구나 극장장 달베르크는 쉴러의 군주가 베푸는 러시아 황족의 환영회에 참석하기 위하여 슈투트가르트에 가고 없었다. 마이어는 쉴러가 슈투트가르트에서 도주하였다는 것을 알고 놀라움을 감추지 않았지만 재빨리 숙소를 하나 얻어 짐을 풀게 하였다. 만하임의 친지들은 어서 이곳을 떠나라고 하였고, 다른 사람들의 눈에 띄지 말 것을 당부하였다. 사람들은 카를 오이겐 공이 어떤 사람인지 잘 알고 있기 때문이었다.

아마도 마이어의 권유로 군주에게 썼을 것이라고 추측되는 쉴러의 편지는, 바로 만하임에 도착한 일자로 되어 있다. 그는 군주의 은총을 결코 잊은 것이 아니라고 하면서 군주의 "아들로서 넓은 세계를 보고 배우고 싶으며 작가가 될 수 있는 가능성을 놓칠 수 없어 이곳에 왔다"고, 구구절절 "은혜와 은총"으로 "카를의 교육을 세계에 알려 명예롭게 하기 위한 것"이라고 쓰고 있다. 그리고 "떨리는 소망으로 초조하게 외국에서 군주의 회답을 바란다"고 썼다. 그의 겸손하고 자기 비하의 편지에 옛날 군주와 신하 간의 서간문 서식이 나타나 있다는 것을 간과하지 말아야 할 것이다. 또한 이런 용서를 비는 편지는 아마도 고향에 있는 가족들에게 피해를 주지 않기 위한 것이라고 생각할 수 있다. 답장은 곧바로 왔다. 군주에게서가 아니라 쉴러의 연대장이 군주의 명을 받아 보낸 것이었다. 답서에는 쉴러가 즉시 복귀해야 하며, 복귀한 후에야 군주의 은총을 얻을 수 있을 것이며, 연대장은 그의 소망을 가능한 한 도울 것이라고 하였다. 그러나 문학을 계속할 수 있다는 말은 들어 있지 않았다. 쉴러는 편지를 읽고 실망하였으나 돌아갈 생각은 전혀 없었다.

쉴러는 만하임에 왔을 때 거의 완성된 〈피에스코의 모반〉을 갖고 있었다. 만하임에서 그는 자신의 작품을 연출가인 마이어의 집에서 낭독하였다. 대부분이 극장 관계자와 배우들인 참석자들은 둥근 책상을 중심으로 앉아 바로 한 해 전에 세상을 놀라게 하였던 신진 작가에게 큰 기대를 걸고 경청하였다. 모든 사람들의 표정에는 그 유명한 〈군도〉를 쓴 젊은 작가에 대한 존경의 얼굴을 하고 있었다. 쉴러는 제1막부터 읽어 나갔다. 1막 낭독이 끝나자 청중들은 침묵으로 답하였다. 아무도 갈채를 보내지 않았다. 어떤 배우는 자리를 떴다. 몇몇이 서로 이야기를 나누었으나 작품에 대한 이야기는 아니었다. 제2막의 낭독이 끝났을 때 모든 사람들은 일어서 준비된 다과를 먹으러 갔다. 그러나 얼마 후 거의 모든 사람들이 낭독회를 떠나고 없었다. 마이어는 함께 간 슈트라이허를 한쪽으로 데리고 가더니 "확실히 대답해 주시오. 저 사람이 정말 〈군도〉를 쓴 작가란 말이요? 누가 도와서 썼던 것은 아니오?" 하고 묻는 것이었다. 친구가 그가 틀림없이 썼으며 "왜 의심을 하십니까?" 하고 묻자, 그는 " 〈피에스코의 모반〉은 내가 평생 처음 들은 천하의 졸작이오. 〈군도〉를 쓴 바로 그 쉴러라면 어떻게 그렇게 나쁜, 비참한 것을 쓸 수 있겠소" 하는 것이었다.

그러나 이것은 곧 다른 평가를 받게 되였다. 마이어는 쉴러에게 "어떻게 끝을 맺었는지 알고나 싶으니 원고를 두고 갔으면 좋겠다"고 하였다. 그는 원고를 밤새 통독을 하고 다음 날 아침 슈트라이허를 오라고 한 후, "당신이 옳았소. 〈피에스코의 모반〉은 명작이요. 〈군도〉보다 훨씬 좋소. 그러나 왜 사람들이 졸작이라고 생각한지 아시오? 그의 심한 슈바벤 사투리 때문이었소. 곧 극장 공연을 위해 위원회를 소집하겠소" 하는 것이었다. 이런 기쁨도 잠깐, 슈투트가르트의 축제에 다녀온 마이어 부인은(마이어 부인도 연극배우였다) 불길한 소식을 전하였다. '공은 쉴러를 체포하려고 사람을 보내든가 그를 인도하라고 정부에 요구할 것'이라는 소문이 파다하는 것이었다. 이제 쉴러는 함부로 시내를 다닐 수도 없었으며 친구들은 어서 빨리 이곳을 떠나야 한다고 하였다. 고국과 가까운 이곳은 아주 위험할 뿐만 아니라 카를 오이겐 공이 어떤 인물이라는 것을 알고, 그가 정치적 반대자와 탈영병을 어떻게 취급하고 있다는 것을 잘 알기 때문이었다.

험한 세상 속으로

두 친구는 극장장 달베르크도 러시아 황족 환영 축제로 출타 중이어서 만나지도 못하고 곧 만하임을 뜨기로 하였다. 쉴러는 원래 함부르크로 가기로 한 슈트라이허와 프랑크푸르트까지만이라도 함께 가기로 하고 그곳으로 출발하였다. 그들은 비용을 아끼기 위하여 걷기로 하였다. 당시 가난한 사람들은 아무리 멀어도 걷는 것이 보통이었다. 첫날은 12시간을 걸었다. 쉴러의 발에는 물집이 생겨 고생하면서, 목적지까지는 꼬박 이틀이 걸렸다. 프랑크푸르트에 거의 다다른 곳 라인 강가에서 산정에 지는 석양의 장관을 보고 쉴러는 경탄을 금치 못하였다. 이 경관은 쉴러에게 훗날까지도 기억된다. 그들은 첫날을 다름슈타트에서 머물렀다. 다음 날 그들의 도피는 계속되었다. 그러나 얼마 못 가 쉴러는 지쳐 쓰러질 지경이었다. 그는 나무그늘에 앉아 쉬다가 잠이 들었고 친구 슈트라이허는 안타깝게 지켜볼 따름이었다. 잠든 쉴러를 내려다보며, 친구는 "병자가 자고 있는 동안 깨어 있는 사람은 얼마나 걱정스럽고 불안"한지를 모를 것이라고 썼다. 그때 프로이센군 복장의 한 장교가 그들에게 다가왔다. 그러나 그는 그들을 체포하러 온 것이 아니고 그저 지나는 사람에 불과하였다. 그들은 오히려 그에게서 프랑크푸르트가 얼마 남지 않았다는 말을 듣고 힘을 내어 계속 걸었다. 프랑크푸르트 가까이 와서 그들은 도피자이니만큼 안전을 위하여, 또 돈도 넉넉하게 지니지 않았기 때문에 교외의 싸구려 하숙집에 들었다. 여기서 쉴러는 다시 달베르크에게 편지를 썼다. "저는 귀하가 만하임에 귀향할 때까지 기다릴 수가 없었습니다. 현재 저는 도피 중입니다. 안전을 위하여 카를 오이겐 공으로부터 도피할 수밖에 없습니다. 저의 처지는 실로 아주 비참합니다. 저는 만하임에 머물며 연극을 계속하고 싶습니다. 3주 안에 〈피에스코의 모반〉을 완성하겠습니다. 귀하의 도움이 필요합니다." 간곡한 청에도 불구하고 나흘 후 달베르크는 마이어를 통하여 그의 〈피에스코의 모반〉은 연극으로는 적합하지 않다는 '거절'의 소식을 전하여 왔다. 두 사람에게, 특히 쉴러에게 이 치명적인 소식은 너무나 충격적이었다. 이제까지 지니고 있던 희망이 순식간에 사라지고 천상천하에 무일푼으로 세상을 떠돌게 된 것이다. 그러나 그것도 잠시, 쉴러는 곧 평상심을 찾았다. 친구는 이렇게 쓰고 있다. "쉴러는 순수하고 고결한 심정을 지녔다. 그는 결코 불평을 하지 않았고 심한 말도, 격한 말도 그의 입에 담지 않았다. 그는 한 번도 그 편지에 대해 비난하지 않았다."

첫 번째 목적지인 프랑크푸르트에 도착하였으나 아는 사람은 아무도 없었다. 원래 여기서 슈트라이허는 함부르크로 갈 예정이었다. 그러나 돈 한 푼 없는 친구를 그냥 버려두고 갈 수가 없어 우선 함께 머물기로 하였다. 무엇보다 먼저 그들은 돈을 마련해야 했다. 난생 처음 그는 오도 가도 못하는 객지에서 거의 무일푼으로 방황하게 된 것이다. 그들은 특히 할 일도 없었으므로 책방을 둘러보기로 하였다. 혹시 그의 책이 있는지를 찾아보았다. 그러나 한 권도 발견하지 못하였다. 다른 책방에서 그의 책을 찾는 사람과 서점 주인과의 대화를 들을 수 있었다. 서점 주인의 말로는 "그의 책은 센세이션을 일으켰으며, 작가는 천재이고 그 작가에게서 큰 기대를 걸고 있다"는 것이었다. 서점과 출판사를 겸하고 있는 그곳에서 그는 자신을 스스로 밝히고 지니고 있던 시를 내주며 25굴덴을 요구하였다. 출판사에서는 18굴덴을 주겠다고 하였다. 그러나 그는 이런 궁핍한 처지에서도 자신의 의견을 굽히지 않았다. 결국 그들은 한 푼도 구할 수 없었다. 이때의 〈사랑〉이라는 시는 지금 전해지지 않는다.

친구는 어머니에게 구원을 청하여 돈이 도착하였으나, 원래의 목적지인 함부르크로 가지 않고 쉴러와 함께 그 돈을 사용하기로 하였다. 자신의 삶의 목적을 변경하고 친구를 위하여 자신을 희생한 우정은 그리 흔치 않다. 슈트라이허의 쉴러를 위한 이 희생정신은 시대를 초월하여 현대까지도 깊이 생각할 만한 우정인 것이다. 이렇듯 자신을 버리는 우정 때문에 쉴러를 말할 때마다 인구에 회자되고 쉴러가 문학사에서 사라지지 않는 한 그의 이름도 사라지지 않을 것이다.

그들은 물가가 비싼 프랑크푸르트를 떠나, 마인츠로 가서 성당을 구경하고 역시 비용을 아끼기 위해 걸어서 보름스로 가기로 하였다. 그러나 세 시간을 걷자 쉴러는 피곤하여 우편마차를 이용하기로 하였다. 쉴러는 프랑크푸르트에서 마이어에게 편지를 보내 보름스로 답을 보내 줄 것을 청한 바 있다. 마이어는 보름스에서 세 시간 거리의 한적한 마을 오거스하임에서 만나자고 하였다. 마이어 부부는 함께 와서 기쁜 소식을 전하였다. 달베르크가 그의 〈피에스코의 모반〉을 공연하기로 결정하였으나 단 수정을 한 후라야 가능하다는 것이다. 쉴러와 마이어는 이 작업을 바로 그들이 만난 여관에서 하기로 결정하였다. 여기는 만하임에서 멀지 않아서 연락하기에 좋은 장소였다. 마이어 부인에게는 슈트라이허의 피아노까지 가져다줄 것을 부탁하였다. 안전을 위하여 쉴러를 슈미트 박사라고 부르기로 하였다. 슈트라이허가 지니고 있는 돈은 약 20일을 버틸 수 있는 액수였다. 즉 작품의 수정은 20일 이내에 끝내야만 하는 것이다.

쉴러는 즉시 작품 〈피에스코의 모반〉의 수정 작업에 들어갔다. 원래는 공화적인 내용의 작품이었으나 공연을 위하여 시민 비극으로 고치려고 한 것이다. 거의 두 주간을 그는 방에서 떠나지 않았다. 날씨도 좋지 않았을 뿐만 아니라 여관 주인도 별로 교양 있는 인물이 아니어서 말이 통하지 않는 사람이었다. 그는 드라마에 출연할 만하임의 배우들까지 연상하면서 작업을 하였다. 하긴 그의 이 작업은 그의 생명줄이나 마찬가지였다. 만일 이 작품이 거절된다면 그는 이제 천하에 갈 곳이 없을 뿐만 아니라, 당장 입에 풀칠하기도 어려운 실정이었다. 저녁에는 초를 아끼기 위하여 슈트라이허가 피아노를 치면 그는 어두운 방을 이리저리 왔다갔다하며 생각을 가다듬었다.

한편 이 기간 동안에 편지도 많이 썼다. 당시의 사람들은 편지 쓰는 데 많은 시간을 할애하였다. 그때의 지식인들은 긴 편지를 쓰는 것을 일상생활 중 하나라고 생각하였다. 타이프라이터나 컴퓨터가 있는 현대에도 요즘 사람들은 편지를 별로 쓰지 않지만—현대는 물론 이메일을 많이 이용하지만 내용은 극히 짧아서 메모보다 조금 길 뿐이다. 그리고 곧 지워 버린다—옛 사람들은 편지만 해도 6, 7권씩이나 된다. 쉴러는 집에 편지를 쓸 때 라이프치히에 있다고 하였고 친구들에게는 역시 보안을 위해서 "지금 베를린으로 가고 있으며 곧 러시아의 상트페테르부르크로 갈 예정"이라고 썼다. 베를린에 있는 당시 문학계의 거두인 니콜라이에게 보내는 추천서를 지니고 있다고 하였다. 또한 아버지의 걱정을 덜기 위한 듯 앞으로 의학에만 전념하겠다고 하였다(Dichter I, 70).

깨끗이 작성한 새 원고를 마이어에게 보낸 후 엿새 만에 답장이 왔다 "배우들에게도 관객에게도 좋은 반응"이 예상된다는 것이다. 쉴러는 답을 받은 즉시 만하임으로 떠났다. 마이어의 집에 도착하자 그들 부부는 무척 놀라는 것이었다. 그들이 도착하기 한 시간 전에 그를 잡으러 어떤 장교가 왔었다는 것이다. 그리고는 다시 마이어의 집 문을 누군가 두드리는 것이었다. 마이어가 급히 그들을 숨기고 문을 열어 보니 아는 사람으로, 방금 커피집에서 어떤 장교가 여기에 쉴러가 왔었느냐고 묻기에 이미 두 달 전에 작센으로 떠났다고 대답하였다는 것이다. 쉴러는 고국으로부터 가능한 한 멀리 도망하여야겠다는 생각을 하게 되었다. 후에 알려진 것이지만 그 장교는 쉴러를 체포하려고 온 것이 아니라 그의 옛날 군사학교 친구로 그가 여기에 있다는 말을 듣고 찾았던 것이다.

쉴러의 위급한 도피생활의 구원은 만하임으로 함께 연극 구경을 왔었던 귀족 부인 폰 볼초겐에게서 왔다. 볼초겐 부인은 1745년생으로 네 아들과 딸 하나를 두었으나 30세가 못 되어 남편을 잃었다. 그녀는 교육을 많이 받은 것 같지는 않다고 한다. 아직도 남아 있는 그녀의 편지에는 철자법이 틀린 곳이 많다고 한다. 그러나 당시로서는 누구보다 문화에 관심이 많았던 여인이었다. 후에 쉴러의 부인이 된 폰 렝게펠트 집안과는 친척이었다. 그녀는 슈투트가르트에서, 만일 위급한 사항이 벌어지면 자신의 작은 농지가 있는, 슈투트가르트에서 아주 먼 곳인 바우어바흐라는 곳을 이미 소개한 바 있었다. 쉴러는 낯설고 물선 먼 북쪽이기는 하지만 그곳으로 일단 숨기로 하였다. 떠나기 전에 쉴러는 어머니와 여동생을 만하임 근처로 오게 하여 사흘간 함께 지냈다.

어머니를 만나고 돌아와 보니 달베르크는 다시 〈피에스코의 모반〉이 공연하기에는 부적합하다는 소식을 알려왔다. 만하임 극장위원회가 이 작품을 놓고 회의하던 기록은 배우 이플란트(1759-1819)가 기록하여 놓은 것이 아직도 남아 있다. "〈군도〉의 작가는 〈피에스코의 모반〉에서 셰익스피어의 결점을 모방하고 있다"는 것이다. 어쨌든 쉴러의 실망은 이만저만이 아니었다. 돈이 부족하여 쉴러의 회중시계까지 집주인에게 맡기고 버티어 나가던 그에게 불행 중 다행은 만하임의 출판업자 크리스티안 프리드리히 슈반이 그의 작품 〈피에스코의 모반〉을 간행하겠다고 하면서 출판비를 선금으로 준 것이었다. 이 돈으로 그는 바우어바흐까지 여행을 할 수 있다. 만하임의 친구들과 함께 쉴러는 먼저 묵었던 여관으로 와서 우편마차를 타고 프랑크푸르트로 향하였다. 여기까지 동행하였던 희생적인 친구 슈트라이허는 만하임으로 다시 가기로 하고 눈물을 흘리며 작별을 하였다.

4. 피난처 바우어바흐

눈보라 속에서

여름옷을 입고 도망쳐 나온 탈영병 쉴러에게 깊은 겨울 여행은 혹독한 것이었다. 그는 일주일간을 얇은 옷을 입고 걸어서 1782년 12월 7일, 흰 눈 덮인 바우어바흐에 도착하였다(어떤 전기에서는 우편마차를 이용하였다고 한다). 근처의 비교적 큰 도시인 마이닝겐과는 두 시간 정도 떨어진 곳으로 짙은 소나무로 둘러싸여 있는, 겨울에는 눈이 많이 내려 가끔 밖의 세계와는 단절되는 한적한 시골마을이었다. 당시 주민은 약 300명 정도였고 그중에 100여 명은 유대인이었다. 글을 아는 사람은 목사와 교사 관리인 몇 명뿐이었고 대부분이 농민이었다. 이층집인 볼초겐 부인의 집은 조용하고 고즈넉한 작은 집이었다. 그는 "이곳 사람과는 아무하고도 사귀고 싶지 않고 오직 나의 작업에만 몰두"하겠다고 슈트라이허에게 썼다. 이곳에서 쉴러는 약

7개월간 머물렀으나 그는 고달픈 도피생활 중에 처음으로 느끼는 안정감과 아름다운 경관을 경험하였고, 그의 작품 속에 늘 전원생활의 아름다움과 파라다이스의 이미지로 남게 된다. 이곳에서 그는 많은 작품을 구상하였고 또 몇몇의 작품을 썼으며 그곳에서 쓴 작품들은 성공을 거두기도 했다.

쉴러는 계속해서 리터 박사라는 가명을 사용하였다. 그는 수많은 편지를 썼는데 이 집이 볼초겐 부인의 소유라는 것이 발각될 경우 부인에게도 좋지 않으리라고 생각하여 발신지를 항상 다른 곳으로 하였다. 쉴러는 이곳에 오기 전에 볼초겐 부인을 통하여 마이닝겐 도서관 사서로 있는 빌헬름 프리드리히 라인발트(1737-1815)라는 사람이 있다는 것을 알고 있었다. 바우어바흐에 도착한 쉴러는 이틀 후 그에게 편지를 썼다. "저는 지금 낯선 외국의 외로움 속에서 고귀한 친구가 필요합니다. 귀하가 이런 분이 되어 주실 것이라고 희망해도 좋겠습니까?"(Hoyer, 104). 그리고 같은 날 이 사서를 음식점 '사슴관'으로 초대하여 함께 점심을 먹은 후 그에게 무척 긴 도서목록을 주며 책을 빌려줄 것을 청하였다. 기록상으로 12월 9일자에 빌린 책은 레싱(1729-1781)의 작품과 당시 인기 있던 가르베의 철학 서적, 스페인 필립 왕(펠리페 2세) 왕과 왕자 돈 카를로스에 관한 책, 스코틀랜드 역사서 등이었다.

라인발트는 쉴러보다 거의 배가 되는 연령이었고 학자이며 문학을 하는 집안 출신이었다. 그는 재능에 비해 운이 없었던 사람이다. 학업을 마친 후 재능이 출중하였음에도 13년간이나 박봉의 서기로 있어, 서기직에서 벗어나려고 몇 번이고 관계 당국에 청원한 후 '비서'라는 직명으로 마이닝겐 궁정 도서관의 사서가 되었다. 그는 이 도서관에 와서 정리되지 않은 많은 책들을 4년간에 걸쳐 정리하였다. 그의 이 꼼꼼한 정리 기록은 지금도 도서관에 카드로 남아 있다고 한다. 그는 문헌학을 공부하였기 때문에 독일 고전문학 작품인 《울필라》와 《구세주》(두 책 모두 독일어로 된 최초의 책에 속한다)를 정리하여, 후에 유명한 언어학자이며 동화 수집가였던 야코프 그림도 그의 공헌에 대하여 언급한 바 있다. 또한 단편소설과 시, 서간문을 합하여 2권의 전집을 발간하였다. 그는 일기에 다음과 같이 쉴러에 대하여 쓰고 있다. "그의 영혼에는 특별한 것이 깃들어 있다. 언젠가 독일은 그의 이름을 자랑스럽게 부를 것이라고 믿는다."

쉴러는 라인발트 집에 갔다가 서류가방을 놓고 간 적이 있었다. 그 안에 쉴러의 누이 크리스티아네의 편지도 들어 있었다. 라인발트는 편지에 실린 동생인 쉴러에 대한 누이의 간절한 내용을 보고 마음이 끌렸다. 남동생에 대한 걱정은 총각이었던 라인발트에게 여성다운 매력으로 다가와 라인발트는 크리스티아네를 아내로 맞겠다는 결심을 하게 된다. 그는 만하임으로 가서 쉴러의 가족을 만나고 다시 슈투트가르트로 가서 그녀를 만나 청혼을 하여 결국 허락을 받았다. 쉴러는 이 결혼에 반대하였었다. 그가 예견하였던 것처럼 라인발트는 좋은 남편은 아니었다. 그는 후에 가정의 폭군으로 자주 변하곤 하였다.

작품 몰두

처음 한 달 동안 쉴러는 이미 초안을 잡고 있던 〈루이제 밀러린〉(후에 〈계교와 사랑〉)의 작업을 하고 있었다. 쉴러는 라인발트에게 〈루이제 밀러린〉을 2-3주 내에 끝낼 예정이라고 하였다. 실로 그는 빠른 템포로 이 작업을 끝낼 수 있었다. 그는 밤늦게까지 쉬지 않고 작업을 계속하여 2월 중순에 거의 끝냈다. 작업이 끝나자 이제 그는 다시 이 작은 마을에서 외로움과 단절된 느낌을 갖기 시작하였다. 그는 외부와의 접촉을 시도하였고, 특히 바이마르의 괴테와도 연락을 하고 있는 라인발트에게 자신의 작품 〈피에스코의 모반〉과 시를 신문이나 잡지에 낼 수 있겠느냐고 하면서 "사람들이 내 이름을 신문에서 읽으면, 나도 아직 살아 있다는 것"을 느낄 수 있을 것이라고 하였다. 그러나 이 지역은 겨울에 눈이 많은 지역으로서, 일기가 불순하여 자주 만나지 못하였다.

그가 빌린 책을 통해 그는 새로운 작품의 구상도 하였다. 〈마리아 슈투아르트〉와 〈돈 카를로스〉도 이때에 떠오른 구상이었고, 후에 소설로 작품화한 〈영을 보는 사람〉도 이때에 생각하여 둔 것이었다. 우선 그는 〈돈 카를로스〉를 쓰기 시작하였다. 이것은 만하임의 극장장 달베르크가 추천한 소재이기도 하다. 그는 라인발트에게 "난 지금 〈돈 카를로스〉라는 작품을 쓰기로 결정"하였다고 말하였다. 쉴러는 이 작품을 쓰면서 어떤 전망을 가졌던 것은 아니었다. 그가 사용한 참고서는 17세기에 프랑스인이 쓴 전형적인 프랑스 고전주의풍의 단편소설이었다. 왕자와 왕비 간의 사랑에 관한 이야기였다. 쉴러는 처음에 마르퀴스 포자는 주변 인물로 하였고 우선은 왕자에게 중점을 주었다.

"이제, 친애하는 친구여, 황홀한 봄이 곧 시작될 겁니다. 그때에는 하늘에는 제비들이 돌아오고 우리 가슴에는 감정이 돌아오겠지요. 나는 그런 봄을 얼마나 고대하였는지. 외로움과 운명에 대한 불안, 빗나간 희망, 달라진 생활양식은 나의 정서를 반영하였지요. 〔…〕 이제 오월이 오면 새로운 것이 시작될 것입니다"(Hoyer, 110). 그는 가까이 있는 그의 친구에게도 많은 편지를 썼다. 아마도 외로움 때문이라고 생각된다. 그의 편지에서 이미 그의 후기에까지 이르는 작가적 맹아가 보이고, 이론적 근거까지 살필 수 있다. 그가 라인발트에게 쓴 편지에서 우리는 그의 내부에 자리 잡고 있는 희망과 절망을 동시에 느낄 수 있다. 인간이면 누구나 그렇듯이 행복한 꿈을 꾸고 있으면서도 저 멀리 한쪽에선 늘 절망과 불안이 고개를 들고 있는 것이다. "고귀한 친구여, 나는 〔전에〕 확실히 무엇인가 될 수 있었던 내가 아닙니다. 아마도 훌륭한 사람이 될 수 있었을지도 모릅니다. 그러나 일찍부터 운명이 나와 대립하여 싸움을 걸어왔습니다."

한편 만하임의 극장장 달베르크는 이번 가을 시즌 동안 자신의 극장 레퍼토리에 만족할 만한 공연물이 없다고 생각하였다. 그는 15개의 프로그램을 갖고 있었으나 어느 것 하나 마음에 드는 것이 없었다. 쉴러의 공화국을 테마로 삼은 〈피에스코의 모반〉보다는, 시민 비극으로서의 〈피에스코의 모반〉에 마음을 두었다. 이것은 물론 당시의 정치적 민감성에 기인하기도 한 것이었다. 그는 연극 방면에 독일에서 가장 알려진 배우인 이플란트와 극작가 코체부와 함께 일하고 있었다. 극장장은 '탈영병'에 대해서 체포하거나 추방하라는 군주의 말도 없는 것으로 보아 더 이상 문제 삼을 필요가 없을 것 같다고 생각하여 〈군도〉의 작가 쉴러에게 어떤 기대를 걸어야 되겠다고 마음먹었다.

그는 놀랍게도 이제까지 "자신의 침묵에 이해를 구한다"는 것과 새로운 작품이 있으면 알려 달라는 편지를 보냈다. 쉴러는 즉시 답장하지 않았다. 라이프치히에 있는 출판업자 바이간트에게 보낸 작품 〈루이제 밀러린〉의 출판 결정을 기다리고 있는 중이었다. 출간이 어렵다는 것을 알고 난 후 그때서야 그는 짧고 간결한, 이제는 청원서의 스타일이 아닌 편지를 보냈다. 그도 곧 답장을 보내며 무조건 그의 작품을 보내 달라고 하였다. 작업 중인 〈돈 카를로스〉를 제쳐 놓고 시민 비극인 〈루이제 밀러린〉을 무대에 올리기로 결정하고는 이것에 매달렸다.

그러나 이것도 잠깐 중단될 수밖에 없었다. 그에게 피난처를 마련하여 준 볼초겐 부인이 그녀의 딸 샤를로테와 그를 방문한 것이다. 그는 화사한 오월에 그녀 일행을 맞으려 마을 초입에서부터 길가를 따라 집 앞까지 꽃으로 장식하고, 전나무가지로 대문을 장식하였으며 악대를 동원하고 근처 목사님을 초청하여 환영사를 하도록 하였다. 혼자 외롭게 지내던 쉴러가 어린 처녀 샤를로테에 빠져드는 것은 자연적인 현상인지도 모른다. 젊은 청년 쉴러에게 이런 감정은 처음으로 느끼는 것이었다. 또한 자신 없는 일이기도 하였다. 이제 그의 이름이 독일에 알려졌다고는 하나 그냥 문학청년에 불과하였다. 현재로서는 집도 절도 없는 도망자일 뿐이었다. 더구나 그녀에게는 이미 정해진 귀족 청년이 있다는 것을 알고 처음으로 괴로움을 느꼈다. 그는 수줍어 말도 하지 못하면서 간접적인 방법으로 볼초겐 부인에게 앞으로 작품을 매해 한 편씩 쓰겠으며 제목에 항상 '로테를 위하여'라는 헌사를 첨부하겠다고 하였다. 슈투트가르트에서 아직 공부하고 있는 볼초겐 부인의 아들이며 로테의 오빠인 빌헬름에게서도 편지가 왔다. '절친한 친구로서' 자신의 누이동생을 돌봐 주기를 부탁한다는 것이었다. '친구라고만 생각한다'는 뜻이었다. 쉴러는 5월 25일에 "빌헬름 자네 말이 옳네. 자네는 선량한 어머니와 누이와 함께 나를 복된 곳에서 살도록 하였네. 여기서 처음으로 나는 〔…〕 아주 행복하네"라는 편지를 썼다. 그는 자신의 처지와 자신의 과업이 무엇인지 깨닫고는 차차 체념하기 시작하였다. 그의 외로움에서 온 잠깐 동안의 격정적인 마음은 평정으로 돌아갔다. 그는 다만 어머니 같은 볼초겐 부인에게 "저의 문학의 월계관을 드리겠다"고 하였다. 그러나 약 일 년 후 만하임에서 극장장과의 계약이 깨지고 다시 원점으로 돌아가 절망이 그의 앞에 닥쳤을 때, 그는 다시 한번 결혼하여 안정을 찾고 싶다고 하면서

반 페이지에 걸쳐 결혼으로 인한 안정과 가정적인 위안을 통해 좋은 작품을 쓸 수도 있다고 돌려 말했다. 그 후 로테의 어머니 볼초겐 부인에게 "제가 귀하의 아들이 될 수 있을까요. 물론 로테는 결코 부자는 될 수 없을 것입니다. 그러나 확실히 행복할 것입니다"(Hoyer, 151) 하고 청혼하였으나 이루지 못하였다.

라인발트는 쉴러가 보다 넓은 세계로 시야를 돌려야 된다고 생각하였다. 한적한 시골에서 몇 달을 보내는 동안 쉴러가 점점 사람들과의 교제를 피하려 하고 내성적인 성격을 보여, 보다 밖을 보는 인물이 되어야 된다고 생각한 그는 쉴러에게 바이마르로 여행을 함께 하면서 다른 작가와 학자들을 만나 보는 것이 어떠냐고 제의하였다. 쉴러의 누이 크리스티아네에게 이렇게 쓰고 있다. "나는 그〔쉴러〕에게 성령강림절 후에 내 친구와 친척이 있는 코타와 바이마르로 여행하려는 생각을 갖고 있다고 하였습니다. 그것은 건강을 위하여서도 좋은 여행입니다. 저는 그가 그곳에서 중요한 학자들과 만나 보기를 원하였습니다. 그가 넓은 세상에 다시 나와 늘 수줍어하고 아주 불편해 하는 인간 사회에 익숙해지기를 바랐습니다. 처음에는 나의 제의에 솔깃해 하였습니다만 이제는 그의 취미가 아닌 듯 그 제안과는 멀어졌습니다"(Hoyer, 116). 쉴러는 완곡히 거절하고, 다만 신문이나 문예지에 자기에 관한 기사가 난 것을 모아 달라고 하고 바이마르에서 활동하고 있는 빌란트에게 어떻게 하면 자신의 작품 원고료를 유리하게 관리할 수 있는가를 알아 달라고 하였다.

이웃 도시 마이닝겐에서 대공비를 접견하고 머물고 있을 때에 볼초겐 부인은 사람들이 그녀의 장원에 머무는 사람이 리터 박사가 아니고 쉴러를 보호하고 있다는 소문이 있다는 이야기를 들었다. 또한 그곳에 있던 로테도 가끔 이곳에 들러 쉴러와 함께 마을 사람과 작은 댄스파티를 열었으며 저녁에는 트럼프를 즐겼다. 볼초겐 부인은 어머니로서 어떤 느낌이 있었는지, 여기 피난처를 이제 폐쇄하여야겠다는 생각을 하였다. 나아가 앞길이 보이는 청년을 시골에만 두는 것보다 그와 같은 길을 가는 사람과 함께 있게 하는 것이 좋겠다고 생각하였다. 볼초겐 부인은 쉴러에게 바우어바흐에 머물기보다 이제는 위험이 없어진 만하임으로 가는 것이 어떠냐고 하였다.

이때 이곳을 떠날 수 있는 가능성이 몇 가지 보였다. 우선 아버지로부터 새로운 소식이 왔다. 군주가 더 이상 쉴러를 벌하지 않을 것 같다는 것이다. 그간 아들의 탈영으로 한직으로 밀려났다가 다시 복직을 하였으며, 카를 오이겐 공의 두 아들이 궁에 들어갔을 때 쉴러를 화재에 올리며 학교의 명성을 올렸다고 하자, 군주는 짧게, "그냥 두지 뭐, 은혜를 모르는 자지"라고 하였다는 것이었다. 다른 하나는 만하임에서였다. 쉴러의 처녀작으로 명성을 올린 국립극장은 그 후속타를 내지 못하여 극장위원회는 고민 중에 있었다. 자연히 쉴러에게 기대를 거는 사람들이 생겨났고, 이웃나라에서도 이제는 더 이상 문제 삼고 있지도 않은 듯하여 쉴러와 다시 연극을 하자는 안이

나오게 되었다.

볼초겐 부인은 쉴러에게 이곳에서 떠나라는 말은 차마 할 수가 없었다. 그녀는 산책을 하며 쉴러가 리터 박사가 아닌 것을 이미 마이닝겐에서도 알고 이 근처의 모두가 다 알고 있다고 이야기하여 주면서 만하임으로 보름간 여행을 제의하였다. 쉴러는 동의하였으나 만하임으로 떠날 여행비도 마련할 수가 없었다. 볼초겐 부인은 유대인 이삭에게 보증을 서고 돈을 마련하도록 하였다(그녀에게도 약 570굴덴의 빚이 있었다). 여기서 사는 동안 그는 한 푼의 수입도 없었다. 주점에도, 또한 라인발트에게도 빚이 있었다. 이미 4월부터 그의 주머니는 비어 있어, 모든 우편 요금을 내고 필수품을 구입하는 데 라인발트의 이름을 달아 놓고 생활하고 있었던 것이다. 그러므로 그는 작품을 쓰는 데 온 힘을 기울이고 있었다.

떠나기 전 그는 다시 그의 알리바이를 새롭게 만들고자 하였다. 고향 슈투트가르트의 친구들에게 프랑크푸르트 발신으로 이제 "미국으로 떠나기로 하였다"고 썼다. 심지어 절친한 라인발트에게조차 영국에 살고 있는 사촌을 만나러 프랑크푸르트로 간다고 하면서 영국의 유명한 극단에서 일하게 될지도 모른다고 하였다. 쉴러의 원래의 속마음은 바우어바흐와 볼초겐 부인을 떠날 생각이 없었다. 그는 모든 짐을 그대로 남겨 두기로 하였다. 다만 그의 작품 〈루이제 밀러린〉만을 짐 속에 넣고, 볼초겐 부인의 마차로 7월 24일 바우어바흐를 떠나 27일 만하임에 도착하였다.

5. 만하임 극장 전속 작가 시절

희망과 절망 속에서

독일은 지금도 여름에는 거의 모든 극장이 여름휴가에 들어간다. 현대에는 8월에 주로 휴가가 시작되지만 쉴러의 시대에는 7월에 휴가가 시작되었다. 쉴러가 만하임에 도착한 것은 7월 말이었다. 달베르크와 연출가, 배우들은 거의가 여행을 떠난 상태였다. 그에게 적절한 시기는 아니었다. 한 가지 그에게 반가운 일은 그의 친구 슈트라이허가 아직 이곳에 남아 감동적인 재회를 할 수 있었다는 것이다. 그 외에는 수 주간 허송세월하였다. 다만 마이어가 그를 위해 방 두 개가 있는 숙소를 마련하여 주었다. 쉴러는 만하임에 머무를 생각이 없었다. 그는 바우어바흐에 남아 있는 볼초겐 부인에게 보낸 편지에서 애절한 그리움을 표현하면서 "그곳에 갈 차비가 마련되면 가겠다"고 쓰고 있다.

당시의 만하임은 인구 약 사천 명의 신흥도시였다. 크고 곧게 뻗은 거리, 모든 것이 계획된 도시로서 프랑스풍의 로코코 건물과 장식들로 꾸며진 독일 속의 프랑스였다. 저항 시인 슈바르트가 "독일이 아니라 오히려 프랑스 식민지라는 편이 좋을 것"이라고 할 정도였다. 그러나 이곳에는 아주 훌륭한 도서관이 있었다. 쉴러는 여기서도 책을 많이 빌려 읽었다. 만하임의 또 다른 명성은 만하임성에 가장 많은 고대 조각품들의 모형이 있다는 것이었다. 흉상, 두상, 전신상 등 63개에 달하는 조각품들은 이탈리아에서 수입한 원형과 꼭 같은 모형을, 석고로 만든 것으로 너무나 아름다워 많은 사람들이 이것을 보려고 왔다. 그 방문객 가운데는 우리도 잘 알고 있는 작가들인 괴테뿐만 아니라 레싱, 라바터, 헤르더, 슈바르트, 훔볼트(1769-1829) 등도 있었다. 쉴러는 이탈리아를 방문하지 못하였으나 이곳을 자주 방문하여 후에 고전주의 작품을 쓸 때에는 이곳을 상상하였다(Alt I, 500).

여기서 그는 한 사람을 만난다. 이미 앞에 잠깐 나온 슈반이라는 서적상으로 후에는 출판사까지 차리게 된다. 그는 당시의 전형적인 계몽주의자였다. 니콜라이에 의하면 전형적 계몽주의자란 학문을 배우고, 많은 여행을 하여 견문이 있고, 자신의 주위에 계몽주의를 널리 전하는 사람이었다. 슈반(1733-1815)은 신학을 공부하고 러시아와 네덜란드를 편력하다가 1765년 만하임으로 와 서점을 열었다. 프랑스 희극을 독일어로 번역하였고, 불독사전을 편찬하였으며, 자기 집에 '지식인 센터'라는 독서실을 마련하여 당시의 거의 모든 문필가들을 모으는 일을 하였다. 레싱과 빌란트도 여기에 끌어들였다. 이것은 그의 사업의 목적 중에 하나이기도 했으며 팔츠 지방의 문학 모임의 중심이 되기도 하였다. 그의 공로 중 더욱 중요한 것은 그가 선제후를 설득하여 '팔츠독일학회Kurfürtliche Deutsche Gelehrte Gesellschaft'를 설립한 것이다. 여기서 그들은 독일어의 정화, 정서법, 모든 사람들에게 알맞은 교양교육을 실시하고자 했다. 더욱 중요한 것은 그들이 연극계의 개혁도 계획한 것이었다. 이제까지 독일 극장에서는 대개는 순회극단이 들어와 공연하는 것이 상례였다. 그러므로 정식 극장을 세우자는 것이었다. 그들은 빈의 국립극장을 모형으로 독일에 국립극장을 만들기로 하였다. 당시의 독일 연극계의 개혁가로 이름 높았던 에호프를 코타에서 초빙하고, 레싱을 초빙하여 계획을 세우기도 하였으나 성공하지는 못하고 결국 프랑스인을 맞아 프랑스 극단이 이 새로운 극장을 맡게 되었다.

마침내 달베르크가 돌아오자 쉴러에게 의외로 전속 작가직을 제의하였다. 하지만 당시의 다른 작가들에 비한다면 너무나 적은 보수였다. 아무 곳도 갈 곳 없는 그는 어쩔 수 없이 제의를 받아들일 수밖에 없었다. 달베르크는 그에게 연봉 300굴덴을 제의하고, 9월 1일부로 극장 전속 작가로 계약을 맺었다. 당시 15세의 가수도 연봉 500굴덴이었다. 쉴러는 이 소식을 볼초겐 부인에게 바로 알리지 못하였다. 그의 자존심이 상하는 일이였기 때문이다. 다만 후에 그는 300굴덴 이외에 그의 연극이 공연될 때마다 300굴덴씩

더 받고, 작품은 출판을 하든 다른 극장에 양도하든 자유라는 것을 강조하였다. 이후, 그녀에게 열심히 쓰던 편지도 그 빈도가 차차 빈도가 낮아졌다.

쉴러가 바우어바흐에 있을 때는 아침 일찍 5시경에 일어나서 책상에 앉아 작업을 시작하였으나 만하임에 와서는 주로 밤에 일하기 시작하였다. 이후 그는 평생을 주로 밤에 썼다. 그는 여기서 늦게 일어나 낮에는 극장에서 배우들이 연습하는 것을 보고, 점심은 그들과 함께 먹고 저녁도 그들과 함께 늦게까지 술을 마시고 한밤중이 지나서야 작업을 시작하여 새벽까지 하였다. 그는 밤에 밖으로 불이 새어 나가지 않게 커튼을 드리운 채로 글을 썼다 (Alt I, 323). 슈트라이허에 의하면, 쉴러는 학교 다닐 때와 마찬가지로 방이 항상 뒤죽박죽이었다고 한다. 책상만 깨끗하였고 펜과 잉크는 고급 제품을 사용하였다. 그는 당시로서는 아주 비싼 기호품에 속하는 커피를 항상 마시고 있었고 파이프 담배도 항상 피우고 있었다. 괴테가 말하여 유명하게 된 "쉴러는 사과 썩는 냄새를 좋아하여 서랍에 넣고 냄새를 맡았다"는 것은 와전이라고 한다. 헝가리 술을 비롯한 술을 늘 마셨는데, 이것도 밤에 일하는 데 자극을 받기 위해서라고 한다. 후에 바이마르에서도 그랬었다.

만하임 극장은 원래 궁정으로 사용하였던 곳이다. 군주들이 바뀌고 거처를 다른 곳으로 옮기면서 거의 폐허가 된 것을 개수하여 극장으로 만들었다. 그리고 극장장으로 볼프강 하이베르트 폰 달베르크가 극장 감독으로 추천되었다. 그는 귀족 출신의 궁정극장장 가운데 뛰어난 사람은 아니었다. 그는 재산가로서 수당도 받지 않았을 뿐만 아니라 극장을 위하여 오히려 거금을 쾌척하기까지 하였다. 그는 독일에서 유명한 배우들을 모아 극장을 운영하기 시작하여 만하임 국립극장을 단시간에 독일에서 유명한 극장으로 만들었고 빈 국립극장의 형태를 모방하여 두 개의 위원회를 만들고 극장 전반에 관한 토론을 하였다. 여기서 작품과 배우들의 연기 등을 평하였다. 쉴러도 여기에 참가한 적이 있으며 배우들의 연기를 신랄하게 비판하는 바람에 미움을 받아 그의 드라마를 평가할 때 배우들은 좋은 점수를 주지 않아 불이익을 당하기도 하였다.

한번은 만하임에 말라리아가 돌아 주민의 대다수가 병에 시달린 적이 있었다. 쉴러도 역시 예외가 아니었다. 그는 원래 병약한 사람이다. 몇 주간이고 아무것도 하지 못하고 누워 있어야 하였고, 의사가 음식을 금하는 처방을 내어 신체적으로 무척 약하게 되었다. 달베르크가 그의 작품 〈피에스코의 모반〉을 공연하기로 결정한 후 개작을 원하여 작업하던 기간 중 출판업자 슈반의 집에서 기진하여 쓰러졌다. 슈반은 그의 집 침대에서 안정을 찾게 한 후 인력거로 숙소까지 데려다 놓고, 다음 날 쉴러를 방문하려고 하였다. 그의 집에 가까이 갔을 때 아주 크게 떠드는 소리와 상스러운 욕까지 들렸다. 그의 방을 열어 보니 그는 손짓 발짓을 하면서 큰 소리로 외치며 방안을 왔다 갔다하고 있는 것이었다. 슈반은 어떻게 이런 야만인 같은 행동을 할 수 있느냐고, 아픈 사람이 이렇게 행동하면 당신 병이 어떻게 되는 줄 아느냐고, 당신이 의학을 공부한 사람이냐고 하였더니, 그는 지금 〈피에스코의 모반〉의 한 장면을 연상하고 있다고 대답하였다. 그리고는 다음 날 이 장면의 완성된 것을 가지고 왔다(Ueding, 16).

그는 만하임에서 겨울철 내내 끊임없이 감기에 시달렸는데 "약을 먹어도 차를 마셔도 항상 새로운 감기가 와서" 괴로워하였으며 "이곳에 있는 것이 불행"하다고 생각하고, "바우어바흐에서의 생활이 축복받은 생활이었으며, 아마도 결코 다시 오지 않을 것 같다"고 하였다. 이 말라리아로 마이어가 죽었다. 쉴러를 위하여 그렇게 편의를 봐주던 좋은 후원자를 잃은 것이다.

〈피에스코의 모반〉은 1784년 초 만하임에서 공연되었다. 그러나 청중의 반응은 시원치 않았다. 홍수로 인하여 사람들이 많이 올 수 없었을 뿐만 아니라 사람들은 〈군도〉의 작가에게서 많은 기대를 하였으나, 군주제로 평화로운 이곳에선 공화적인 정치제도에 대해 아직 선호도가 낮았다. 그 스스로 "일반 민중은 〈피에스코의 모반〉을 이해하지 못하지. 공화적 자유는 여기서 의미 없는 빈 소리, 빈 이름일 뿐이지. 팔츠 사람들의 피에는 로마인의 피가 흐르고 있지 않거든" 하고 자위하였다.

〈피에스코의 모반〉(1783)

르네상스 이후 이탈리아 도시국가의 정치적 혼란기에 실제 있었던 인물들을 등장시켜, 권모술수의 정치가를 비극으로 그리고 있는, 쉴러의 최초의 역사극이다. 역사적 피에스코는 여기서 좀더 나쁜 인물로 그려지고 있다.

이탈리아의 제노바시는 도리아 가문이 지배하고 있다. 원래 공화정이었으나 도리아 일가는 실권을 잡고 폭군으로 변하여 제노바 시민들을 압박하고 있다. 이에 대하여 피에스코 백작은 시민을 선동하고 자신의 충복들을 모아 거사하여 공화정을 만들 계획을 세운다. 이 거사 계획에 가장 적극적인 사람은 진정한 공화주의자 베리나 노인이다. 피에스코가 도리스 가문에 아첨을 하고 있어 베리나는 그를 설득하려고 한다. 피에스코는 레오노레라는 전 군주의 가문의 딸과 결혼하였으나, 현재 실권을 잡고 있는 도리아 가문의 딸 율리아와 연인 관계를 맺고 있어 피에스코의 진정한 마음을 알 수 없다.

극이 진행하는 동안 제노바는 두 세력으로 나뉘어 피아를 구별할 수 없게 되지만 피에스코는 양측에서 신임을 받는다. 피에스코는 자신의 세력이 점점 커지고 거사의 계획이 확실해지자 정권을 잡는다면 공화정을 거부하고 자신이 최고 통치자가 되어 다시 1인 지배의 체제로 가고 싶다는 유혹을 느낀다. "나는 일개 공화국의 일원이 될 것인가? 그렇지 않으면 내가 제노바 공이 되어서는 안 될 것인가? 내가 하려면 될 수 있다. 무슨 일이든지 뜻대로 이루어진다." 한편으로는 마음속의 유혹을 뿌리치고 "제노바여, 압제자를 타도하자! 제노바여, 자유를 누려라. 그리고 나는 너의 가장 행복한 시민이면 족하리라!" 하고 외치고 거사에 임할 준비를 한다. 부인 레오노레에게는 자신의 힘으로 제노바의 공작(지배자)이 되겠다고 확언하여 이중의 마음을 지니고 있음을 알 수 있다. 선과 악의 갈림길에서 한 인간의 권력 추구의 심리를 잘 묘사하고 있다.

베리나는 피에스코에게 야망이 있다는 마음을 읽고 "피에스코를 살려 둘 수 없어. 내 손으로 죽여야 해, 압제자를 피에스코가 타도할 것은 틀림없어. 그러나 피에스코가 제노바의 가장 위험한 압제자가 되리라는 것도 틀림없어" 하고 동료들에게 말한다. 거사를 일으키자 도시의 절반이 삼시간에 공화주의자의 수중으로 돌아온다. 거사의 계획이 압제자 도리아 일가에게 알려지고 시는 혼돈에 빠진다. 그러나 폭정의 압제자를 몰아냈다고 생각한 피에스코는 제노바 지배자의 제복을 입고 등장한다. 공화주의자를 배반하고 군주가 되려는 것이다. 이를 본 베리나는 그에게 지배자의 복장을 벗을 것을 몇 번이고 청하나 의기양양한 그는 거부한다. 베리나는 피에스코를 물가로 데리고 가 밀어 익사시킨다. 압제자와 공화주의자가 반반씩 차지한 시에, 다시 도리스가의 권력 회복의 징조가 보인다. 도리스가의 충신이 등장하여 피에스코가 어디 있는가 하고 찾는다. 베리나는 침통하고 낮은 목소리로 "익사하였다"고 하며 "난 도리스에게 가겠다"고 막이 내린다.

이 작품은 자유냐 억압이냐 하는 선택과정에서 저항권과 폭군의 살해의 정당성에 관한 정치적 이론서로 볼 수 있다. '마키아벨리와 몽테스키외의 싸움'이기도 하다. 피에스코의 행동을 관찰하면 그는 《군주론》의 18장에 나오는 군주의 덕목을 그대로 실행하고 있다. 권력을 잡기 위하여 계교는 여우를 닮고, 힘이 필요할 때는 사자가 되는 것을 보여 준다. 쉴러는 여기서 시민의 편에 서서 부도덕한 정치인을 비판하고 있다. 만하임에서 공연 성적이 별로 좋지 않은 것에 대해 쉴러는 "만하임 사람들에게는 공화국의 피가 흐르지 않고 있다"고 하였다.

이 시기에 쉴러는 '팔츠독일학회' 회원이 되었다. 그는 이것을 자신의 사회적 상승의 신호로 받아들였다. 후원자 폰 볼초겐 부인에게 "이것은, 귀하신 분이여, 나의 사회적 신분 상승의 위대한 첫걸음입니다. 저는 여기에 머무르겠습니다"고 썼다.

〈계교와 사랑〉(1784)

쉴러는 이미 바우어바흐에서 완성하고 만하임으로 가져온 원고를 〈결혼의 파멸〉이라는 이름으로 당시의 가장 유명한 배우요, 또한 친구이기도 한 이플란트에게 주었더니 그는 제목을 〈계교와 사랑〉으로 바꿀 것을 권하였다. 달베르크와 몇몇의 작은 모임에서 쉴러는 이 작품을 낭독한 적이 있었다. 그때 달베르크가 무엇이라고 평하였는지는 자료가 전해지지 않고 있다. 다만 이 작품을 출판하면서 쉴러는 달베르크에게 헌정하고 있다. 당시 문학작품에서 은유적으로 권력기관의 부패에 대하여 비판하는 것은 가능하였다. 그러나 쉴러만큼 적나라하게 묘사한 작가는 드물었다. 어떤 작가도 이제까지 그렇게 명백하게 표현한 작가가 없었으며, 어떤 작가도 작은 절대주의 국가체제의 부패를 이렇게 사실적으로 묘사한 사람은 없었다.

이제까지의 연구로는 이 작품의 줄거리의 소재를 어디서 얻었는가에 대한 기록이 없다. 아마도 이것은 쉴러의 순수한 창안에 의해 것이라고 생각되며, 작가의 개인적 경험과 개인적 모티브에 의해서 창작된 것이 아닌가 생각된다. 또는 카를 오이겐에 대한 적개심과 그가 품고 있던 정의감에서 오는 것이 아닌가 한다. 카를 오이겐의 애첩이었던 프란치스카 부인이 드라마 속에서 영국 출신의 애첩 밀포트로 묘사되지 않았나 한다. 이 두 인물은 매우 흡사하다. 프란치스카는 카를 오이겐과는 달리 카를 군사학교 학생들에게 인기가 있는 여인이었다. 학교를 만든 것도 그녀의 권유 때문이었고, 생도들에게 관심을 갖고 어머니의 역할을 한 것도 그녀였기 때문이다.

물론 〈계교와 사랑〉은 레싱의 드라마 〈에밀리아 갈로티〉를 모범으로 삼고 있다. 레싱의 이 작품은 후세의 다른 독일 시민 비극의 모범이 되었다. 〈계교와 사랑〉은 〈피에스코의 모반〉을 무대에 올린 지 3개월 후인 1784년 4월 중순에 공연되었다. 그러나 큰 반향은 얻지 못하였다. 오히려 만하임 이외의 다른 독일 무대에서 성공을 거두었다. 프랑크푸르트에서는 만하임보다 하루 일찍 무대에 올렸고, 특히 베를린에서의 공연은 대성황을 이루었다. 한 달에 7번이나 공연되어 그때마다 대단한 갈채를 받았다. 당시의 관례로 작가에게는 아무 보상도 없었다.

만하임에서의 두 번째 공연 때는 연극이 끝난 후 관객들이 박수와 함께 자리에서 일어나 환호하자 쉴러는 일어나 공손히 인사를 하였다. 프랑크푸르트 공연에는 그곳 극장 관계자들이 쉴러와 배우 이플란트를 초대하였다. 극장은 초만원이었고 "그 많은 사람들이 황제 즉위식 때 이외에는 그렇게 조용한 적이 없을" 정도로 관객들은 경청하였다. 그러나 드라마 내용 가운데 군주가 자기 나라 젊은이들을 미국에 팔았다는 내용은 삭제되었다. 괴테의 어머니도 당시 연극광이었다. 그녀는 이 연극을 보고 이미 이름이 널리 알려진 이플란트만 초대하여 식사 대접을 하고 작가는 초대하지 않았다.

이 작품은 '시민 비극'이라고 한다. 유럽에서는 전통적으로 그리스 고전 비극에서와 마찬가지로 비극의 주인공은 왕이나 장군, 귀족이었다. 세계사의 주인공이 왕후장상王侯將相이었기 때문이다. 시민 혹은 서민은 귀족들의 역사 기술에 들어 있지 않았고 따라서 역사를 만드는 사람들은 귀족이며, 극작가들도 위대한 인물이 파멸하는 것이 보다 큰 카타르시스를 가져온다고 생각하였다. 제3계급인 시민 즉 부르주아는 근대에 오면서 과학의 발달과 산업혁명, 기계문명을 경험하면서 자아를 깨닫고, 권력을 쥐고 있는 왕을 부인하고 자유를 주장하기 시작하였다. 또한 대지주인 귀족보다 공산품을 생산하는 시민들이 더 많은 부를 소유하는 계급으로 형성되었다. 이때부터 시민이 극작가의 의식에 떠오르게 되면서 시민이 비극의 주인공이 되기 시작하였다. 영국에서 산업혁명이 먼저 일어난 것처럼, 시민 비극도 영국에서 시작하였다(릴로의 〈런던의 상인〉). 이들 비극의 주인공은 후기에 나타나는 부르주아가 아닌 서민으로, 시민 비극이라기보다 서민 비극이라고 해야 마땅할 것이다. 주인공이 대상인이나 공장 경영자가 아니라 보통의 일반인인 경우가 더 많았기 때문이다.

쉴러의 시민 비극은 하나의 가정극이라고 볼 수도 있고, 계급 간의 계층에서 오는 갈등이라고 볼 수도 있다. 시립 교향악단의 단원인 밀러는 딸 루이제가 재상 발터의 아들 페르디난트와의 사랑에 빠진 것을 것에 대해 신분이 다른 남녀간의 사랑이 성공한 적이 없다고 걱정하고 있다. 반대로 루이제의 어머니는 긍정적으로 본다. 그러나 루이제를 역시 사랑하는 재상의 비서 부름은 두 젊은이의 사랑이 부모인 밀러 부부의 잘못된 처신 때문이라며 비난하면서 자신이 결혼하겠다고 청혼한다.

한편 페르디난트의 아버지 발터 재상은 군주의 마음에 들기 위하여 군주의 첩인 영국인 밀포트와 아들을 결혼시키려고 한다. 군주가 새로운 여인과 결혼하기 위해서는 첩이 처치곤란이었기 때문이다. 밀포트 부인은 마음속으로 참신한 청년인 페르디난트를 사랑하고 있었다. 비서 부름은 밀포트 부인과 페르디난트의 결혼을 성립시키는 대신 루이제를 손에 넣을 수 있도록 밀포트 부인에게 도와 달라고 한다. 재상 발터는 아들에게 밀포트 부인과 결혼할 것을 강요하며 만나 보도록 한다.

마음속으로 페드디난트를 사랑하고 있던 밀포트 부인은 페르디난트가 다른 여성을 사랑하고 있다는 것을 알고, 그것은 비극적으로 끝날 것이라는 말을 하며 순순히 물러서는 합리적이고 지성적인 여인이었다. 루이제와 페르디난트의 사랑이 확고하여 설득만으로는 그 둘을 떼어 놓을 수 없다고 생각한 재상과 비서는 한 가지 계교를 낸다. 루이제 부모를 체포하고 루이제를 불러 다른 사람에게 보내는 연애편지를 쓰게 하고 그것을 페르디난트에게 보이자는 것이다. 페르디난트는 편지를 보고 루이제의 집으로 가서 루이제가 준 주스에 독을 넣어 마시고 함께 죽으려고 한다. 재상 발터가 들어와 이것을 보고 용서를 빌며 관계 기관으로 자수하러 간다.

만하임 극장장 달베르크는 귀족으로서 정치적인 것을 아주 꺼리는 인물이었다. 무수한 교정을 거쳐 〈피에스코의 모반〉의 공화정 분위기가 거의 희석되게 만들었듯이, 쉴러는 이 드라마 역시 몇 번이고 "무대에 올리기에 적합하게 수정"하여 달라는 달베르크의 요구를 들어줄 수밖에 없었다. 공연할 때마다 "7천 명의 백성이 미국에 팔려 갔는데…" 하는 대사는 항상 빠졌다. 쉴러의 군주는 자기 나라 젊은이를 영국에 팔았던 일이 있었다. 쉴러는 이곳에 그 말을 넣고 싶었던 것이다. 밀포트 부인이 긍정적인 인물로 등장한 것은 군주의 부인이 첩이었다가 정실이 되었고, 카를학교를 세우도록 권장하였을 뿐만 아니라, 카를학교 당시 생도들에게 인기가 있었으며 젊은이들의 '어머니' 같은 역할을 하였기 때문이다.

쉴러는 〈계교와 사랑〉을 많은 어려움 가운데서 썼다. 언뜻 보면 단순히 계층 간 사랑의 비극이라고 볼 수 있다. 그러나 그 안에서 절대주의 시대에

권력이 얼마나 막강한지를, 권력의 밑에서 종사하는 관리들은 권력의 도구에 지나지 않는다는 것을 간과할 수 없다. 그리고 시민이 얼마나 약한지를 나타내고 있다.

프랑크푸르트 공연 후 쉴러에게는 좋은 일보다는 불유쾌한 일들이 많이 일어났다. 자주 병도 들었고 빚을 갚을 길은 막연하였다. 곧 전속 작가의 계약 기간도 얼마 남지 않았고, 그의 현실비판적인 내용은 점점 통치자들에게 인식되기 시작하였다. 거기다 만하임에 실질적인 힘이 미치는 선제후가 거주하는 뮌헨에서는 이상한 글이 돌아다니고 있었다. "뷔르템베르크의 탈영병 쉴러라는 자가 선량한 달베르크를 속여 난센스와 흉악한 예를 그의 작품에 나타내고 있다. 이 위험하고 아무것도 모르는 자의 봉급을 팔츠의 아이들이나 특히 오케스트라 단원들에게 주는 것이 더 좋겠다"는 내용이다. 이것은 소문만이 아니었다. 뮌헨에서 있었던 군주 회의에 무기명으로 올라온 무고 고소였다(Alt I, 389ff.).

거기에다 대부분의 배우들도 점점 쉴러를 나쁘게 말하고 있었다. 그들은 당시의 유행하던 쉬운 연기의 가정극을 더 선호하였고 쉴러가 연습 중에 하나하나의 연기와 발성 시정 등 자신의 방법을 요구하는 것을 싫어하게 된 것이다. 더욱 좋지 않은 일이 일어났다. 쉴러를 패러디한 연극을 만하임 극장에서 공연한 것이다. 물론 쉴러라는 이름을 정면으로 거론한 것은 아니나 누가 보아도 그를 말하는 것이 분명한 것이었다. 주인공은 극장 전속 작가이며, 빚이 많고 굶주리며, 말은 많고, 얻는 것은 '월계관'이 아니라 '빚덩이'라고 하였다. 그는 조국을 욕하면서 다니고, 여자들의 비위를 맞추어 시로써 돈을 유혹한다는 것이었다. 심지어 이플란트는 쉴러의 마스크를 쓰고, 옷도 비슷한 것으로 입었다. 이플란트는 이미 달베르크에게 건강상 어려운 역할인 〈군도〉의 주인공 역인 프란츠 모어나 〈피에스코의 모반〉의 베리나 역을 단기간 내에 연달아 하는 것은 힘들다고 하였다. 그리고 달베르크에게 쉴러의 작품을 만하임 극장 레퍼토리에서 제외하여 줄 것을 요구하였다. 이것은 아마도 추측건대 혁명적인, 혹은 공화적인 의미를 지닌 작품 속의 주인공 역을 하고 싶지 않았기 때문인지도 모른다. 또 쉴러를 조소하는 작품도 이제는 그만둘 것과, 쉴러의 작품 역시 공연을 끝내고 다른 사람을 추천하였다. 그러나 이플란트가 작가를 파멸시키려는 기획을 하지 않았어도 되었다. 달베르크는 이미 쉴러가 보낸 전속 장기 계약 연장원을 보고는 극장 전속 의사에게 그 편지를 보이며, 이 작가에게 의학 공부로 나아갈 것을 충고해 확실한 직업을 갖도록 해 주면 좋겠다는 부탁을 하였다. 의학 공부를 하라는 것은 출판업자인 슈반도 마찬가지였고 아버지까지도 확고한 직업을 위하여 의학 공부를 더 하기 바랐다. 선량한 인물이었던 슈반으로서는 자신의 딸 마가레테에게 마음을 두고 있는 젊은 쉴러가 작가로서는 궁핍한 생활을 면하기 어려워 쉴러에게 딸을 줄 수 없다고 생각하여 의학을 권하였는지도 모른다.

해고

쉴러는 달베르크에게 편지로 "금년 한 해만 더 연기하여 주십시오. […] 젊은이의 장래가 당신의 결정에 달렸습니다"고 청하면서, 〈군도〉의 제2편을 쓰겠다고도 했고 〈돈 카를로스〉도 완성하겠다고 하였으나 아무 소용이 없었다. 바로 이즈음에 뮌헨에서는 궁중에서 계몽주의자들을 숙청하려는 계획을 세웠다. 이는 실제로 독일에서 처음으로 프리메이슨 운동의 유파인 계몽회원Illuminaten들을 검거하기 시작하였던 것을 보면 알 수 있다. 질풍노도 문학운동가들도 역시 요주의 인물이었고, 셰익스피어를 신봉하는 자들도 역시 마찬가지였다. 쉴러는, 나아가 '독일의 셰익스피어'라는 평론가의 평이 있었으므로 더욱 요주의 인물의 범주에 들게 된다. 달베르크도 한때는 계몽주의자였다. 그의 많은 친구들이 프리메이슨 서클에 들었던 것으로 알려졌으나 그 자신이 회원이었는지는 확실한 근거가 없다. 그가 프리메이슨에 동정적이었던 것은 사실이고, 또한 독일에서 최초로 셰익스피어를 선호한 극장장이었고 몇 개의 드라마도 공연하였던 것도 사실이다. 그러나 필자는 달베르크는 프리메이슨 단원이 아니었을 것이라고 생각한다. 만일 그가 단원이었다면 어느 정도 위험 부담이 있다고 하더라도 쉴러를 해고하지는 않았을 것이다. 그리고 쉴러의 공화주의적인 〈피에스코의 모반〉을 그렇게 많이 수정하게 하지는 않았을 것이다. 쉴러는 만하임에서 볼초겐 부인에게 "며칠 전 어느 여행객이 나를 찾아왔습니다. […] 제가 프리메이슨 단원 명단에 들어 있으며 〔…〕 저에게 거기에 〔입단〕할 것을 계속 권하였습니다"라고 하였다. 만일 달베르크가 단원이었다면 그의 동의 하에 그를 포섭하려고 하였을 것이고 쉴러를 좀더 잡아두려고 하였을 것이다. 프리메이슨 단원의 조직은 뒤에서 기술하는 바와 같이 유럽의 대조직이었다.

물론 달베르크가 결정적으로 쉴러를 해고하도록 마음을 굳히게 한 것은 배우 이플란트였다. 그러나 본질적으로는 달베르크였다. 쉴러 작품의 정치적 비판이 두려웠던 것이다. 만하임에서 쉴러에게 좋은 감정을 갖지 못하는 사람들도 어쩌면 이해가 되는 점이 있었다. 그는 300굴덴 중 200굴덴을 옷을 사는 데 사용하였다. 마이어가 소개하여 준 집에서 나와—그는 그곳에서 금화를 도둑맞았다—비싼 동네로 이사하고, 나머지 돈과 약간의 부수입으로 생활비가 많이 드는 만하임에서 겨우겨우 입에 풀칠을 할 정도이면서도 호화롭게 사는 사람으로 비쳤던 것은 사실이지만, 사람들은 오해하고 있었다.

쉴러가 슈투트가르트에서 도망할 때 그가 가진 것은 여름 옷 한 벌뿐이었다. 그는 겨울에 찬 눈을 맞으며 걸어서 프랑크푸르트까지 갔으며, 바우어바흐에서도 옷을 사 입을 만한 여유가 전혀 없었다. 그가 많은 돈을 들여 옷을 산 것은 연극을 하면 자연히 상류사회 인사들과 어울려야 했기 때문이다. 또 극단 주위의 사람들은 멋도 내는 사람들이기도 하다. 그가 고급 옷을 사는 것을 다른 사람들은 결코 이해하지 못하였을 것이다. 그는 "극장 주위 사정상 내 명예를 위한 지출〔품위 유지를 위한 지출〕인, 옷과 집세는 피할 수 없는 것이네. 하나님은 내가 여기 생활이 즐겁지만은 않다는 것을 아실 걸세. 아는 사람은 많지만 외롭고 인도해 주는 사람은 한 사람도 없네. 〔…〕 우려, 걱정, 계획은 내 영혼과 모든 작가적 꿈들을 찢어발기고 영혼의 날개를 납처럼 무겁게 가라앉힌다네. 〔…〕 말라리아는 겨울 내내 치유되지 않았네. 친구여, 나는 여기서 행복하지 못하네" 하고 라인발트에게 썼다. 그가 폰 볼초겐 부인에게 보낸 편지에서 한 달 생활비를 적은 것을 보면 얼마나 궁핍한 생활인지 알 수 있다〔식비 11굴덴, 집세 3굴덴, 나무(난방비) 2플로린, 양초 1굴덴, 이발 1탈러, 세탁 1탈러, 목욕 30카롤린, 우편 요금 1-2굴덴, 그 외 담배, 종이 등(Bruschell, 165)〕. 이 외에도 그는 수입이 적어 빚의 삼분의 일을 갚지 못하고 있다고 쓰고 있다. 그는 평생 동안 빚에 시달렸는데 이미 탈주하기 전에 슈투트가르트에서 〈군도〉의 자비출판으로 빚진 200굴덴을 포함하여 400굴덴이 넘는 빚이 있었다. 만하임에서도 〈피에스코의 모반〉과 〈계교와 사랑〉의 출판으로 슈반에게 많은 빚을 지니고 있었기 때문에 누구에게 손을 내밀 처지가 못 되었다. 유일하게 손을 내밀 곳은 아버지뿐이었다. 그는 만하임에서 아버지에게 많은 편지를 썼으나 대부분 유실되어 남아 있는 것은 없지만, 그 내용은 항상 돈에 관한 것이었다. 300굴덴을 보내 달라는 아들의 편지에, "난 지금 2-300 〔굴덴〕도 마련할 수가 없다"고

하면서 금화 두 닢을 보냈다. 아버지가 쉴러에게 보낸 편지에 의하면 그의 빚을 이자와 함께 아버지가 지불한 것을 알 수 있다. 아버지는 아들 쉴러를 그 당시의 방식으로 '자네Er'라고 불렀는데, 그를 '천재'로 인정은 하지만, 의학을 계속하여 학위를 받을 것을 요구하였고 '중용의 길'을 택하기를 원하였다. "여기 독일 땅에서는 아직 연극 작가는 작은 불〔火〕에 불과하다." 그는 아들이 미래의 꿈을 얘기할 때 거의 믿지 않았다. "이제 그를 더 돕지 말고 기도밖에 할 수 없다"고 탄식하였다. 볼초겐 부인에게서도 전에 빌려 주었던 돈을 갚을 것을 독촉하는 편지를 받았다. 쉴러는 조금만 참아 줄 것을 청하였으나 차차 편지의 수가 줄어들었다.

나쁜 일만 있었던 것은 아니었다. 그의 아버지는 오랜만에 고향에서 기쁜 소식을 전하였다. 아들의 작품 〈군도〉가 슈투트가르트에서 공연되었다는 것이었다. 이플란트가 프란츠 역으로 분한 〈군도〉는 큰 갈채 속에서 공연되었다. 그리고 이곳에서 큰돈이라고 할 "220굴덴을 벌었다"는 것이다. 드디어 그의 고향에서도 그의 이름으로 연극을 올릴 수 있다는 것은 자랑스러운 일이 아닐 수 없었다. 기쁜 소식과 함께 엉뚱한 소문도 함께 왔다. 그의 고향에서는 그가 이미 출판업자 슈반의 딸 마가레테와 결혼하였다는 소문이 났던 것이다. 쉴러는 즉시 볼초겐 부인에게 "아직도 저는 자유로운 몸입니다"하고 변호하였다.

쉴러가 만하임에서 얼마나 노력하는 인물이었는지는 그의 친구 슈트라이허만이 알고 있었다. 쉴러는 작업을 위하여 밤을 지새기가 다반사였고, 어떤 때는 소파에서 쭈그리고 잠이 들어 마치 죽은 사람같이 꼼짝 않고 누워 있어 아침에 그를 본 친구가 놀란 적이 한두 번이 아니었다. 특히 그는 언어의 사용 방법에 관해서도 열심히 공부하였다. 그는 군사학교 재학 시절에 청소 불량으로 벌을 받은 적이 많았는데 여기서도 역시 청소를 하지 않아 사람들의 눈살을 찌푸리게 하여 이것도 역시 비난의 대상이 되었다. 20대 초반의 청년에게 흔히 있을 수 있는 것이나 사람들은 비판을 하기 시작하면 무엇이건 이해하려 하지 않았다. 그러나 그의 집주인인 횔첼 부부는 결코 부유하지 않으면서도 그의 딱한 사정을 알고 200굴덴이라는 큰돈을 그에게 빌려 주었다. 쉴러는 만하임에 머무는 동안 이 돈을 갚았고 후에 바이마르에서 횔첼이 곤란하다는 소식을 듣고 또 다시 돈을 송금하였다. 그리고 후에는 그의 아들을 극장에 취직하도록 소개하였다. 쉴러는 평생 그들의 고마움을 잊지 않았다.

달베르크가 그에게 극장 전속 의사를 보내어 실질적인 직업인 의학을 택하라고 충고하던 때 쉴러는 그의 후세에 남을 만한 아주 중요한 것을 쓰고 있었다. 그는 '팔츠독일학회'에 발표할 강연을 준비하고 있었다. 즉 '좋은 무대는 어떤 효과를 낼 수 있는가?'라는 것으로 후에 〈도덕적 기관으로서의 무대〉라는 제목으로 우리에게 알려진 논문이다. 이것은 그의 초기 청년 시절에 쓴 가장 중요한 글 중의 하나이며 후세에 길이 남을 글이다. 이 논문을 통해 그의 예술에 대한 정의와 사명을 알 수 있다.

〈도덕적 (실천) 기관으로서의 무대〉(1784/85)

25세의 청년 쉴러는 프랑스혁명이 발발하기 5년 전인 1784년 6월 26일 '팔츠 독일학회'에서 '좋은 무대는 어떤 효과를 낼 수 있는가?'라는 주제로 연설하였다. 후에 〈도덕적 기관으로서의 무대〉라는 제목으로 그의 잡지 《라인의 탈리아》에 실었다. 이것은 아무도 말할 수 없었던 이 시대의 주목할 만한 연설문에 속한다. "세상법의 재판권 영역이 끝나는 곳에서 무대에서의 재판은 시작됩니다." 이 문장에는 아주 현명한, 그러나 비판할 수 없는 제후에 대한 강력한 비판이 교묘하게 숨어 있다.

이 시대에 모든 법은 제후들을 위한 것이다. 제후들은 치외법권 내에서 무엇이건 할 수 있었고, 거의 아무런 제재를 받지 않았다. 아무도 그들의 행악을 고소하지도, 고발하지도 못하였다. 법은 다만 민중을 제재하기 위해서 존재하는 것뿐이라고 해도 과언이 아니었다. 만일 당시 제후를 비난하거나 나아가 그들의 비위에 거슬리는 말을 한다면 재판 없이 몇 년이고 햇빛도 들지 않는 곳에 투옥되었다. 당시의 모든 신하들과 국민들은 옳은 말을 가슴 속에만 품어 둘 수밖에 없었다. 만일 그 가슴속의 말을 밖으로 내어 놓으면 그는 목숨을 걸어야 했다. 이 가슴속의 말을 할 수 있는 곳은 오직 무대 위뿐이었다. 무대 위에서 그들의 악함을 고발하고 정의의 칼을 그들의 목에 댈 수 있었다.

18세기 서양 지식인이 강력한 힘을 소유한 군주들에게 대항하기 위해서는, 군주들의 힘이 미치지 못하는 곳에서 간접적인 방법을 쓰는 수밖에 없었다. 이 제한된 구역 중의 한 곳이 바로 '연극 무대'였다. 유럽의 지성인들은 세상법인 군주들의 법이 미치지 못하는 이곳에서 군주에게 대항하는 가장 강력한 효과를 얻을 수 있었다. 쉴러는 이것을 간과하지 않았다. 그는 이곳이야말로 그의 성소이고, 정의가 힘을 얻고 불의를 벌하는 곳이며, 도덕과 정치가 일치하지 않는 군주들을 재판하는 곳이라고 판단하였다. 그는 무대가, 유일하게 '보안법'을 벗어나 무대 밖에서의 수많은 정치적 모순을 드러내 보일 수 있는 치외법권의 지역으로, 도덕과 정치가 일치하는 곳으로 삼았다. 지식인은 이곳을 겉과 안이 분리되어 있는 곳이 아닌, 정의를 말하고 악을 벌하는 곳으로 이용하려 하였다. 정의를 위하여 난파하는 주인공을 등장시켜, 모든 일반 대중이 안으로는 침묵하지만 밖으로 향하고 싶어 하는 '임금님의 귀는 당나귀 귀'라는 진실을 밝은 세계에 명명백백하게 밝히려는 소망을 드러냈으며, 연극이라는 '사실적인 모방 사회'를 통하여 정의를 말하고 진실을 밝히려고 하였다. 이것은 관객에게 단순히 카타르시스만 느끼게 하는 것이 아니라, 도래할 세계, 갖고 싶은 소망의 세계를 머릿속에 그리도록 하였을 뿐만 아니라 암암리에 그것에 대한 실천을 공개적으로—그러나 현행법상으로는 처벌 불가능한—무대 위에서 선각자들이 외치도록 하였다. 그의 무대 위 재판석은 정치 비판을 하는 곳이며, 무대 위 엄격한 도덕률을 기준으로 하는 정치 영역은 현실의 정치 영역을 심판하는 자리가 된 것이다. 비록 극장 밖의 현실 세계가 "권력자의 악에 의해서 정의가 웃음거리가 되고 있을지라도", 무대 위에서는 정의가 실현되는 것을 이상으로 삼도록 비판하며 부덕한 제후들을 심판하려 하였다.

현실 세계에서 분열된 '도덕과 정치'를 '도덕적 무대'를 통하여 일치시키고, 또 비판하는 것이 쉴러의 숨겨진 의도였다. 쉴러는 계몽주의 시대 유럽 지성사에서 현실을 심판하는 '정치 비판'을 통해 높은 보좌에서 군주를 끌어내리려는 역할을 했던, 몇 안 되는 인물 중 한 사람이었다. 그럼으로 그를 유럽 지성사에서는 "정치적 메시아"(Ueding, 30)라고 부르게 되었다. 이것이 바로 세상법이 끝난 곳에서, 무대 위에서, 정의가 시작된다는 뜻이다. "무대 위에서는, 정의가 벌하지 않고 그대로 둔 악덕을 벌주는 곳입니다. 무대 위에서는, 정의가 말하지 않는 무수한 덕을 칭송하는 곳이기도 합니다"(Bd. 5, 823). 쉴러는 여기서 한걸음 더 나아가 무대는 올바른 개념, 순화된 원리, "순수한 감정이 무대에서 흘러나와 국민의 모든 혈관"을 관통하여 흐르는 "민족의 단결을 위한" 하나의 "공통의 운하"라고 하였다(Bd. 5, 828).

쉴러의 이 연설문은 연극에서 도덕이 지상 최대의 과제라는 의미는 아니다. 당시의 시대적 상황과 계몽주의적 사조로서 이해되어야 할 것이다. 당시의 가장 시급히 해결해야 할 것이 무엇이었는가를, 자유의 길을 가로막고 있는 것이 무엇인가를 생각한다면 후에 니체가 비난한 바와 같이 그를 '도덕의 나팔수'라고만은 볼 수 없다. 니체가 기존의 도덕을 무자비하게 비난한 것과 오히려 일맥상통하는 점이 있는 셈이다. 여기서 쉴러가 말한 '도덕'이란 기존의 봉건적 질서를 유지하기 위한 도덕이 아니라 오히려, 다가올 새로운 세상에서의 도덕, 법 앞의 평등과 민주 사회를 말하는 것이기 때문이다.

쉴러는 이때 칸트를 알기 전이었다. 그러나 이미 이 연설문에는 칸트의 정신이 들어 있으며 또한 칸트의 미학을 뛰어넘는 그의 〈인간의 미적 교육의 관한 서한〉의 전조가 들어 있다. "우리들의 본성은, 오성의 섬세한 활동만 오래 계속할 수 없는 것처럼, 동물적인 상태로도 오래 지속할 수 없는, 이 서로 모순되는 두 양극을 결합시키고 격렬한 긴장감을 이완시켜 부드럽게 조화시키려는, 중간적인 상태를 요구합니다. 그렇게 하여 하나의 상태에서 다른 상태로의 이행이 쉽게 이루어질 수 있습니다. 이렇게 이행할 때에 미적 감각, 즉 아름다움에 대한 감정이 전반적으로 활동하게 됩니다"(Bd. 5, 821). 이 정의는 그의 졸업 논문의 중요 내용이며, 후에 쓴 그의 획기적인 미학 이론이며 동시에 교육이론인 〈인간의 미적 교육의 관한 서한〉의 핵심 이론이다. 그리고 말을 아주 멀리 돌리면서 국가나 종교가 할 수 없는 것도 예술로서는 가능하다는 것이다.

달베르크에게서는 아무 대답도 없었다. 그의 드라마는 독일 전역의 무대에서 공연되고 있지만 그는 여전히 무일푼으로 어렵게 지내야 했다. 저작권이 없었던 그때에는 그것이 당연한 것으로 생각되었다. 물론 그의 작품을 원작 그대로 공연한 것은 아니었다. 쉴러 자신도 막이 오를 때마다 극단 사정에 따라 빼고 넣는 장면이 많았다. 그는 이 궁핍한 생활을 극복하기 위하여 잡지를 하나 만들기로 하였다. 이 잡지가 《라인의 탈리아》(탈리아 Thalia는 희극의 뮤즈)이다. 그는 격월간지로 하기로 정하고 팔츠 지방의 연극과 예술, 아름다운 자연에 관한 것까지도 취급하기로 하였다. 정기 구독자를 약 500명 정도 예상하고, 그렇다면 제작비용을 제하고도 연간 약 천 굴덴의 수익을 얻을 것이라고 생각하였다(〈볼초겐 부인에게〉, 1784년 10월 8일). 그는 독자를 구하기 위하여 그의 모든 친구와 친지, 유명한 작가, 잡지 편집자에게 편지를 썼다.

이 잡지는 3월 중순에 출간되었다. 자신이 스스로 출판자요, 편집자였다. 라인발트가 예견한 것처럼 많이 팔리지도 않았고 어떤 반향도 없었다. 다만 잠깐 짧은 평이 나왔을 뿐이었다. 그는 자신의 잡지에 관한 '선언문'을 공표하였다. 거기서 자신의 성장배경을 소개하면서 왜 작가가 되었는가를 만인에게 알렸다. 이것은 그의 고백록이기도 하다. "나는 결코 군주를 섬기지 않는 세계 시민으로서 〔작품을〕 쓸 것입니다. 일찍이 나는 망원경을 통해서만 알았던 위대한 세계를 얻기 위하여 조국을 버렸습니다. 자연의 기묘한 운명이 고향에서 저를 시인으로 만들었습니다. 시에 대한 애착이 나를 길러준 기관〔학교〕의 법을 어기고 그 기관의 창설자의 계획에 반대하였습니다.

8년 동안 비인간화한 군율과 싸웠습니다. 그러나 시를 향한 나의 열정은 첫사랑과 같이 불타오르고 또 강하였습니다." 이렇게 시작한 〈라인의 선언〉에서, 한편으로는 자신이 〈군도〉의 작가임을 과시하고, 한편으로는 그로 인한 고통 받은 것—"작품 〈군도〉는 나의 가족과 조국에 대한 값을 치렀습니다. 〔…〕 금고형과 함께 고향에서 글을 쓰는 것을 금하였습니다"— 을 온 세상에 알렸다. "이제 모든 나의 연결고리는 끊어졌습니다. 관객만이 나의 모든 것이고, 나의 연구이며, 나의 군주이고, 나의 믿음입니다. 나는 이제부터 그들에게만 속합니다. 그들 앞이 아니고서는 어떤 재판석에도 서지 않을 것입니다. 이들만을 두려워하고 이들만을 존경할 것입니다"(Bd. 5, 856).

〈돈 카를로스〉의 일부도 그 잡지에 실었다. 달베르크가 요구한 가정극이 아니라 정치극, 공화정에 관한 극으로 바꾸었다. 바우어바흐에서의 초고에서는 없었던 마르퀴스 폰 포자도 등장한다. 비록 아직 완성되어 나오지는 않았지만 이 작품에서 질풍노도의 스타일이 후에 발전할 고전적 스타일로 바뀌었다. 또 여기에 프랑스의 디드로의 단편소설(〈어느 여자의 복수〉)을 자신이 번역하여 실었다. 디드로가 사망한 지 얼마 되지 않았고, 아직 프랑스에서는 이 소설이 나오지도 않았었다. 그는 이 소설 번역 시 궁중 도서관의 육필 원고를 텍스트로 삼았는데 누구에 의해서 이 자료를 구하게 되었는지는 알려지지 않았다.

6. 뜻밖의 손짓

구원의 손길

그러나 뜻밖의 구원은 멀리서 왔다. 이름을 밝히지 않은, 오늘날의 의미로 말한다면 두 쌍의 젊은 남녀 팬이 라이프치히에서 〈군도〉의 여주인공 '아말리아의 노래'라는, 스스로 작곡한 악보와 비단 위에 아름답게 예술적으로 수를 놓은 편지 주머니를 보내왔다(이 비단 편지 주머니는 현재 마르바흐에 있는 국립쉴러박물관에 있으며 아름답고 정교하게 수를 놓은 사람은 도라였다고 한다). 나중에 알려진 그들의 이름은 크리스티안 고트프리트 쾨르너(1756-1831)와 작가 후버(1764-1804), 그 두 사람의 약혼자인 슈토크 자매였다. 그들은 편지에서 "예술이 점점 탐욕자의 손에 농락되어 노예로 전락하는 시대에 위대한 인간이 나타나, 인간의 가능성을 보여 준 사람에게 행운이 있을 것입니다. 〔…〕 이것이 저와 함께 세 사람이 귀하의 책을 읽고 귀하에게 감사하고 귀하에게 경의를 표하는 기회가 된 것입니다"(Briefweschel, 31).

쉴러는 곧 그의 후원자인 헨리에테 폰 볼초겐 부인에게 편지를 썼다. "며칠 전 세상에 가장 놀라운 일이 저에게 일어났습니다. 저는 라이프치히에서 소포를 하나 받았습니다. 그리고 전혀 모르는 네 사람에게서 저와 저의 작품에 대해 쓴 아주 따듯하고 열정적인 편지를 받았습니다. 두 사람은 아름다운 얼굴의 처녀이고 그중 한 사람이 우리가 볼 수 있는 가장 아름다운 것 중의 하나라고 할, 예술적으로 값진 편지 주머니를 보냈습니다. [···] 나를 알지도 못하면서 사랑하고 있고, 나와 사귀기를 즐겨하는 사람이 이 세상에 있다고 생각하면, 백년 후 혹은 더 많은 세월 후에 비록 내가 흙 속에 묻혀 있다고 해도 나를 기억하여 주고, 나의 무덤 앞에서 눈물을 흘리고 찬탄을 표한다면—그렇다면 나는 시인이라는 나의 직업에 기쁨을 느끼고 신과 화해하고 나의 거듭되는 힘든 운명과 화해할 것입니다"(Hoyer, 150-151). 그는 후에도 어려운 시절에 그의 '저주받은 시인'이라는 직업으로 다시 돌아올 수 있었던 것은 그 알지 못하던 친구들 덕분이라고 말하였다.

낯모르는 사람으로부터 온 편지는 이미 1784년 5월에 받은 것이다. 그는 7개월이 지났음에도 아직 답장을 하지 않고 있었다. 그러나 이 편지는 쉴러의 운명을 바꿔 놓는 계기가 되었다. 만하임에서의 생의 위협이 되는 지금에야 자신에게 경의를 표하는 이 사람들에게 시선을 돌렸다. 작가의 삶을 청산하고 의사가 되라는 아버지와 만하임 사람들의 강권에 갈등을 느끼던 그에게 이 먼 곳에서의 편지는 그에게 용기를 주었을 뿐만 아니라, 그들의 도움으로 세계 문학의 역사상 위대한 작가가 자신을 잃지 않고 정진하여 훌륭한 작품을 후세에 남기게 되었으니, 인류를 위해서도 그들의 공로가 크다고 할 수 있을 것이다.

쉴러는《라인의 탈리아》작업을 할 때 그의 책상 위에 라이프치히에서 보낸 네 사람의 사진을 책상 위에 붙여 놓고 있었다. 그는 7개월이 지난 이제야 그들에게 답을 쓰기로 하였다. 이제 더 이상 만하임에는 친구도 없고 의지할 곳이 없어, 그의 실망과 좌절은 극에 달하였다. 문득 사진을 보고 이제는 답을 써야겠다는 생각이 들었다. "귀하신 분들이여, 결코 저를 용서하실 수 없을 것입니다"라고 시작한 쉴러의 긴 답장은 이렇게 계속된다. "나를 이루 말할 수 없게 기쁘게 하였고 나의 생애에 몇 시간 동안 가장 평안하고 밝게 만들었던 귀하의 편지는 가장 우울했던 저에게 도착하였으나, 귀하에게 편지로 좋은 것을 말씀드릴 수 없었습니다. 당시의 저의 마음 상태는 귀하가 저를 생각하는 것처럼 보일 만한 사람이 아니었습니다. 귀하의 칭찬은 다만 하나의 환상에 불과한 것이었습니다—그러나 물론 그 환상을 아주 빨리 물리치고 싶지 않은 약한 사람이기도 합니다. 그러므로 귀하신 분이여, 저는 더 좋은 적당한 시간까지—나의 천재성이 돌아와 좋은 운으로 바뀌고, 더 아름다운 감정이 올 때까지 답신을 유보하였습니다. 그래서 우리의 즐거운 만남은〔아직〕실현되지 않았습니다. 우연히 어느 우울한 저녁 당신을 기억하고 나의 잘못을 문득 깨달아 서둘러 책상으로 가 귀하에게, 어떠한 방법으로도 설명할 수 없는 부끄러운 망각의 용서의 편지를 씁니다"(Briefwechsel, 31ff.). 그는 이 편지를 잡지 《라인의 탈리아》의 발간 예고문—〈왜 내가 시인이 되었는가〉—과 함께 보냈다.

쾨르너로부터 답장은 아주 빨리 왔다. "고귀한 분이여, 귀하의 침묵은 예상하지 못하였습니다. 이제 시인으로서의 존경하는 친구를 사랑하게 된 것을 기뻐합니다. 우리는 귀하를 잘 알고 있습니다만, 귀하는 우리를 잘 모르실 것입니다. 그러니 가능한 한 속히 오십시오. 우리가 귀하게 여기시는 분이 고통스러움 속에 계신 것 같아 저희들도 괴롭습니다"(Briefwechsel, 33ff.). 이에 대한 쉴러의 답장이 2월 10일자인 것으로 보아 편지를 받은 며칠 후 쓰기 시작한 듯하다. 당시의 우편 사정을 감안한다면 꽤 빨리 쓴 듯하다. 그러나 문득 중간에 쓰던 것을 중지하고는 "별안간 예측하지 못하였던 방문으로 〔편지를〕 중단하였습니다. 지난 12일 동안 저에게 혁명적인 것이 일어났습니다"라며 12일 만에 다시 긴 편지를 이어서 쓰고 있다. 이 12일간에 무엇이 일어났었는지는 모든 쉴러 전기 작가들이 확실하게 아는 바가 없다. 출판업자의 맏딸과의 연애 사건이거나, 여배우에게 사랑을 고백하였다가 거절당하였다고 추측하기도 한다. 실제로 쉴러가 연모의 마음을 품고 있었으나 수줍은 그는 간접적인 표현만 하다가 거절당하였다고 주장하는 전기 작가도 있다. 그러나 쉴러가 쾨르너에게 7개월이 지난 후 최초의 답장을 쓸 때는 이미 만하임에서 막다른 골목에 다다른 때이다. 그는 편지에 "여기에는 내 마음의 빈 곳을 채울 어떤 사람도, 남자고 여자고 아무런 친구도 없습니다. 저는 라이프치히로 가서 귀하를 방문해야겠습니다. 오, 나의 영혼은 새로운 양분에 목마릅니다. 보다 선량한 인간의 우정과 충실과 사랑에 목마른 접니다. 내 심장의 순환이 이제까지 막혔듯이 시적 혈관도 막혀 있습니다. 저를 받아 주시겠습니까?"라고 썼다. 12일간의 '혁명'이란 무엇이었을까? '혁명'이 편지 안에 들어 있는 문구 "우정과 충실과 사랑에 목마르다"의 원인은 아닐까? 절박한 그가 생각하여 낸 돌파구로서 12일간의 휴지기를 둔 것일까? 아무도 모를 일이다. 그러나 그는 후에 "3, 4주 동안 라이프치히에 가기로 했다는 선언을 만하임에서 하였다"고 쓰고 있다.

이렇게 시작한 쉴러와 쾨르너와의 편지 교환은 쉴러가 죽을 때까지 이어져, 후세에 두꺼운 책으로 출간되었다. 쉴러보다 세살 위인 쾨르너는 라이프치히의 유명한 신학자 가문 출신으로 당시의 전형적인 젊은이의 교육을 받았다. 그는 많은 학문 분야(대학의 모든 전공)를 섭렵하고 결국 법학을 공부하였다. 쉴러에게 보낸 초기 편지에서 자신을 스스로 소개하고 자신이 어떤 공부를 했는지 쓰고 있다. "나의 첫 유년기의 계획은 작가였습니다. 그러나 부모님이 반대하셨습니다. 또 예술적 재능이 부족하다는 것을 깨달았습니다. 나는 철학보다는 신학을 공부하였으며, 빵을 해결하려는 수단으로 법학을 선택하였습니다. 한때는 수학과 함께 자연과학에 몰두하기도 하였습니다. 특히 괴팅겐 대학에서 〔17〕76년에서 〔17〕77년까지 공부하였습니다. 저의 생각으로는 모든 예술을 접하는 것은 인간을 고귀하게 만드는 것이며 모든 위대한 예술가는 무한한 힘으로 소재를 지배해야 할 것입니다"(Briefwechsel 39, 43ff.). 쾨르너의 예술에 대한 소박한 개념은 쉴러의 미학에서 가장 중요한 키워드 중의 하나이다. 쉴러의 예술의 목적은 인간을 '고위한 인격자로 만들고', 야만적인 '소재'를 '형식화'하는 것이다. 인간의 야만적 요소를 아름다운 예술을 통하여 고귀하게 만든다는 교육 목표를 그들은 공유하고 있었던 것이다. 아마도 쉴러의 미학 사상은 그의 영향이 많았다고 볼 수 있다. 쾨르너는 잠시 시간 강사로 있다가 네덜란드, 영국, 프랑스, 스위스 등지를 여행하여 견문을 넓혔다. 그는 쉴러에게 큰 도움을 주었고, 쉴러 사망 후 프로이센 정부의 고위 관료로 일하였으며, 특히 새로 창설한 프로이센의 교육부에서 일하면서 훔볼트가 대학을 혁신할 때 함께 일하였다(Alt I, 403).

샤를로테 폰 칼프

전기 작가들이 일치하는 "12일 동안 일어난 혁명"에 대한 '추측'은 쉴러와 연인 관계에 있던 샤를로테 폰 칼프(1761-1843)라는 귀족 부인과의 관계가 파경에 이른 것이 아닐까 하는 것이다. 샤를로테 폰 칼프 부인은 폰 볼초겐 부인과 친척이며 프랑켄 지방의 귀족 출신으로 쉴러보다 두 살 아래였다(당시 23세). 마가레테의 여동생 루이제 슈반의 기록에 의하면 칼프 부인은 "대단히 활동적이고, 키는 아주 작아서 쉴러의 조끼 주머니 높이 정도의 키였으며, 왁스처럼 아주 부드럽고 대단히 감성적이었다"고 한다. 그녀는 18세기 말의 독일의 보바리 부인이라고 불릴 정도로 자유분방한 부인이었다. 그녀가 태어났을 때 부모는 아들을 기다렸던 터라 "너는 태어나서는 안 될 사람이야"라고 하였다는 것이다. 그런데 이 저주는 그녀의 온 생애를 지배하였다. 일찍이 부모를 여의고 프랑켄 지방의 먼 친척집에서 사랑도 받지 못하고 여기저기 옮겨 다니며 양육되었다. "어렸을 때 나는 울기만 하였다"고 그녀는 말한다. 그녀는 거의 다른 아이들과 함께 놀지도 않고 책 속에 파묻혀 지냈고 프랑켄 지방의 바로크적인 가톨릭 신비주의 신앙에 몰두하였으며 사상적으로는 프리메이슨에 깊이 빠져 있었다. 그녀는 눈이 좋지 않아 밤에 별들을 볼 수 없었지만 그 지방에 널리 전해 오는 옛 이야기에 심취하여, 외롭게 여기저기 흩어져 있는 성과 아름다운 풍경에서 오히려 희미한 그림자로 만들어지는 상상과 현실 사이에서 보내는 것이 어린 시절의 일이었다. 그녀는 불행을 예견하는 예감과 환청을 듣고 있다고 믿었다. 부모가 돌아가시는 것도 꿈에서 알려 주었다고 한다. 남동생도 일찍 죽었고, 여동생도 결혼하자마자 죽었다. 그녀는 나이 많은 남자와 결혼하였는데, 활동적인 프랑스군 소령으로 미국에서 근무하다 돌아와서 그녀에게 청혼하자 애정 없이 하인리히 유리우스 알렉산더 폰 칼프 대위와 결혼하여 폰 칼프라는 이름을 얻게 되었다. 그러나 결혼생활은 행복하지 않았다.

결혼하던 해에 그녀는 쉴러와 알게 되었다. 칼프 대위가 팔츠 지방 근처 프랑스 요새인 란다우에 근무하여 이 부부는 만하임에 머물렀다. 칼프 부인은 바우어바흐에서 후원자인 헨리에테 폰 볼초겐 부인과 라인발트의 편지를 가져와 쉴러에게 전해주면서 알게 되었다. 특히 극장에서 셰익스피어의 〈리어왕〉을 공연할 때 우연히 같은 관람석에 앉게 되어 더욱 잘 알게 되었다. 얼마 후 여름에 그녀는 만하임에 집을 얻게 되었는데 요새 근처에는 장교의 가족이 거주하는 것이 금지되어 있는 프랑스군 규칙에 따라 그곳을 택한 것이었다. 그녀는 남편의 휴가 때에 만하임의 극장에서 친구들과 어울리며 지내는 것과 유명한 작가 쉴러와 함께 하는 것이 큰 즐거움이었다. 쉴러는 그들을 연극 때에 초대하기도 하고 자신의 책이 나오면 란다우로 보내기도 하였다. 〈간계와 사랑〉을 함께 보게 되었을 때 '칼프'라는 극중 인물 이름이 희화되어 나오게 되어 있는 것을 급히 무대 뒤로 가 이 이름을 다른 이름으로 바꾸기도 하였다.

폰 칼프 부인은 이곳에서 첫 아이를 출산하였는데(이 아이를 후에 횔덜린이 가르친 적이 있다. 그러나 '디오티마'의 아이는 아니다) 출산 직후 심한 열이 나며 다시 옛날의 환각을 경험하였다. 꿈속에서 머리를 풀어헤친 여인이 거의 벌거벗고 그녀의 침대로 와서는 커튼을 찢고 이불을 잡아당기는 것이었다. 그녀는 너무나 놀라 말을 못하고 떨면서 기절하였다. 이때에 쉴러가 그녀를 방문하였다가 이 광경을 보고 급히 의사를 불러 그녀를 치료하였다. 이후 쉴러는 그녀와 자주 만났다. 그리고 그녀를 통하여 상류 귀족사회 여인의 역할과 생활상을 자세히 알게 되었다. 아직 여자들의 세계를 잘 알지 못하던 그는 여인의 깊은 심리와 예민함 등을 알게 되었다. 후에 쉴러는 〈돈 카를로스〉를 쓸 때에, 특히 여왕의 성격을 그릴 때에 많은 도움이 되었다고 말한 바 있다. 샤를로테 폰 칼프 부인은 자기의 남편과는 다른 젊은 작가를 통하여 자신에게 내재되어 있는 예술가의 기질을 발견하였고, 그녀가 알고 있는 프랑스 연극에 관하여 쉴러에게 이야기하여, 프랑스 작가에 관한 관심과 홍미가 적었던 쉴러에게 프랑스 연극을 알게 하였다.

그녀는 친지들과 더불어 음악을 즐기거나 담소를 자주 하였다. 쉴러는 때때로 자신이 쓰고 있는 〈돈 카를로스〉를 낭독하곤 하였다. 어느 날 이 낭독을 아주 감동 깊게 듣고 있는 듯한 칼프 부인에게, "부인 어떻습니까?"라는 쉴러의 물음에 그녀가 "쉴러 씨, 당신이 쓴 것 가운데 가장 나쁜 것이었습니다" 하고 대답하자 쉴러는 화가 나서 읽던 것을 책상 위에 던지고 나가 버렸다. 그녀는 원고를 집어 들고 읽기 시작하였다. 채 한 페이지도 읽기 전에 시종에게 말하는 것이었다. "자네 빨리 쉴러 씨를 불러오게. 용서를 구하여야겠네. 이것은 내가 본 것 중에서 가장 아름다운 것이었어. 내가 잘 몰랐어. 어서 그를 모셔오게." 전에도 달베르크와 그의 극장 동료들 앞에서 심한 사투리로 읽어 낭패를 보았듯이 쉴러는 아직도 말투를 고치지 못한 것이었다. 그 다음부터 쉴러는 정확하게 낭독할 수 있었다. 이 일은 쉴러에게 큰 도움이 되었다.

폰 칼프 부인은 쉴러가 여러 가지로 어려운 삶을 살고 있는 이유가 아무 보장 없는 수입과 신분이 평민이기 때문일 수도 있다고 생각했다. 사회적 신분상승을 위한 '무장'이 필요하다고 생각하여, 마침 그 근처인 다름슈타트 궁에서 공주의 가정교사로 일하고 있는 볼초겐의 딸에게, 사회 저명인사가 오면 쉴러에게 작품을 낭독할 기회를 주라고 말하여 놓았다. 어느 날 볼초겐 양은 다름슈타트의 저명인사들이 유명한 시인을 대단히 환영할 것이라는 편지를 보내왔다. 다름슈타트에는 헤센의 태자 루트비히 공이 잠깐 체류하고 있었다. 그는 프랑스에서 교육받았으며, 그곳에서 백과사전파와 교류하였던 계몽주의자였다. 루트비히 공은 매부인 바이마르 공을 방문하여 그를 이곳에 초대하였고, 당시의 많은 독일 지식인들, 젊은 괴테, 헤르더, 빌란트도 초대했었다. 쉴러도 이미 독일에서 많은 사람들에게 그 이름이 알려져 있었다.

마침 이곳에 바이마르의 카를 아우구스트 공이 크리스마스 휴가차 그의 처남과 장모를 방문한 것이었다. 이를 계기로 칼프 부인을 초청하며 쉴러를 초대한 것이다. 12월 26일, 궁정에서 쉴러는 자신의 작품인 〈돈 카를로스〉를 낭독하였다. 헤센의 루트비히 공은 대단히 기쁘게 여겼고 파리 살롱에서 디드로를 비롯한 많은 프랑스 작가들이 그의 작품을 낭독하던 것을 회상하였다. 쉴러는 〈돈 카를로스〉 제1막의 원고를 라이프치히의 민나 슈토크가 보내 준 비단 주머니에 넣고 공작 부인에게 선물하였다. 예술품을 좋아하던 그녀는 그 선물을 받고 아주 기뻐하였다.

이 낭독을 들은 바이마르 공은 다음 날 아침 시인이 머물고 있던 숙소 '태양관'에 신하를 통해 "현재 다름슈타트에 계신 작센 바이마르 고문관 쉴러 박사에게"라고 씌어진 봉투를 보내왔다. 그가 봉투를 열어 보니, 육필로 된 문구는 다음과 같았다. "다름슈타트, 1784년 12월 27일. 쉴러 박사님, 귀하에게 나의 고문관 칭호를 드리게 된 것을 기쁘게 생각합니다. 이것으로 귀하에게 나의 존경의 표현을 나타내고 싶습니다. 건강하십시오. 카를 아우구스트 작센 바이마르 공." 오늘부터 쉴러는 작센 바이마르 궁정고문관이 된 것이다. 이 사실은 곧 보름 후 1785년 1월 11일자 《베를린 왕립신문》에 게재되어 실패한 만하임 전속 작가의 체면을 크게 올려놓았다. 이 지위는 당시 상류사회, 귀족사회에서 큰 역할을 하는 것이었다. 쉴러가 군주를 섬기지 않겠다고 선언하였지만, 또 이 칭호는 형식적이기는 하지만 그가 오랫동안 원하던 것이기도 하였다.

그러나 '바이마르 궁정고문관'이란 칭호가 그의 어려운 삶을 금방 풍요롭게 하지는 않았다. 고문관 칭호를 얻은 때문인지는 모르나 그 직후 쉴러는 달베르크에게 보낸 편지에서 전에 볼 수 없었던 날카로운 비판을 하고 있다. 자신의 작품 〈계교와 사랑〉을 휴지통에 넣어 버린 것에 항의하는 편지였다. "무대에 세 개의 작품, 특히 〈군도〉를 쓴 작가는 〔작품을〕 존중하지 않은 것에 대하여 비난할 권리가 있다"고 하였다. 이때가 바로 쾨르너에게 쓴 '혁명'이라는 12일간의 일이다. 또한 여성과의 관계도 폰 칼프 부인에 대한 것이 아닌가 추측된다. 그가 쾨르너에게 쓴 편지 가운데 "이곳에는 내 빈 마음을 채울, 남자고 여자고간에 어떤 친구도 없다"고 한 것은 바로 이 여자를 말하는 것이 아닐까 한다. 훗날 폰 칼프 부인은 우울증 발작 때에 자신의 모든 편지를 태워 버렸다. 그중에 쉴러의 편지도 태워 버린 것이다. 그녀가 늙고 가난하게 된 후 구술한 것에서도 별다른 것은 없다. 쉴러의 시 〈격정의 자유 사상〉이나 〈체념〉과 같은 시도 이 '내적 혁명'의 시기인 만하임에서의 마지막 시기에 씌어졌을 것이라고 추측되고 있다. 쉴러는 이 시를 그저 단순한 상상의 작품이라고 말하고 있으나 폰 칼프 부인과의 파국을 묘사한 작품이 아닐까 한다. 폰 칼프 부인은 여성의 경험이 없었던 쉴러에게 유혹과 거절의 유희를 즐겼었다. 물론 이 후에 폰 칼프 부인과의 관계는 계속되었다.

라이프치히로 간다고 해도 먼 그곳까지 갈 차비도 없는 그였다. 부끄러웠으나 그는 우회적으로 돌려서 그의 경제사정을 말하자, 이미 그의 친구들은 이해하였다. 친구들 중 후버에게 그곳의 출판업자나 유대인을 소개받아 300탈러를 빌리도록 주선해 달라고 하자, 쾨르너의 중재로 출판업자 괴셴(1752-1828)에게서 돈을 빌릴 수 있었다. 만하임에서 3년간 함께 보낸 친구 슈트라이허와 마지막 밤을 보냈다. 이 작별은 두 친구의 영원한 이별이 되었다. 슈트라이허는 원래의 목적지인 함부르크로 가지 않았다. 그는 남쪽 뮌헨으로 갔다가 아우구스부르크의 피아노 제조업자의 딸과 결혼한 후, 음악을 공부하는 대신 피아노 제조업자가 되었다. 후에 그는 빈에 가서도 피아노를 만들었고, 베토벤(1770-1827)의 귀가 들리지 않자 그를 위하여 특별히 소리가 강한 피아노를 만들어 주기도 하였다. 자신을 희생하고 친구를 위하여 자기의 가진 돈을 모두 사용한 슈트라이허의 우정이야말로 세상에서 보기 드물고 그가 친구를 위한 진정한 친구인 것을 알 수 있다. 그는 쉴러와의 도주 후 만하임까지의 생활을 《쉴러의 도주》라는 책으로 기술하여 우리가 현재까지 작가의 초기의 생을 알도록 하고 있다. 이 책에서 그는 자신을 겸손하게 감추기 위하여 자신의 이름을 S라고 하였다.

쉴러의 라이프치히로의 도주는 그의 생에 새로운 획을 긋는 계기가 되었다. 그의 작품은 질풍노도의 시대를 마감하고 새로운 이상의 세계로 변화하였다. 그의 〈돈 카를로스〉가 오랜 시간을 필요하였던 것은 만하임 시대에 시작이 드레스덴 시대로 넘어오며 그의 사고의 틀이 바뀌었기 때문이기도 하다. 그는 사방에서 달려들었던 고통과 질고의 시대를 뒤로하고 희망을 갖고 드레스덴으로 향하는 험한 길에 발을 내딛었다. 가는 길이 험하였듯이 그의 생의 고행이 끝난 것은 아니었다.

7. 라이프치히와 드레스덴에서

희망을 찾아서

만하임에서 라이프치히까지는 현재의 독일 국토상으로도 거의 서쪽 끝에서 동쪽 끝이다. 가까운 거리는 아니지만 당시의 교통 상태로도 오랜 시간이라고 할, 1785년 4월 9일 여행을 시작하여 4월 17일까지 9일간의 여행이었다. 우편마차가 서는 정거장에서 그는 칼프 부인과 마가레테 슈반 양에게 편지를 썼다. 중도에 눈비가 내렸으며 길은 좋지 않았다. 마차를 타고 가는 동안 그는 지난날의 우울함과 앞날의 희망이 엇갈렸다. 아직도 순진함을 잃지 않았으나 만하임에 처음 도착하였을 때보다는 성숙하였다. 고통과 외로움으로 단련되어 폭 넓은 인간관을 지니게 되었고 그것은 작품에도 나타나게 된다.

라이프치히는 독일의 파리라고 불리는, 당시로는 대도시에 속하였다.

거의 4, 5층의 집 사이에 펼쳐진 길에는 수많은 사람들이 오가는 복잡한 곳이었고, 많은 카페에는 사람들이 커피를 마시고, 상점마다 진기한 물건으로 가득 차 있었으며, 출판의 도시로서 수많은 출판사와 서점, 헌책방들이 있었다(이것은 제2차 세계대전 종전까지도 계속되었고 종전 후 동독은 이곳에서 그대로 출판도시의 전통을 이어나갔고, 서독은 프랑크푸르트와 슈투트가르트를 새로운 출판도시로 변모시켰다). 넓은 공원에는 이제 막 돋아난 새로운 연두색 잎이 곳곳마다 아름답게 물들어 있었다. 이곳에는 수많은 인공 호수와 아름다운 궁이 강가에 자리 잡고 있었다.

그가 라이프치히에 도착하였을 때 쾨르너는 직장 근무로 드레스덴으로 가고 없었으므로 루트비히 페르디난트 후버가 그를 맞았다, 후버는 쉴러의 쉴 곳을 여관 크라운장에 마련하였다. 다음 날 후버는 자기와 쾨르너 두 사람의 약혼자인 민나(마리아) 슈토크와 도라 슈토크를 소개하였다. 그를 만난 민나는 후에 이렇게 말하고 있다. "쉴러가 정규 우편마차로 라이프치히에 도착하였을 때는 1785년 4월 17일 일요일 저녁이었다. 후버는 그에게 정해 준 여관 크라운장에서 그를 맞았다. 그는 다음 날 아침 일찍 쉴러에게 가서, 오전 중에 우리가 방문한다고 알렸다. 우리는 기쁨보다는 약간의 두려움에 사로잡혔었다. 그의 시 〈라우라〉의 〔서정적〕 매력도 있긴 하였지만 〈군도〉의 작가로 신체적으로나, 입은 옷도 그 주인공 카를 모어나 뵈멘의 숲 속의 사람〔의적〕으로 무릎까지 오는 장화에 옆에는 긴 칼을 찬 사람으로 상상하였기 때문이었다. 그러나 금발에다, 푸른 눈, 수줍어하는 눈에 눈물이 어려 있고, 우리에게 감히 말도 걸지 못하는 젊은 사람을 후버가 우리에게 소개할 때 우리는 얼마나 놀랐는지… 그리고 우리가 자기를 이 세상에서 행복한 사람으로 만들어 주었다는 것을 잘 알고 있다는 표현도 충분히 할 줄도 몰랐다"(NA. 42, 93). 쉴러의 이런 태도는 그저 고마움을 표현한 수사에 그치는 것이 아니다. 그는 이곳에서 그들과 함께 있는 동안 유년 시절부터 만하임 시절에 이르기까지 생후 처음으로 따듯한 인간의 마음을 느꼈다.

쉴러를 라이프치히에서 처음으로 맞이한 루트비히 페르디난트 후버는 쉴러보다 5살 아래인 21살의 청년으로서, 프랑스인 어머니와 독일인 아버지(아버지는 후에 라이프치히대학 문학 교수) 사이에서 태어나 파리에서 살다가 라이프치히에서 프랑스어 강사로 있었다. 그는 어렸을 때부터 많은 책을 읽었으며 언어에도 소질이 있었다. 당시의 다른 독일 젊은이와는 다른 면이 많았다. 아마도 프랑스풍의 친절하고 상냥한 성격에 쉴러가 더욱 친근감을 느꼈던 것이 아닐까 한다. 그의 약혼자인 도라 슈토크는 그보다 4살 연상으로 키는 작은 편이나 아름다운 얼굴에 예술적 기질을 지니고 있었고, 쾨르너의 약혼자인 민나 슈토크는 위트가 아주 풍부한 여인이었다. 쉴러는 이곳에 도착한 후 드레스덴에 있는 쾨르너에게 "정신적인 형제는 지혜의 길에 이르는 관건"(Briefwechsel, 41)이라고 하면서 "아마도 전례가 없이 아름답고 자랑스러운 우정의 건축물"(Briefwechsel, 42)을 만들 것이라고 하였다.

쉴러가 라이프치히에 도착하였을 때 그는 이미 전국적으로 알려진 작가였다. 이곳에 온 지 얼마 후 당시에는 유명한 배우이며 여류 극작가인 마담 알브레히트를 알게 되었다. 그가 이 부인과 함께 희극을 구경하러 갔을 때, 마침 연극 감독이 극장 앞에 서 있는 쉴러를 보고 "누구신지요?" 하고 묻자 그가 "쉴러입니다" 하고 대답하니 극장 감독은 "멀리서 존경하는 위대한 분을 가깝게 뵙다니 영광입니다. 그리고 부인께서는 누구시죠?" 쉴러가 알브레히트 부인이라고 하자, "역시 영광입니다. 고귀한 분을 개인적으로 만나 뵈어" 하면서 오늘 공연뿐만 아니라 라이프치히에서 하는 모든 공연을 무료로 관람하는 티켓을 주었다(NA. 42, 96).

당시 라이프치히에서는 여름에 시골로 피서 가는 것이 유행이었다. 5월 중순이 되자 후버는 두 자매와 함께 쉴러를 근교 시골 마을인 골리스로 인도하여 농가의 작은 다락방을 잡아 주었다. 쉴러는 밤을 지새웠던 만하임에서의 피곤을 잊고 다시 옛 바우어바흐와 같은 시골의 조용함을 마음껏 즐겼다. 그는 근처의 유명한 로젠탈 계곡을 거닐기도 하였다.

5월 말경에 젊은 출판업자인 괴셴이 쾨르너의 권고로 그의 좁은 방을 함께 쓰기로 하였다. 이곳에서 라이프치히로 가는 것이 쉬웠기 때문이다. 게오르크 요아힘 괴셴은 쉴러보다 세 살 아래였으며 쾨르너의 도움으로 (혹은 합작으로) 출판사를 설립하였고, 열심히 일하여 얼마 안 가 독일어권에서 가장 좋은 출판사로 만들었다. 그는 쉴러에게 시인으로서 또한 인간적으로 이끌려 출판사의 전속 작가로 임명하였다. 쉴러가 사망하였을 때 "나는 쉴러와 함께 한 방에서 반년을 지냈다. 그는 나에게 아주 다정한 존경심과 우정을 주었다. 그의 부드러운 사교적 모임에서의 분위기와 정신적 산물〔그의 작품〕을 비교한다면 하나의 수수께끼이다. 〔…〕 그가 〈안톤 라이저〉의 작가이며 친구인 모리츠가 베를린 신문에 악의적으로 그의 작품을 비평한 것을 알면서도, 모리츠가 여기 왔을 때에 존경하는 마음으로 그를 영접하였고 갈 때에도 그를 끌어안으면서 영원한 우의를 보여 주었다"(NA. 42, 101).

그의 방은 비스듬히 테라스가 달린 일층집 다락방이었는데, 다리만 뻗어도 끝이 닿을 만큼 좁은 방이었다. 그러나 쾨르너가 쉴러에게 단순하고 조용한 전원에서 일을 할 수 있도록 배려한 곳으로서, 걱정 없이 글을 쓸 수 있기에는 충분한 곳이었으며, 문만 닫으면 외부와는 절연된 곳이었다. 쉴러가 마음만 먹으면 지인들과 항상 이야기할 수 있는 환경도 마련하였다. 슈토크 자매와 여배우 소피 알브레히트는 방을 예쁘게 꾸며 놓았고, 궁중 고문관 헤처는 근처에 성을 소유하고 있어 정원을 항상 개방하여 산책할 수 있도록 하였다. 일층 살롱의 문을 활짝 열어 놓으면 테라스 위의 아름다운 꽃들이 피어 있는 것을 볼 수 있었으며, 살롱의 벽에는 아름다운 프레스코 그림들이 장식되어 마음을 유쾌하게 하였다. 이 살롱에서 주인은 문학 애호가의 모임을 만들어 문학에 대한 이야기뿐만 아니라, 가벼운 위트, 예술의 문제점 등 누구나 즐겨 이야기하는 분위기를 만들었다. 대화에 싫증이 나면 모두가 정원에 나가 꽃과 나무를 보며 거닐며 즐거운 마음으로 담소하였다.

또 이곳에는 지방 판사 뫼비우스라는 사람이 있었는데 그는 쉴러에게 활짝 핀 사과나무 밑 정자에서 원고를 쓸 수 있도록 배려해 주었다. 쉴러는 방에서 원고를 쓰다가 지루하거나 생각이 막히면 원고와 펜을 들고 나와 이곳을 거닐다가 정자에 앉아서 생각하거나 몇 시간이고 쓰곤 하였다. 활짝 핀 꽃향기가 가득 찬 곳에서 그는 행복한 생각에 마음 놓고 글을 쓸 수 있었다. 저녁에 친구들이 모이면 집 앞에 커다란 보리수나무 밑에 책상을 놓고 포도주를 마시며 이야기하였다. 이런 저녁의 어느 날 쉴러는 자신의 작품을 친구들에게 낭송하였다. 이 시가 세계에 이름을 남긴 시로서 지금 누구나 베토벤의 심포니 제9번 〈합창 교향곡〉으로 듣는 〈환희의 송가〉 초고였다. 소피 알브레히트는 쉴러가 그의 시 〈환희의 송가〉를 낭독하였을 순간을 이렇게 쓰고 있다. "그가 낭독을 마쳤을 때 우리는 모두 눈에 눈물이 글썽거렸고, 감동하여 서로 어깨동무를 하였다." 이 시는 그가 오랫동안 불행한 시절을 보낸 후 쾨르너와 후버 등이 보여 준 호의에 대한 고마움과 골리스에 모인 친구들과의 행복감을 나타낸 것이다. 이 시 형식은 당시 유행하던 프리메이슨단의 노래와 같다. 환희란 세계의 근원이며 궁극적인 목표라는 세계관을 나타낸다. 또한 우정을 상징하기도 한다. 쉴러는 자신의 주위 사람들에게서 무한한 기쁨을 느껴 이것을 시로 표현한 것이다. 목숨을 조여 오는 도피의 연속과 빚쟁이의 성화, 극장장과의 불화, 마음처럼 씌어지지 않는 작품, 자신을 늘 헐뜯는 만하임의 친구들, 여자들과도 인연이 없는 실연 등을 잊고, 라이프치히의 교외 골리스의 전원적인 행복감과 한없는 우정 가운데서 평생 처음으로 삶의 기쁨과, 인간과 인간과의 만남의 기쁨을 느끼며 쓴 시이다. 이 모임에는 화가 라인하르트라는 친구도 참석하고 있었는데 그는 만년에 "그 시절은 우리들의 봄이었다"고 쓰고 있다. 그러나 쉴러는 낭독 후에 다음 해인 1786년 《라인의 탈리아》에 그 시를 한 번 발표하고는 마음에 들지 않아 여러 번 고쳐 쓴 후 나중에야 작품집에 실었다. 쉴러는 이곳에서 〈돈 카를로스〉를 계속 집필하고 있었다.

그곳 하숙집 소년 슈나이더의 회상기에 의하면 "당시 쉴러는 아침 일찍, 이미 3시 혹은 4시에 일어나 들판 멀리 밭으로 가곤 하였다. 거기에 〔12살 소년이었던〕 나도 물병과 유리잔을 갖고 따라가야 했다. 5시 혹은 6시에 집으로 돌아오곤 하였는데 돌아와서는 서점 주인 괴셴과 자기의 이념을 이야기하곤 하였다. 이때 두 사람은 가끔 논쟁을 하기도 하였다. 아침 산책을 할 때에 쉴러는 가벼운 차림이었는데 잠옷을 입기도 하였고 모자를 쓰지도 않았다"(Hoyer, 197). 오전 내내 쉴러는 야외에서 보냈으며 보리수나무 아래서 주인과 이야기하거나 혹은 공원에서 지냈다. 저녁에는 맥주를 마시거나 카드놀이를 하거나 진지한 토론을 하였다.

같은 해 7월 2일에야 비로서 쉴러는 괴셴과 후버, 슈토크 자매들과 함께 쾨르너를 만났다. 그 전에 쉴러가 쾨르너와 잠깐 만난 적은 있었다. 쉴러는 쾨르너의 모친 장례식에서 그를 만났으나 잠깐이어서 서로 오래 이야기할 수는 없었다. 이미 그들은 많은 편지를 통하여 서로 '너'라고 이야기하는 사이었다. 쾨르너는 곧 다가올 자신의 결혼식을 위하여 쉴러를 드레스덴으로 초대하였다. 이후 쉴러와 후버, 괴셴 등은 마치 연애하는 사람들처럼 우정의 성스러운 찬가와 같은 내용이 담긴 편지를 주고받았다. 쾨르너가 떠난 후 서로 포도주를 들면서 눈에 눈물을 글썽이며 자축하였다. 후버는 "나는 포도주가 이렇게 맛있었던 적은 없었을 것이다"고 말하였고 괴셴은 "포도주가 우리 몸을 태우는 것 같다"고 하였다. 이날은 바로 쾨르너의 생일이기도 하였다(Briefwechsel, 45).

쾨르너는 쉴러와 상봉 후 7월 8일자에 다음과 같이 썼다. "자네가 생활을 위하여 일을 한다면 물론 자네의 필요한 생활용품을 확보할 수는 있겠지. 그러나 나는 적어도 일 년간 그런 것에서 자네를 자유롭게 하는 기쁨을 갖고 싶네. 그것은 나에게 전혀 부담되지 않는 것이네." 쉴러는 여기에 답하기를, "자네의 아름답고 고귀한 제안에 단지 감사할 수밖에 없네. 나는 받겠다는 솔직함과 기쁨이라고밖에는 말할 수 없네. 내가 이루고자 하였으나 이루지 못한 것을 자네에 의해 난 할 수 있을 것이네. 만일 내가 꿈꾸었던 것이 이루어진다면 자네보다 더 기뻐할 사람이 누가 있겠나. 그런 목표를 지니고 있는 우정이란 결코 끝나지 않을 것이네"라고 하였다. 그들의 우정은 목숨이 다할 때까지 계속되었다.

크리스티안 고트프리트 쾨르너

쉴러보다 세 살 위인 쾨르너는 라이프치히의 부유한 신학 교수의 아들로 태어났다. 그는 이미 말한 바와 같이 대학 학부의 거의 모든 전공을 두루 섭렵하고 라이프치히대학 철학 강사가 되었다. 그 후 그는 당시의 젊은이들이 흔히 그랬듯이 젊은 작센 공작을 동반하고 유럽의 여러 나라를 여행하고 돌아온 후 법학도로서 드레스덴의 종교국에서 근무하였다. 이 직책은 작센국의 경제, 공업 및 상업분쟁 시보를, 즉 배석 판사를 겸하는 것이었다. 쾨르너는 민나 슈토크를 1778년에 만났으며 1년 후 그는 부모의 강한 반대에도 불구하고 약혼하였다. 부모의 반대 이유는 재산이 없고 신부감의 신분이 낮을 뿐만 아니라 일찍이 부모를 잃은 고아였기 때문이었다. 슈토크 자매의 아버지는 동판 조각가로 괴테가 라이프치히에서 공부할 때 동판 기술을 알려 주었던 사람으로서 일찍 타계하였다. 쾨르너는 아버지로부터 사회적 신분과 빈부의 차이로 결혼을 하지 못하게 하는 사회적 통념에, 내적으로 강하게 반발하였다. 그들은 쉴러의 드라마에서 선입견과 사회적 한계에 대한 반항적 요소와 아버지와 아들 간의 갈등이 들어 있는 〈군도〉, 사회계급 간의 사랑의 갈등을 그린 〈계교와 사랑〉에서 주인공들이 겪는 고통에 공감할 수 있었다. 그들은 독서 클럽 '힐라리오스'라는 모임에서 이미 그의 작품을 읽어 잘 알고 있었다. 쾨르너는 아버지가 생존해 있는 동안에는 결혼할 수 없었다.

쉴러가 1785년 라이프치히에 오기 직전 그의 부친이 사망한 후 곧 모친도 사망하였으므로 쾨르너는 결혼할 수 있었다. 쾨르너의 부모가 많은 유산을 남기고 일찍 죽은 것은 그에게는 불행한 일이었겠지만 쉴러에게는 다행일 수도 있다. 쾨르너는 루터교의 엄한 부모 밑에서 예술을 공부하고 싶었으나 하지 못하였었다. 이제는 부모의 통제에서 벗어나 비교적 자유스러웠기 때문에 자신이 하고 싶었던 것을 할 수 있었던 것이다. 이때에 쉴러를 만나게 되고 민나와 부모가 반대하였던 결혼도 할 수 있었다. 그는 너그럽고 다른 사람과 항상 기쁨을 함께하려 하였고 어려운 처지에 있는 사람들을 도와주는 것을 기쁘게 생각하였다. 그와 쉴러가 나눈 서간문을 보면 그의 내부에는 이미 예술적 재능이 있는 것을 알 수 있다. 쉴러가 작품을 쓰는 과정에서 그에게 한 많은 조언, 특히 미학 논문을 쓸 때 쾨르너의 의견에는 쉴러가 무시하지 못할 탁견이 들어 있었다. 그러나 무엇보다 그의 인물됨은 우정에 관한 것이라고 볼 수 있다. 한번 결정한 그의 우정은 변하지 않고 끝까지 지켰다. 예술가는 그 마음에 밝음과 어둠, 어떤 때는 다른 사람보다 경솔한 결정, 내적인 상승작용과 하향작용 등 많은 높고 낮은 변화가 있다. 쉴러는 예술가 중에서 그런 면이 많지 않은 작가였으나 쾨르너의 측면에서 본다면 쉴러도 역시 예술가였다. 그때마다 쾨르너는 쉴러를 책망하지 않고 이해하여 주고 돌보아 주었다. 쉴러에게 슈트라이허라는 희생적인 친구가 있었던 것처럼 쾨르너라는 친구이며 후원자가 있어 쉴러 개인뿐만 아니라 독일 문학, 나아가 세계 문학에 위대한 작품을 생산할 수 있었던 것도 쾨르너의 도움이 컸다는 것을 알 수 있다.

쾨르너와 민나는 8월 7일 여러 사람들의 축복을 받으며 라이프치히에서 결혼하였다. 쉴러는 상징적인 여러 그림을 그려 놓은 고전풍의 항아리를 선물하였다. 이틀 후 신혼부부는 드레스덴으로 떠났다. 쉴러는 친구들과 함께 드레스덴으로 가는 신혼부부를 환송하려 나갔다가 돌아오는 길에 말에서 떨어져 바른손을 다쳐 오랫동안 글을 쓸 수 없었다. 그래도 그는 쾨르너에게는 편지를 썼다. 쉴러의 승마는 천성적으로 서툴렀던 모양이다. 옛날 카를학교에서도 승마는 서툴렀다. 아니면 쉴러는 말 타는 것이 너무 거칠었는지도 모른다. 어떤 보고에 의하면 그는 너무나 거칠게 말을 몰아 말이 항상 힘들어하였다고 한다.

이곳에 있는 동안 쉴러는 생애에 이런 대접을 받아 본 적이 없었다. 수일 후 쉴러는 드레스덴으로 가서 다시 쾨르너를 만났다. 그는 골리스에 있는 후버에게 이렇게 쓰고 있다. "나는 지금 하늘나라에 있는 것같이 사랑의 품 안에 있네. 나는 포도원의 내 방에서 이 글을 쓰고 있네. 위에선 우리들의 사랑스런 여인들이 일하며 다니는 소리와 가끔 피아노를 두드리는 소리가 들리네. 저녁에 우리는 포도원으로 왔는데 멋진 광경을 보았네. 민나와 도르

쉔이 짐을 풀고 일을 하는 동안 쾨르너와 나는 철학적인 이야기를 했네. 이날 밤 나는 처음으로, 사랑하는 이들과 한 지붕 밑에서 잠을 잤네. 어젯밤 그들은 모두 함께 나를 내 방에 데려다 주었네. 잠에서 깨었을 때 나는 위에서 피아노 소리를 들었네. 그것이 나를 얼마나 기쁘게 하여 주었는지 자네는 믿지 못할 거네. 이 편지를 쓸 수 있도록 그들은 내 방에서 나갔네." 그는 행복감에 젖어 있었다. 이날 얼마나 그들이 도취하여 있었는지를 민나 쾨르너도 다음과 같이 쓰고 있다. "쉴러가 로슈비츠 마을의 우리에게 온 첫날 아침 우리들이 아침을 호두나무 아래서 먹으려고 앉아 있을 때, 그는 우리들과 함께하는 생활이 즐겁다고 건강을 위해 건배하자고 하였다. 유리잔이 맑은 소리를 내며 울렸을 때 그는 너무나 열광적인 분위기 때문에 내 잔에 너무 세게 부딪쳐 내 잔이 산산조각 나 버렸다. 나는 놀랐고 붉은 포도주는 새 식탁보에 엎질러졌다. 쉴러는 '신들을 위하여 건배! 잔을 채우고 원 샷' 하고 외쳤다. 쾨르너와 도리스는 쉴러의 예를 따랐다. 그리고 쉴러는 '이제 헤어지지 말자! 누구도 이젠 혼자가 아니야! 죽어도 함께 죽자!' 하고 소리 지르며 빈 잔을 들어 정원 담 너머 돌로 된 보도에 던져 산산조각을 내었다." 다음 날 아침 민나는 즉시 시내로 가서 은컵 네 잔을 구입하여 그 하나하나에 자신들의 이름의 첫 글자의 이니셜을 넣어 왔다(NA. 42, 102ff.). 독일에서는 예로부터 헌 잔이나 접시를 깨트리면 나쁜 것을 쫓고 행복을 가져온다는 믿음이 있었다.

가을이 왔다. 자연은 풍성한 이미지를 뒤로 남기고, 낙엽이 여기저기 바람에 날리고 사랑하는 친구들과 만나는 것도 점점 드물어졌다. 전원의 아름다움은 그저 아름답기 때문에 아름다운 것이 아니다. 좋은 사람과 함께 있을 때에나 자연은 아름답고, 모든 것이 나를 위하여 빛나고 나를 위하여 존재하는 것 같다. 그들이 떠난 후 모든 것은 공허하고 능선의 아름다움은 지루하게 느껴지고 삶은 수도원을 떠나기로 결심한 수도승처럼 외톨이로 느껴지는 법이다. "골리스에서 이제까지의 나의 존재는 외롭고 슬프고 텅 비어 있네. 자연까지도 아름답지 않네—메마르고 삭막한 가을날은 그대들과의 이별과 함께 나의 이곳 생활을 더욱 힘들게 하네. 도대체 내가 여기서 무엇을 할지 모르겠네"(1785년 9월 6일, Hoyer, 202).

가을날의 이런 외로움에서 자신을 구원해야겠다고 생각해서인지 쉴러는 10월 말에 로슈비츠에서 드레스덴에 있는 쾨르너에게 "나는 자네들에게 가야겠네. 내 일은 안정과 여유와 분위기가 있어야 가능하네. 난 자네들과 함께 있어야 그런 것들을 발견할 수 있네. 쾨르너여, 첫 우편마차로 딱 두 줄만 쓰게. 내가 〔그곳에〕 가도 된다고"라고 편지를 보냈다. 바라던 답장이 오자마자 그는 특별 우편마차로 즉시 드레스덴으로 떠났다. 9월 11일이었다.

이번에는 후버와 함께 쾨르너의 집 근처에 숙소를 잡았다. 쉴러는 다시 활기를 찾았다. 그는 아름다운 이 도시에서 친구들과 많은 저명인사들과 교류하면서 자신을 작가로서 모두가 인정하는 것에 자부심을 갖게 되었다. 다만 아직도 갚지 못한 빚 독촉의 편지를 볼초겐 부인에게서, 또한 아버지에게서 받은 것을 제외한다면.

이때에 쉴러는 〈돈 카를로스〉에만 전념한 것은 아니었다. 쉴러가 드레스덴 체재 기간 중 집필한 작품은 자신이 발행하는 잡지에 실었다. 물론 잡지 《라인의 탈리아》의 출판을 괴셴이 맡아 주기로 하였기 때문에 그는 이 잡지 편집에도 착수하였었다. 그는 단편소설을 하나 쓰기로 마음먹고 소재를 찾다가 자신이 고향에 있을 때에 발생한 악명 높은 범죄사건을 생각해 냈다. 이 사건은 〈군도〉의 모티브이기도 하다. 이 이야기는 그의 선생 아벨이 이야기하여 준 것이었다. 그것은 그의 부친이 공무원으로서 이 사건의 범죄자를 심문하여 다른 사람보다 자세히 알 수 있었기 때문인지도 모른다. 〈파렴치한 범죄자. 어떤 실화〉라는 단편소설이다. 이것을 후에 〈잃어버린 명예로 인한 범죄자〉라고 개칭하였다. 흔히 〈범죄자〉라고 부른다. 《라인의 탈리아》 2, 3권(1786)에는 〈돈 카를로스〉 제2막, 시 〈체념〉, 〈철학서간〉을 실었다.

《라인의 탈리아》의 제4권(1787)에는 〈영을 보는 사람〉을 실었다. 이 소설의 성립에 대해서는 잘 알려져 있지 않다. 어떻든 그의 생에서 외면적으로는 가장 성공을 거둔 작품이다. 쾨르너에게도 이 소설에 대하여 말한 바가 없다. 아마도 그에게 새로운 감동적인 이야기, "인간 정신의 사기와 혼란에 대한 이야기"라고 알린 것이 있었는데 이 소설이 의미하는 것이 아닌가 한다.

쉴러의 소설

쉴러는 원래 드라마가 그의 본영역이어서 그가 소설을 썼다는 것조차 사람들은 잊고 있다. 그도 소설을 여가로 알고 있었고, '계획 없는 계획'으로 쓴다고 하였다. 드라마가 철저한 계획 아래 각각의 인물이나 장면의 배치가 기하학적인 구조를 갖고 있어 드라마에 비한다면 그의 소설이 평면적이라고 볼 수 있지만 고전주의적인 문학 장르를 생각한다면 소설을 그렇게 생각하는 것도 수긍이 간다. 쉴러는 무엇보다 궁핍한 생활을 소설을 써서 면하여 볼까 하는 생각으로 썼다. 과연 그의 소설은 판매고가 높아 요즘 말로 낙양의 지가를 올리기도 하였다.

그가 소설을 진지하게 생각하고 있지 않았듯이 후세 쉴러를 연구하는 문학연구자들도 그의 소설에 거의 관심을 갖지 않았다. 소설 〈파렴치한 범죄자. 어떤 실화〉(1786)는 그가 발행하는 잡지 《라인의 탈리아》에 이름을 밝히지 않고 게재한 소설이다. 그의 스승 아벨 교수가 자기 아버지로부터 들은 것을 쓴 적이 있었다. 이것을 쉴러가 자신의 작품으로 다른 각도에서 쓴 것이다. 아벨 교수의 부친은 당시의 공무원으로서 가장 유능한 심문자로 알려져 있었다. 그는 당시 파렴치한 도둑이며 강도인 도둑 떼의 괴수를 잡았는데 갖은 범죄를 다 행한 범죄인이었다. 아벨은 주인공이 철저히 회개하는 것으로 결말지어, 계몽주의자가 쓴 것이 확실하게 나타나지만 쉴러는 〈군도〉에서와 같이 정신적인 것에 초점을 맞추고 결국은 카를 모어처럼 스스로 재판석에 서게 했다. 쉴러는 주인공의 이름을 크리스티안 볼프라고 하고, 배경을 변경하여 묘사하고 있다. 〈영을 보는 사람〉(1787)은 부제가 '○○ 백작의 문서에서'라고 되어 있다. 쉴러가 쓴 소설 가운데 가장 성공한 작품이다. 그러나 미완성이다. 신교도인 독일 왕자가 베네치아 산마르코에서 산책하던 중 복면을 한 아르메니아 복장의 괴한이 나타나 이상한 예언을 하는 것으로 시작한다. 결국 그는 가톨릭 비밀결사의 계략과 속임수에 의해 파멸한다는 이야기이다. 쉴러가 만들어 낸 이야기라고 하지만 독일에서 신교 군주가 별안간 가톨릭으로 개종하는 가운데 이상한 비리가 있었다는 소문이 많이 돌았다. 그의 조국에서도 신교도이던 카를 알렉산더 군주(오이겐의 아버지)가 가톨릭으로 개종하였을 때에 어떤 속임수에 의한 공작 때문이라는 소문이 돌았다. 이 소설 때문이었는지는 모르지만 교황은 예수회 파에게 그런 공작을 금하도록 하였다. 후에 쉴러는 베를린의 출판업자 웅거에게 "이 소설을 끝내고 싶지 않고 새로운 소설을 쓰고 싶다"고 말하였다.

이런 작업을 하면서 쉴러는 아무 걱정 없이 2년간을 친구와 함께 드레스덴에서 보냈다. 골리스에서는 아침 일찍 일어나 산책을 하였지만 드레스덴에 와서는 다시 밤을 새우는 습관으로 돌아갔다. 그는 식사 후나 저녁에 소파에 앉아서 친구들과 이야기하는 중에 졸기도 하였다. 쉴러는 이 시절에 편지를 많이 쓰지는 않았다. 친구들과 함께 있으니 가끔 바우어바흐에 있는 라인발트에게 "여기서 나는 은자처럼 살고 있네, 그리고 거의 모든 사교를 피하고 있네. 내 친구들로 충분한 것이지"(Hoyer, 217)라고 썼다. 그리고 그 친구들이 며칠간이고 그를 혼자 남겨 두고 여행을 떠나면 그는 시내를 혼자 거닐면서 외로워 하기도 하였다.

만하임에서 그는 참기 어려운 환경에서 생활하였다. 달베르크와 모함하는 배우들, 빚쟁이의 성화, 고향이 가까워서 오가면서 감시하는 사람들, 하다못해 라이프치히의 어떤 상인까지도 그를 감시하고 있었다. 이제 여기 드레스덴에서는 그런 것이 없었다. 쾨르너 가족과 유머 가득한 후버와 함께 웃을 일이 많았다.

이 시절에 스위스 출신의 그라프라는 화가가 그린 쉴러의 초상화가 우리에게 전해지고 있다. "쉴러의 초상화를 그리는 것은 나의 기쁨이었다. 그는 가만히 앉아 있지 않는 사람이었다. 나는 움직이지 않고 가만히 앉아 있는 것만을 좋아하지는 않는다. 그러나 친구 쉴러는 너무 불안정하였다. 그가 가만히 있지 않아, 나는 여러 번 윤곽을 다시 잡아야 했다. 나는 그가 마치 〈돈 카를로스〉를 낭독할 때 하듯이 왼쪽으로 기우는 머리를 손으로 버티고 있도록 해 편안하고 생각에 잠겨 있는 것처럼 자세를 취하게 하고 그렸다."

헨리에테 사건

쉴러는 친구들의 신세만 지고 있는 것이 불편했고 다시 보다 넓은 세상을 향하고 있어 우울에 빠져 있을 때, 이곳을 떠날 작은 사건이 발생하였다. 그것은 카니발 기간의 어느 날 밤이었다. 서양에서 카니발 혹은 독일(남쪽)에서는 파싱Fasching이라고 부르기도 하는 이 축제는 기독교 문화권에서 예수가 십자가에 못 박히기 전 40일간을 광야에서 기도를 한 고난 기간 동안, 일반인들은 좋은 음식을 삼가고 기도하며, 특히 못 박혀 돌아가신 그 주간은 고난 주간이라고 하여 금식하는 것이 관습이었다. 이것을 기념하기 위하여 앞으로 음식과 가무를 즐기는 것을 금하는 대신 그 전에 많이 먹고 마시고, 춤을 추며 즐기는 기간을 카니발 혹은 파싱이라고 한다. 이때 사람들은 더욱 더 즐기기 위하여 가면을 쓰고 누가 누구인지를 구별하지 못하게 하여 보다 자유로운 마음과 감정으로 축제를 즐긴다. 현대에도 이 가면무도회는 많은 젊은 사람들이 즐기는 문화로 계속 남아 있다. 서양에서 계몽주의 전까지는 귀족사회에서 이를 자유로운 성 해방으로 여기기까지 하였다. 현대에는 이 기간 중 성의 자유로운 표현 가운데 하나인 '파싱 아이'(파싱 때 동침하여 낳은, 어떤 때는 아버지를 모르는 아이)라는 말도 생겨났다. 또 어떤 사람은 가면을 사용하는 것을 신분의 귀천을 구별하지 않기 위한 것이라고 주장하는 사람도 있다.

쉴러에게 있었던 이 사건을 쾨르너의 부인 민나 쾨르너는 다음과 같이 회상하고 있다(Hoyer, 223ff.). 쉴러는 가면의 자유로운 관습을 거리낌 없이 이용하였다. 그는 드레스덴에서 가장 아름다운 열아홉 살의 헨리에테 폰 아르님이라는 여인을 알게 되었다(NA. 42, 107에서는 둘째 딸 나탈리라고 하였고, 여배우 소피 알브레히트의 증언에 의하면, 첫째 딸 유리라고 한다). 그녀는 작센 궁의 친척으로서 이미 작고한 장교 부인의 딸이었다. 그녀는 집시 여인으로 분장하여 마스크를 하고 파티에 참석하였는데, 이미 드레스덴에서 〈군도〉의 작가로 유명해진 쉴러에게 점성술로 미래를 알려 주겠다고 하면서 화려한 미래를 예언하였다. 그날 저녁 그는 그녀에게서 떠나질 않았다. 그가 한 모임에서 그녀를 다시 만났을 때 그녀의 불타는 듯한 눈동자와 숱이 많은 검은 머리를 보고, 그녀의 마술에서 벗어날 수가 없어, 이성을 잃을 정도였다. 그는 매일 저녁 그녀의 사교 모임에 참석하였으며, 쉴러 이외에도 이 미녀의 환심을 사기 위하여 아첨하는 사람들이 모여들었다. 그 가운데 발트슈타인이라는 백작과 유대인 은행가 엡슈타이너가 있었다. 그들은 서로 경쟁하며 고가의 선물 공세를 하고 있었다. 쉴러도 고가의 선물을 하느라 새로운 빚이 늘었다. 주위의 친구들이 그의 눈을 뜨게 하려고 하였고, 쾨르너는 바보처럼 사랑에 빠진 친구가 특히 글을 쓰지 않는 것을 걱정하였다. 그는 쉴러를 강제로 한동안 시골로 보내기로 하였다. 특히 약간의 질투심이 생긴 민나가 드레스덴을 떠나 근처 작은 도시 타란트로 보내자고 주장하였다. 민나는 "그는 이제 아무 일도 할 수 없었고 〔…〕 드레스덴에 이제 더 이상 머물 수가 없었다. 로슈비츠 포도원에는 아직 날씨가 사나워 한 달간 타란트로 갈 것을 나의 남편에게 제안하였다. 읽을거리를 요구한 쉴러에게 남편을 통하여, 당시 가장 많이 읽히던 프랑스 소설 〈위험한 연애〉를 내가 권하였다"(Hoyer, 224).

헨리에테의 사건으로 쾨르너와 그의 가족이 타란트로 옮길 것을 권하자 쉴러는 화가 나서 같은 방을 사용하고 있는 후버에게는 알리지도 않고 타란트로 가 버렸다. 후버는 저녁에 잠을 자지 않고 기다렸다. 이틀 후에 그는 부르만이라는 시인을 통하여 칼프 부인에게서 온 편지를 비롯한 우편물과 침구를 보냈다. 눈과 우박이 내리는 이 시골을 방문하는 사람은 아무도 없었다. 유일한 위안은 작품과 편지를 쓰는 것이었다. 칼프 부인의 편지에는 앞으로 몇 달간을 바이마르에 와서 체재할 것 같다는 소식과 거기서 만나자는 내용이 들어 있었다.

그는 그곳에서 맥주를 너무 마셔 위가 손상되었고, 〈젊은 베르테르의 슬픔〉을 다시 한번 읽으라고 보낸 것을 거절하였다. 쉴러 자신도 화가 난 것은 사실이다. "나는 사흘간 앉아 있었네. 문 앞조차 안 갔지. 우박과 눈이 문과 창문을 때렸네. 이 비참한 상태로 드레스덴을 그리워하지 말라고?"(1787년 4월 19일, Hoyer, 224). 어느 정도 서로 불만이 생겼고 결국 친구들에게 돌아왔지만 기분이 썩 좋은 것은 아니었다. 후버는 그에게 용기를 북돋아 주었다.

헨리에테가 시골에 있는 쉴러에게 쓴 편지(Hoyer, 226/228)를 보면 깊은 사랑에 빠졌다는 것을 알 수 있다. 그녀는 4월 28일자 편지에 다음과 같이 썼다. "오늘 아침 일찍 좋은 마음을 유지하려 당신에게 편지를 씁니다. 저는 항상 끊임없이 당신을 생각하고, 당신을 생각하는 것이 저의 유일한 일이고 중요한 것입니다. 다른 모든 것은—그것이 국가의 안녕에 관한 것이라고 하여도—부차적인 것이라고 봅니다. 생각해 보면 지난 석 달 동안 제가 얼마나 변하였는지… 당신이 나의 모든 결정을 무로 돌려 버렸습니다. 저는 다시는 사랑하지 않기로 하였습니다." 긴 문장으로 된 이 연서를 보낸 후 헨리에테의 오빠가 쉴러가 머물고 있는 타란트로 찾아와 함께 어떤 파티에 가서 그녀와 만나기를 청하였으나 쉴러는 거절하였다. 다만 시 한 편을 그녀에게 보냈다. 그 시는 헨리에테와 같이 열정적이지 않고 차분했던 것이다.

헨리에테는 아마도 쉴러가 폰 칼프 부인에게 기울고 있다고 생각하였는지도 모른다. 두 사람의 대화에서 쉴러는 칼프 부인을 화제로 삼은 적이 많았기 때문이다. 쉴러는 헨리에테와의 관계를 조용히 끝맺었다. 쉴러가 서거한 지 약 40년 후인 1842년, 과부가 된 헨리에테 폰 쿤하임 백작 부인은 쉴러의 딸 에밀리에에게 "네, 저는 아직도 당신의 귀하신 아버님의 편지를 성스러운 유산인 동시에, 기념으로 지니고 있습니다. 그는 저의 삶의 풍요로움이었습니다. 그의 초상화를 옛날 드레스덴 방에 걸어 놓고 있었듯이 지금도 항상 제 방에 걸어 놓고 있습니다"라고 말했다.

쉴러도 그녀를 아주 잊은 것 같지는 않다. 그가 바이마르로 가서 샤를로테 폰 칼프 부인을 오랜만에 다시 만났을 때에도 헨리에테 폰 아르님의 사진을 보여 주며 "얼마나 아름답고 칭송할 가치가 있는가를 증명"하였다고 한다 (Hoyer, 235). 쉴러는 이제 다시 마음을 고쳐먹고 〈돈 카를로스〉 인쇄 준비에 들어갔다.

쉴러는 이곳에서 비록 작품을 쓰고 있지만 어찌 보면 무위도식하고 있는 것 같아 차츰 친구들에게 미안한 마음이 들기 시작하면서 드레스덴에 머무는 것이 불편한 마음으로 변하기 시작하였다. 이런 생각과 함께 보다 넓은 세상과 미래에 대한 생각이 일기 시작한다. 다른 사람들에게 이곳 생활의 안락함을 이야기하면서도 문득문득 불안이 엄습하기 시작하는 것은 남의 신세를 지고 있는 사람에게 오는 당연한 현상일지도 모른다.

그는 이곳에 온 후 없었던 불만족과 우울증을 다시 말하기 시작한다. 후버에게 이렇게 말하고 있다. "나는 이제 거의 아무것도 하지 않고 있네. 왜냐고? 말하기 어렵지. 나는 불안하고 만족하지 못하고 있지. 옛날 열정의 맥박은 뛰지 않고 내 상상의 빛이 꺼져 있네. 나는 위기가 필요하네. 왜 내가 자네에게 내 우울증을 말하지? 딴 얘기나 하자고"(Hoyer, 212). 이 편지를 쓰고 보름 후에 그는 이미 다른 곳으로 갈 가능성을 타진하고 있다. 마침 만하임의 슈반이 바이마르로 가는 편에 그곳에 있는 고향의 선배이며 당시의 문학계에서도 가장 성공적인 작가인 빌란트에게 "저의 친구 슈반이 바이마르를 방문하고, 더구나 귀하를 방문한다고 해서, 저는 귀하가 다시 한번 저를 기억하시도록 이 기회를 기쁘게 이용하려 합니다. 그리고 적어도 제가 살아 있다는 소식을 전하고자 합니다. 제가 귀하를 알고 싶은 소망이 아직도 이루어지지 않아 개인적으로 방문할 기회가 실현되기를 희망합니다"(Hoyer, 214)라고 했다. 빌란트에게 처음으로 편지를 한 것은 아니다. 쉴러는 잡지를 만들 계획을 세웠을 때도, 잡지가 나온 후에 그에게 한 부 보낼 때도 편지를 하였다. 그러나 이제 그를 개인적으로 만나겠다고 하면서, "저는 아직도 저의 미래를 확정 짓지 못하고 있습니다"고 하면서 바이마르로 갈 생각을 하고 있었다. 자존심이 강한 그는 한없이 친구 곁에서 지내는 것이 '영혼의 퇴화' 같아서 이제 떠날 것을 결정한 것이다.

8. 세기의 문화도시 바이마르로

다시 떠나다

쉴러는 7월 19일 친구들과 로슈비츠 숲에서 산책을 하고 20일 드레스덴을 떠났다. 떠나기 전 6월 쉴러는 쾨르너에게 작품 〈돈 카를로스〉가 나오자마자 그에게 한 부를 줄 수 있었다. 그는 바이마르로 향하면서 그곳에 오래 머물 것이라고 생각하지는 않았다. 길어야 석 달 정도 머문 후 돌아올 예정이었다. 원래 함부르크로 갈 예정이었다. 드레스덴을 떠나면서 두 가지를 목표로 삼았다. 하나는 자신의 내면적인 실력을 쌓으려는 것이다. 그는 대학의 학부를 거의 섭렵한 쾨르너의 폭 넓은 지식에 감탄하였었다. 자신과 비교해 보면 자신은 너무나 아는 것이 없다고 생각하였다. 다른 하나는 재정적인 문제였다. 그는 당대의 대단한 연출가로 알려진 슈뢰더가 함부르크 극장을 위임받고 일련의 셰익스피어 작품들을 공연할 계획을 세우고 쉴러에게 함께 일할 것을 권하며 초청하였다. 슈뢰더는 잡지 《라인의 탈리아》에 실린 〈돈 카를로스〉를 읽고 혹평하였지만 쉴러에게서 극작가로서의 성공 가능성을 일찍이 간파하고 그를 초청한 적이 있었다. 쉴러는 그곳으로 가서 그를 돕고 함께 작업을 하기로 하고 함부르크로 가기로 결심하였던 것이다. 그는 달베르크와의 쓴 경험에 따라 자신의 자유를 그 극장에 팔아야겠다는 생각은 하지 않았다. 슈뢰더가 〈돈 카를로스〉를 함부르크에서 공연하겠다고 약속한 것도 방문 이유 중 하나였다. 그리고 그는 쉴러가 함부르크에 도착하기 전에 1787년 8월 29일, 작가는 근거 없는 떠돌이 생활 중이었지만 관중의 열광 속에서 〈돈 카를로스〉를 무대에 올렸다.

〈돈 카를로스〉(1787)

원제는 '스페인 왕자, 돈 카를로스. 극시'라고 한다. 처녀작 〈군도〉만큼 공연 시 열광적인 반응은 없었으나 모든 지식인과 젊은이들이 주요 대사를 외울 정도로 열렬한 환영을 받은 작품으로 소재는 스페인 역사에서 온 것이다. 스페인 왕 카를로스 1세(신성로마제국 황제로서는 카를 5세)는 1556년 퇴위하기 전 프랑스와 평화조약을 맺으며 자신의 손자인 왕자 카를로스를 프랑스의 앙리 2세의 딸 엘리자베트와의 약혼을 성사시켰다. 그러나 카를로스 1세의 아들이며 카를로스 왕자의 아버지인 필립 2세(펠리페 2세)는 왕위에 올라 부인이 사망하자 아들 카를로스의 약혼녀인 엘리자베트를 강제로 자기의 아내로 맞았다. 졸지에 연인이던 사람이 의붓어머니가 된 것이다. 두 연인은 서로 모자가 되었으나 연정을 끊을 수가 없었다. 궁궐을 둘러싼 야심가와의 권력 투쟁은 이 두 연인을 파멸시키는 결과를 낳았다. 필립 왕은 아들 카를로스를 종교재판으로 죽이고, 자신의 아내 왕비는 몇 년 후 독살하였다. 그러나 쉴러는 이 소재를 자기 것으로 만들어 새로운 인물로 창조하였다.

연인을 빼앗긴 카를로스 왕자가 우울한 날들을 보내고 있는 동안 왕은 왕비와 왕자의 사이를 의심하여 고해 신부를 보내 그의 마음을 알아내려고 한다. 이때 외국에서 돌아온 그의 친구인 포자 후작이 등장하여 장차 나라를 이끌 왕자가 왕비에 대한 사랑을 잊지 못하고 우울한 생활을 하고 있는 것을 알고 그를 옳은 길로 이끌겠다고 결심을 한다. 포자는 모든 것을 자기와 상의해 줄 것을 왕자에게 부탁하고 대신 왕비에게 왕자의 마음을 전달해 줄 것을 약속한다.

스페인의 식민지인 네덜란드에 파견할 장군(총독) 문제로 왕자와 알바 공작이 다투면서 알바 공작은 자유 사상을 지닌 왕자를 파멸시키려고 왕에게 왕비와 왕자와의 관계를 참소하고, 왕자를 짝사랑하던 에볼리 공주는 조작한 증거로 두 사람의 사랑을 왕에게 폭로한다. 마음이 심란해진 왕은 참신한 신하를 찾던 중 명단에서 전혀 들어보지 못한, 포자라는 이름을 발견하고 신하에게 물으니 그는 전쟁에서 혁혁한 공을 세운 자라고 한다. 왕은 그를 불러오도록 한다. 왕과 포자가 만나는 이 장면이 가장 유명한 장면이다. 여기서 왕이 스페인이 평화롭다고 자랑하자, 포자는 "공동묘지의 자유일 뿐"이라고 하여 왕을 놀라게 한다. 그에게 어떤 직위든 원하는 것이 없느냐고 하자, 유명한 대사인 "저는 어떤 군주도 섬기지 않겠습니다. 다만 왕의 의지를 실행하는 괴뢰에 불과합니다. 오히려 국민의 참다운 행복은 오직 사상의 자유에만 있습니다. 〔시민에게〕 사상의 자유를 주십시오. 이 세기에는 나의 이념이 성숙하지 않았습니다. 저는 앞으로 올 시민을 위하여 살겠습니다" 하고 말한다. 왕은 놀라고 아마도 신교도일 것이라고 하며, 참신한 그를 신임한다. 이에 그는 왕자가 이상하니, 만일 왕자를 체포할 일이 있으면 그 체포권을 자신에게 달라고 한다. 다른 사람들이 그를 해하고자 할 때 그가 왕자를 먼저 보호하려는 것이다.

포자는 왕자에게 위험이 다가오는 것을 알고, 자신이 왕비를 사랑하고 있으나 왕자에게 뒤집어 씌웠다고 거짓 편지를 쓴다. 왕자가 감금된 방으로 가 왕비의 편지를 보이고 자신이 거짓 편지를 썼다고 하면서, 당신은 빨리 네덜란드로 가서 내 사명을 대신하여 달라고 하는 중 포자는 죽는다. 왕자가 체포되었다는 소문을 들은 백성들이 성 밖을 에워싸고 그를 석방하라고 한다. 충신으로 알았던 포자가 자신을 배신하고 왕자를 위한 것을 안 왕은 노한다.

궁중 내의 암투와 모함, 복잡한 사랑의 삼각 혹은 오각 관계는 돈 카를로스에게 불리할 뿐만 아니라 왕자의 마음을 바로 잡아 주기 위하여 포자가 마련한 왕비와의 만남에서 왕비가 왕자를 설득하자 왕자는 "나는 억압받는 국민을 압제자의 손에서 구출하기 위하여 〔네덜란드로〕 달려가겠습니다" 하고 말하였지만 그가 죽음으로써 자유 사상의 꿈은 수포로 돌아간다.

쉴러가 처음 만하임과 바우어바흐에서 이 사건을 드라마로 집필하려고 계획하였을 때는 하나의 가정 비극으로 구상하였다. 구상 기간이 길어지고 드레스덴에서 여러 친구들과 교분을 나누면서 여러 번 고쳐 쓰는 동안 이 소재는 점점 정치적 자유를 구가하는 드라마로 성숙하게 되었다. 엘리자베트 왕비는 단순이 왕자 카를로스를 연인으로 생각하는 연애의 상대가 아니라 카를로스로 하여금 남자다운 의무와 자유를 사랑하는 군주로 성장하도록 권면하는 이상적 연인으로 되었고, 포자는 단순이 동문수학하던 친구가 아니라 사상의 자유를 온 유럽에 전파하려는 시대적 대변자가 되었다. 이 드라마는 당시의 이상주의적 정치극으로서 젊은이들을 매료시켰다. 특히 포자는 "새로운 국가의 멋진 꿈의 형상"으로 "성스런 우정의 탄생"(〈돈 카를로스〉, 4막 21장)이라고 생각하였다.

쉴러는 바이마르에서 오랫동안 체류할 생각은 없었다. 빌란트, 헤르더, 괴테 등 '바이마르의 세 거인'이라고 불리던 작가를 만나고, 기회가 있으면 2년 전에 그가 〈돈 카를로스〉를 낭독하여 궁정고문관이라는 칭호를 준 카를 아우구스트 공(1757-1828)을 한번 만나려는 것뿐이었다. 그러나 그가 이곳에 영구히 머무르며 괴테와 함께 협동하여 문학적 생산 활동을 함으로써 독일 문학뿐만 아니라 세계 문학 발전에 크게 기여하게 될 줄은 자신도 어느 누구도 몰랐다.

바이마르

바이마르는 튀링겐 주의 가장 오래된 주거지였다. 당시 주민의 수는 6,300명이었고(1785년 기준 영지의 총 인구는 106,400명) 거의가 농민이었으며, 약 13퍼센트는 수공업자 혹은 일용노동자, 귀족은 1퍼센트였다. 도로의 취약으로 상업은 발달하지 못하였다. 우체국도 없었으며 상점다운 상점은 2곳뿐이었다. 직물 공장이 하나 있었으며, 나중에 괴테의 부인이 된 크리스티아네 불피우스가 다니던 제지, 물감, 조화를 만드는 공장이 하나 있었다(Alt I, 531f.). 당시의 귀족이나 지식인들이 즐겨 마시던 커피나 차도 예나나 혹은 에어푸르트에서 구입해야 했다(Alt I, 534). 문화적으로는(이하 Barthe 참조) 이미 바로크 시대의 유명한 언어정화 학회인 '결실회'(1617년)의 사무실이 이곳에 있었다. 도시 자체는 문화적으로 큰 특징을 지닌 것은 아니었다.

바이마르를 유럽 문화의 중심지로 만든 사람은 카를 아우구스트 공의 어머니인 안나 아말리아 대공 부인(1729-1807)이었다. 카를 아우구스트 공의 아버지와 브라운슈바이크 공의 딸인 안나 아말리아는, 결혼한 지 2년 후 공이 사망하자(1758년), 어린 아들이 아직 정치를 할 수 없어 섭정을 하게 되었다(섭정 기간은 무려 1758-75년까지 17년간이다). 이때 그녀의 나이 19세였다. 우리는 흔히 카를 아우구스트가 바이마르 문화를 일으킨 장본인이라고 생각하고 있으나 사실은 그의 어머니인 안나 아말리아이다. 우선 그녀는 '마을' 같은 이 도시를 유럽의 문화도시로 만들었다. 1772년 에어푸르트의 카를 테오도어 달베르크(1744-1817, 만하임 극장 감독 달베르크의 형) 주교의 추천으로 어린 아들 카를 아우구스트(당시 15세)의 사부로 당시의 가장 유명한 작가인 빌란트를 초빙하였다. 빌란트(1733-1813)는 카를 아우구스트 공이 1775년 어머니로부터 정권을 인수받을 때까지 사부로 있다가 물러난 후 연금을 받으면서 저술활동을 하였다. 그는 셰익스피어 드라마 22편을 번역하여 독일 드라마에 큰 영향을 끼쳤다(Barthe, 14). 많은 사람들의 반대에도 불구하고 괴테를 이곳으로 초대한 것도 그녀이다. 현재 '안나 아말리아 도서관'이라고 불리는, 2004년도에 화재를 당한 도서관은 당시에 '궁정도서관'으로서 독일에서 세 번째로 큰 규모였다. 쉴러도 이곳에서 책을 자주 빌렸고, 오랫동안 돌려주지 않은 기록이 있다(Alt I, 534).

독일 전역이 7년전쟁(오스트리아–프로이센 전쟁)으로 폐허가 되자 극장을 폐관하였다가 10년 후인 1767년 다시 개관하면서 처음에 연극은 누구에게나 무료였다. 동양에서와 마찬가지로 서양에서도 옛날에는 화재가 잦았다. 바이마르 극장도 화재를 겪은 후, 궁정 주위의 사람들이 연극동호회를 만들어 공연하였는데 이것은 독일의 여러 다른 지방에서도 흔히 있는 일이였다. 이들은 거의 연습도 하지 못하고 의상도 스스로 준비하였으며 궁정 옆에 있는 일반집의 넓은 공간을 이용하였다. 무대는 궁정 목수가 만들었고 괴테가 온 후에는 귀족들이 함께 연극에 출연하였다. 괴테 자신도, 카를 아우구스트 공으로 공연한 적이 있을 정도로 연극에 몰두하였다. 1784년에 정식 극단을 초대하기 시작하고 괴테가 교육받지 못한 배우들의 발성법에서부터 몸짓 하나하나까지 시정하여 나중에는 이것이 독일 극계 전체로 전파되었다.

현재의 바이마르 국립극장 자리에 아우구스트 공은 무도회장으로 쓸 수 있는 공간을 마련하였다. 무도회는 당시 유행하는 축제의 하나였으며 가면을 쓰고 등장하며 저녁 7시에 입장하고 궁정 사람들은 1시간 후에 등장한다. 다만 시종들만이 가면을 쓰지 않는다. 어떤 책에는 이 가면을 귀족과 서민의 격의 없는 만남을 위한 것이라고 주장하기도 하지만 오히려 귀족 간의 신분의 차이를 없애고 무명의 사람으로 만나는 것이 주목적이 아닐까 한다. 혹은 더 후세에는 남녀간의 자유로운 만남을 위해 더 많은 역할을 하였을 것이다. 1790년에 '궁정극장'(좌석 500석)이란 명칭으로 바뀌고 괴테가 궁정극장장이 되었으며 이때부터 입장료를 받기 시작하였다. 가장 비싼 자리는 12그로센, 저렴한 자리는 2그로센을 받았다. 연기자의 대우는 주당 5-8탈러〔1800년 당시 바이마르 숙박료가 주당 1탈러(=48그로센)〕였다. 괴테는 극장장을 맡아 좋은 연극뿐만 아니라 오페라 104편, 음악극 31편을 올렸다(Barthe,

113). 그는 공의 애첩인 여배우와 공연에 관한 의견차로 그만두게 되었다. 카롤리네 예게만이란 여자는 1797년 20세의 나이로 바이마르 앙상블에 왔는데 1802년 카를 아우구스트의 애첩이 되었다. 그녀는 만하임에서 배우 교육을 받았고, 배우이며 모차르트 오페라 소프라노로 유명하였다. 처음에는 본부인 때문에 조심하였으나 결국 두 번째 소실이 되었고 공의 세 아이를 낳았다. 아우구스트 공은 그녀에게 귀족의 칭호를 주었으나 쉴러는 그녀를 무시하였다. 괴테는 자신에게도 서민 출신의 부인 크리스티아네가 있었으므로 그녀를 무시하지는 않았다. 극장이 그녀의 덕을 본 것도 사실이다. 공은 극장을 더욱 후원하였다. 그러나 극장에 대한 영향력을 행사하는 데서 마찰이 생겼다. 쉴러의 사후 1817년 〈아우브리의 개〉라는 작품에서 개를 무대에 올라오게 하는 것을 반대한 괴테의 의견에도 불구하고 예게만이 강행하자 그는 감독직을 사퇴하였다. 이후 바이마르 연극은 쇠퇴하였다 (Barthe, 117).

안나 아말리아의 정신을 이어받은 카를 아우구스트 공은 독일의 다른 영주와 비교한다면 보다 자유주의자였다. 그러므로 독일의 어느 공국보다 자유가 숨 쉬는 곳이었다. 후에 말하겠지만 이 주에 속한 예나대학도 독일에서 가장 자유로운 대학이었다. 그는 널리 인재를 받아들였고 그들의 사상에 가능한 한 '검열'을 하지 않았다. 이것이 바이마르를 당시의 가장 훌륭한 문화도시로 만든 이유 중 하나가 되었다. 물론 그에게도 시대적 한계가 있었다. 쉴러에게 결코 극장을 맡기지는 않았다. 영주를 은유적으로 혹독하게 비판한 〈군도〉의 작가를 항상 경계하였던 것이다. 이런 시대적, 지정학적인 배경에서 쉴러는 바이마르에 도착한 것이다.

바이마르에서의 생활

쉴러가 바이마르에서 어떻게 지냈다는 것은 도착하자마자 쾨르너에게 보낸 편지에서 잘 알 수 있다. 그에게 보낸 편지는, 어떤 때는 (만하임에서) 탈출하기 위하여, 어떤 때는 외로운 때이거나 작품의 진행 과정을 알리기 위한 것이기도 하였으나, 바이마르로 온 이후에 쾨르너에게 보낸 편지를 보면 정말 진실한 인간으로서의 쉴러의 면면을 볼 수 있을 뿐만 아니라 편지는 자신의 하루하루의 이곳 생활을 정확하게 기록하는 역할까지 하였다. 또 죽는 날까지 수많은 편지를 보내어 친구로서 얼마나 충실하였는가를 보여 준다. 아마 이 세상에서 그렇게 좋은 우정을 나누었다는 것은 세계문학사상 드물 것 같다.

그는 바이마르로 가는 도중 카를 아우구스트 공이 포츠담으로 떠났다는 것을 알았다. 바이마르에 도착한 다음 날 하루는 종일 샤를로테 폰 칼프 부인과 함께 보냈다. 그녀는 이미 쉴러가 오기를 고대하며 기다리고 있었다. 전기 작가들은 두 사람의 사이가 옛날로 돌아간 것으로 추측한다. 그 다음 날 그는 항상 만나기를 원하였던 빌란트를 만났다. 빌란트는 책이 산더미처럼 쌓여 있는 작은 방에 볼테르의 흉상을 책상에 놓고 있었다. 쉴러는 이틀 후 이런 편지를 쓴다. "샤를로테〔폰 칼프 부인〕를 만났다"고 쓴 후 "난 빌란트를 방문하였네. 우리가 처음으로 만났음에도 이전에 알고 있었던 것 같았네. '우리 무엇인가 시간을 갖고 천천히 시작합시다'라고 그는 말했네. 첫 번째 만남에서 그는 우리의 미래의 관계를 예견하였고, 또 나를 기쁘게 한 것은 그것이 잠깐 인사로 그치는 것이 아니라 우리의 관계가 오래 지속되고 성숙하여야 한다는 그의 말이었네"(Briewechsel, 50ff.). 빌란트는 이미 말한 바와 같이 쉴러보다 26살이나 많은 동향 선배로서 당대 최고의 인기를 누리고 있는 작가이며 고대문학에 탁월한 지식을 지닌 인물이었다. 그는 쉴러의 작품을 높게 평가하였지만 그로 인해 바이마르에 머물게 된 것은 아니었다.

이곳에서 쉴러에게 여러 가지로 도움을 준 사람은 만하임에서부터 많은 것을 돌보아 준 그의 여자 친구 폰 칼프 부인이다. 쉴러는 이 부인을 만하임에서 그녀의 산후 위급한 때에 구해 준 적이 있었고, 이 부인은 만하임에서 카를 아우구스트 공 앞에서 〈돈 카를로스〉를 낭독하게 하여 쉴러가 궁정고문관의 칭호를 받게 만든 여인으로 바이마르 귀족 사교계의 사람들을 폭넓게 알고 있었다. 그러나 유감스럽게도 이때에 카를 아우구스트 공은 네덜란드〔어떤 자료(Koopmann, Schiller I, 26)에는 포츠담에 있었다고도 한다〕 여행 중이었고, 만나기를 고대하던 괴테는 이미 오래전에 이탈리아로 여행을 떠난 상태여서 언제 돌아올지 모른다는 것이다.

다음으로 그는 칼프 부인을 통해 헤르더(1744-1806)를 만났다. 그는 목사이기는 하지만 문학사상 말을 아주 잘하는 사람으로 유명하다. 헤르더는 일찍이 프랑스 문학을 규범으로 삼고 있는 독일문학계에, 프랑스 문학보다 셰익스피어가 더 가깝다고 소개하고 고전주의 형식에 얽매인 젊은 독일 작가 지망생들에게 아리스토텔레스의 삼통일의 속박에서 벗어나게 하여 자유를 준 인물이다. 그는 또한 민중들의 입에 오르내리는 민요를 가장 훌륭한 시라고 생각하고, 민요는 자연시로서 창작시보다 더 위대하다고 역설하여 많은 사람들이 민요 수집에 열중하였다. 당시 지식인과 귀족들이 민중에게 아무런 관심을 갖지 않은 때에 민중을 지식인의 의식 속에 떠오르도록 한 것은 혁명적인 일이었다.

1770년 9월 초 여행 중이던 헤르더가 슈트라스부르크에서 급성 안질에 걸려 대학병원에 입원하였었다. 이미 헤르더의 명성을 듣고 있던 괴테는 마침 슈트라스부르크대학 재학 중이었다. 괴테는 다른 친구들과 헤르더를 병문안하기로 하고 그를 찾았다. 이때는 괴테가 아직 〈젊은 베르테르의 슬픔〉을 쓰기 전이다. 헤르더는 일단의 젊은이들을 보고 셰익스피어의 문학적 우수성과 함께 민중의 입에 오르내리는 민요의 중요성을 역설하였다. 민요야 말로 시인들의 창작시보다 더 가치가 있다고 역설한 것이다. 이후 이 젊은이들은 민요 수집에 나섰다. 이것을 계기로 괴테가 발굴한 것이 우리가 알고 있는 〈들장미〉이다. 헤르더는 독일 젊은이들에게 셰익스피어를 알리어 질풍노도 문학을 일으킨 사람이 되었다.

괴테는 1776년 교회 측의 반대에도 불구하고 헤르더를 바이마르에 초대하였다. 곧 헤르더는 바이마르 종교의 최고 감독관이며 궁정 목사로 재직하였다. 쉴러는 그에게서 빌란트보다 더 큰 감동을 받았다. "그의 언변은 영적으로 가득 찼고, 힘이 넘쳐흘렀으며 뜨거웠네. 그러나 그의 감성은 사랑과 미움을 함께 지니고 있었네"라고 말한 것으로 보아 헤르더가 바이마르에서 불편한 심정을 갖고 있었다는 것도 알 수 있다. 헤르더가 휴머니스트였기 때문인지는 모르나 쉴러는 그에게 자신이 고향에서 경험한 카를 오이겐 공의 폭정을 이야기하였고, 헤르더는 "폭군을 극단적으로 미워한다"고 하였다. 그리고 자신의 작품은 아직 읽지 않은 듯하다고 쓰고 있다(Briefwechsel, 53f.). 쉴러는 한 달 뒤 헤르더의 설교를 듣고 그의 설교는 담론이었으며 민중적이어서 연설이라기보다는 이성적 대화였고 시민생활을 실천 철학에 응용하려는 것 같다고 하였다. 그것은 기독교 교회에서 기대하는 설교가 아니라 회교 성전에서 듣는 가르침 같다고 하였다(Briefwechsel, 58).

쉴러는 그로부터 사흘 후 칼프 부인의 주선으로 빌란트와 함께 공의 모후인 안나 아말리아의 초대를 받았다. "나는 어제 즐거운 하루를 보냈네." 쾨르너에게 보낸 편지에서 그는 방문과정을 자세히 적고 있다. 빌란트와 함께 가는 동안(그녀는 바이마르에서 조금 떨어진 티어푸르트라는 곳에 관저를 두고 있었다) 함께 담소를 나눌 기회를 갖게 된 것을 기뻐하였다. 빌란트는 쉴러에게 궁정의 예의범절을 잠깐 설명하였다. 궁정생활을 해 본 적이 없는 젊은 작가에게, 선배로서 노파심으로 이야기한 것이다. 쉴러는 편지에 자신의 작품에 대한 빌란트의 평을 실었다. "강력한 표현과 크고 넓은 구성, 생생한 색채는 있으나, 부정확성, 단백성, 취향성, 섬세한 감각, 미세함이 작품에 결여되어 있다고 하였네. 그〔빌란트〕에게 〔내가 줄〕 〈돈 카를로스〉로 이런 결함을 극복하였는지 증명이 될 것인지 기다려 보겠네. 나는 저녁에 돌아오는 대로 한 권 보내기로 하였네."

그리고 같은 편지에 안나 아말리아에 대한 인상을 썼다. "그녀의 인상은 내 마음에 들지 않았네. 그녀의 마음은 편협하고 고루하네. 감각적인 것 이외에는 아무런 흥미가 없네. 그녀의 취미는 음악과 미술뿐이었네"(Briefwechsel, 55f.). 아말리아는 이때 한창 음악과 미술에 관심이 있었던 때여서 쉴러에게 음악과 미술에 대한 이야기를 많이 하였다. 문학만을 최고로 생각하고 있는 젊은 쉴러에게는 불만이었던 것이다. 아무리 작은 공국의 대비라고 하지만 안나 아말리아는 인간과 사물에 대한 깊은 통찰력을 지닌 여걸이었고, 쉴러는 이제 막 성숙하기 시작한, 안으로나 밖으로나 안정되지 않은, 그러나 마음속에는 저항의 폭풍을 품은 젊은이였다. 또 괴테가 처음 이곳에 올 때처럼 쉴러에게는 재력도 없었고 용기도 없었다. 아말리아는 이야기를 나누다 정원으로 나가 이야기를 계속하였다. 정원에서 폰 칼프 부인은 쉴러에게 바이마르에 있는 동안 그의 생활방식을 어디서나 있는 그대로 감행하라고 하였다. 아마도 칼프 부인은 쉴러가 어느 정도 용기를 지녀야 한다고 생각한 것 같다. 혹은 요즘 말로 기가 죽은 것 같았기 때문인지도 모른다. 그러나 아말리아 대비의 시종 폰 괴히하우전(이 여자도 귀족이다)은 정원에서 장미 한 송이를 꺾어 쉴러에게 주었다.

쉴러는 젊은 아우구스트 공작비에게 오히려 좋은 인상을 남겼다. 그러나 이 자리에서 알게 된 것은 공이 9월에나 돌아온다는 것이었다. 그리고 샤를로테와 쉴러와의 관계가 이미 바이마르에서 '아주 큰 소리를 내고 있다는 것'을 모후가 이미 빌란트에게 알렸다는 것이다. 돌아오는 길에 빌란트는 쉴러에게 "당신이 오늘 대비를 정복하였다"고 말한 것으로 보아 아말리아는 쉴러에게서 좋은 인상을 받았다고 볼 수 있다. 이어 8월 28일 크네벨의 생일파티에 칼프 부인과 함께 초대를 받고 부재중인 괴테의 정원에서 슈타인 부인, 유명한 여배우인 슈뢰더 부인 등 괴테의 지인들과 인사를 나누었다.

바이마르에서 여러 사람을 만나고 또 고향 선배인 빌란트도 만났으나 그를 좋게 환영한 것은 아니었다. 후에 처형인 카롤리네에 의하면 이 도시는 활기에 넘치지는 않았으며 쉴러를 환영한다기보다는 비판적이었고 라인 지방의 자유주의적인 것과 그의 고향인 슈바벤 지방의 따뜻함은 거의 없었다고 한다.

쉴러는 이곳에서 자기의 할 일을 알고 있었다. 그는 군사학교에서 우등상을 받으면서 이곳 군주의 옷깃에 키스를 한 이름 없는 생도였다. 그때에 괴테도 그곳에 동석하였다. 이곳에서 괴테는 문학에서뿐만 아니라 모든 면에서 사람들에게 뛰어난 재주를 보여 주고 있었고 사랑받고 있었다. 그는 쾨르너에게 여러 사람들로부터 괴테에 관한 말을 들었다고 쓰고 있다. "괴테는 아주 많은 사람들로부터(헤르더를 제외하고) 존경을 받고 있네. 작가로서가 아니라 인간으로서 사랑받는 놀라움의 대상이네. 헤르더는 그가 투명한 보편적 오성을 지니고 있다고 하네, 가장 진실하고 가장 내적인 감정과 마음의 순결성을 갖고 있다고 하였네. 〔…〕 그 사람됨 자체가 완전한 것이네. 지식에서도 아무도 그를 따를 사람이 없다고 하네. 그는 모든 사물에서 밝고 명확한 것, 정치에서 세밀한 것을 좋아한다네"(Briefwechsel, 59)라고 쓰고 있다. 물론 다른 사람으로부터 들어 쉴러가 남긴 이런 칭송의 말은 그를 직접 만난 후에 달라졌다.

예나 방문과 칸트 공부

1787년 8월 말, 쉴러는 샤를로테 폰 칼프 부인과 예나를 처음으로 방문하였다. 그는 예나에서 바이마르보다 더 친근감을 느꼈다. 그것은 귀족과 관료들만이 살고 있는 바이마르의 어떤 딱딱한 분위기와는 달리 예나는 대학도시로서 활발한 자유를 느낄 수 있었기 때문이었다. 긴 거리와 높은 집들로 인해 예나가 바이마르에 비해 더 도시답다고 생각되었고, 젊은 학생들의 자유로운 발걸음은 그를 더욱 자유롭게 만들었다. 당시 예나는 독일에서는 가장 많은 자유를 향유하는 곳이었다. 따라서 예나대학은 독일 대학 중 가장 자유롭게 학문을 논의할 수 있는 곳이었다. 그는 이곳에서 칼프 부인의 소개로 빌란트의 사위인 라인홀트 교수의 집에서 묵었다(Ueding, 7). 쉴러가 예나에 관심을 갖은 것은 만하임에서부터이다. 그의 작품을 읽은 젊은 덴마크의 작가 바게센(1764-1826, 이 사람이 후에 덴마크의 왕자에게 쉴러에게 장학금을 줄 것을 강력히 권하였다)은 예나에 유학 중이었다. 이미 라인홀트와 함께 편지를 통하여 쉴러에게 예나로 올 것을 권하였다(NA. 42, 129f.). 그러나 쉴러가 이곳에 도착하였을 때에 바게센은 유감스럽게도 귀국하고 없었다.

라인홀트의 집에서 일주일간 묵은 것은 쉴러에게 큰 변화를 일으킨 계기가 된다. 카를 레온하르트 라인홀트(1757-1823)는 원래 가톨릭 예수회 교단 수사로 있다가 환속한 사람으로 칸트(1724-1804)를 "새로운 메시아"(Alt I, 560)라고 생각하는 사람이었다. 그는 쉴러에게 칸트를 읽을 것을 강력히 권하였다. 칸트가 발행하는 월간 《베를린》지에서 역사철학에 관한 논문을 읽을 것을 권하였다(Alt I, 560). 쉴러는 쾨르너에게 보낸 편지에서 "그〔라인홀트〕는 내가 지니지 못한, 그러나 좋다고만 할 수 없는 차갑게 〔사물을〕 보는 깊은 오성을 지니고 있다"고 하면서 "그러나 상상력이 부족하고 빈약하다"(Briefwechsel, 59ff.)고 했다. 쾨르너가 자신에게 아주 잘 대해 주었음에도 그를 가까이 하고 싶은 친구로는 여기지는 않았다. 1789년 쉴러가 예나로 거처를 옮기고 난 후 두 사람은 개인적으로 더 자주 만나게 되어 많은 영향을 끼치게 된다. 라인홀트가 예나대학의 교수로 초빙되었을 때 짧은 기간 동안에 학생들 사이에 저명한, 또한 요즘 학생들의 표현을 빌리자면 인기 있는 교수가 되었다. 그의 강의에는 400명에서 600명에 이르는 많은 학생들이 참가하였다(당시 학생 재적수는 약 800명이었다). 1794년 그가 키일대학으로 가기 전 마지막 강의를 하고 예나를 떠날 때 많은 학생들이 횃불을 들고 성문 밖까지 배웅하는 일까지 있었다(Alt II, 561). 라인홀트가 당시 보다 자유로운 사상을 논의하고 학생들에게 주목을 받은 것은 그의 사상을 지배하는 '계몽회'(프리메이슨의 한 파)라는, 유럽 전역에 퍼진 비밀결사와 같은 조직의 회원이었기 때문이기도 하다.

프리메이슨

계몽회를 말하기 전에 우선 이와 유사한 유럽의 '프리메이슨 연합'이라는 것에 대한 언급해야할 것이다. 메이슨이란 뜻은 원래 이탈리아어의 '벽돌'이라는 말에서 유래하였다고 한다. 즉 벽돌을 쌓는 '석공', '미장이'란 뜻으로 중세 이래 성당이나 대궁정을 짓는 사람들을 의미한다. 단순한 석공만을 의미하는 것이 아니라 건축가라고 해야 옳을지도 모른다. 이들은 세 계급으로 나뉘어져 고딕식 성당을 건축하는, 어느 곳에서나 합숙을 하며 자신들끼리 단결하여 동지적 형제애로 뭉쳐 있는 비밀결사 같은 단체였다. 그들은 처음에는 그들만의 계급과 기술 보존을 위해 철저히 비밀을 지켰는데, 비밀 보장을 위해 그들의 모이는 곳을 외부인에게 절대로 공개하지 않았다. 그러므로 이 단체에 입문하려는 사람에게는 “자신이 보거나 들은 것에 대하여 비밀을 지킨다”는 서약을 하는 것이었다. 더구나 일반인인 경우, 중세에는 거주 이전의 자유가 없었음에도 관계 당국이 작업상 거주 이전의 자유를 허락하여 이들만은 유럽 전역을 마음대로 이동할 수 있었다. 이들은 함께 이동하고, 작업장 근처에는 오늘날의 공사장도 그렇듯이 숙소를 따로 만들어 놓고 함께 합숙하고, 외부인의 출입을 철저히 금하여, 비밀이 외부로 노출되지 않게 하였다. 이 점을 이용하여 후기에는 차츰 비밀결사의 형태로 변하였고 차차 정치적인 자유 운동, 반체제 운동도 가능하게 되었다.

1717년에 영국에서 프리메이슨 연합은 이제까지의 전통과 달리 새로운 결정을 하였다. 회원으로 비직업인(석공이 아닌 사람)을 받아들이자는 변화의 흐름에 저항할 수 없었다(Alt I, 458). 박애정신 즉 ‘형제애를 근본으로 하는 이상적인 사회조직의 현실화’라는 목표 아래 공개되지 않던 회합 장소를 일부 석공이나 건축가가 아닌 사람에게 개방했다. 귀족, 사상가, 문인들에게도 개방하여 이곳의 출입 여부가 18세기 유럽 사회 내에서의 명예와 관련될 만큼 프리메이슨 연합은 사교계의 중심점으로 부상했다. 그들은 대부분이 제도권 밖에서 박해받는 사람들이었다. 혹은 스스로 자유주의자라고 생각하는 사람들이었다(이하는 자크, 《프리메이슨》 참조). 진정한 건축가는 드물었다. 연금술사에 이어 부르주아, 목사, 지식인 그리고 소귀족들이 들어왔다. '실천하는 사람들'과 '손으로 일하는 사람들'이 프리메이슨의 좁은 단계를 벗어나 잘 조직된 새로운 동업 조합을 만든 것이다. 이 조합은 돈 많은 부르주아 계급, 타락한 교회, 그리고 모든 형태의 세속적 권위와 대립했다. 결국 이제까지의 건축가의 생각이 아니라 머리를 사용하여 이상적 사회의 현실화하고자 하는 그들의 정신은 유럽 사회의 정치, 경제, 사회, 문화, 종교 등 전 분야에 걸쳐 엄청난 영향을 끼치게 되었다. 이들의 생각은 새로운 세계를 건설한다는 뜻에서는 건축물을 짓는다는 것과 동의어일 수도 있다. 이후 프리메이슨 비밀결사는 유럽 대륙뿐만 아니라 미국, 아시아 등지까지 그 세력을 확장시켜 갔고 영국 황실 가족, 지식인과 귀족 구성원도 이 단체의 핵심이 되었다.

이들의 이름 앞에 '자유'('프리' 메이슨)라는 수식어가 붙은 것은 성단 기사단이 파괴 · 해체된 후에 상당수가 학살을 피해 달아난 이들이 입회한 후부터라는 주장도 있다. 많은 성단 기사들이 가톨릭 상층부와 프랑스 왕이 작당하여 그들을 학살할 때에 이를 피하여 프리메이슨 복장으로 스코틀랜드로 피난했는데 거기서 프리메이슨의 환영을 받았다. 그들은 스스로를 '프리'메이슨이라고 불렀다. 이어서 새로운 교단은 영국, 독일, 이탈리아로 퍼져나갔다. 이때부터 메이슨이란 단어 앞에는 항상 '자유'라는 수식어가 붙어 다녔다. 이제 프리메이슨은 석공들의 연합이 아니라 기존 세력에 저항하는 비밀 혹은 공개된 결사들의 모임이 되었다. 그러나 독일 프리메이슨에는 다른 나라와는 처음부터 다른 점이 있었다.

독일에서 프리메이슨(독일어로는 프라이마우러Freimaurer)단이 탄생한 것은 1713년으로 추측된다. 독일은 처음부터 '사색가들', 다시 말해 손으로 일하는 것이 아니라 순수하게 지적인 재료만 가지고 작품에 참여하고자 하는 입문자들을 받아들였던 것 같다. 18세기 중엽 독일에서는 더욱 급진적인 프리메이슨이 나타났다. 그들은 그 이름을 '빛을 준다'라는 뜻의 라틴어 '일루미나티'라는 비밀결사를 만들었다. 일루미나티, 즉 계몽회는 1776년 5월 1일 독일 바이에른 지방에서 아담 바이스하우프트라는 약관 27세의 잉골슈타트대학의 법학 교수가 창설하였다. 그는 극단적인 자유 사상으로 같은 계몽회의 보수파들로부터 강한 견제를 받았다. 그러나 그는 자기와 의견을 같이 하는 동지를 규합하여 비밀리에 집회를 열고 그들의 사상이나 세계관을 계몽했다. 당시 프랑스혁명 이전에 유럽을 지배했던 지식인들의 자유 사상과 일치한 일루미나티의 회원 수는 순식간에 증가하였다. 그들은 반체제적 비밀 조직으로 기존 권위주의, 봉건주의 붕괴를 목표로 정하고 회원들을 교육하였다. 즉 '모든 개별 국가의 파괴', '모든 종교의 파괴', '세계 정부의 수립' 등 일곱 가지 목표에 대한 교육을 철저히 했다. 목적을 달성하기 위해서 폭력혁명조차도 수용했던 바이스하우프트는 당시 유럽에서 활발히 활동하던 프리메이슨에게 관심을 갖게 되었다. 1782년 7월 일루미나티와 프리메이슨 간의 회담이 열리어 이 자리에서 바이스하우프트는 일루미나티와 프리메이슨 간의 동맹체결에 성공하였고, 이로 말미암아 프리메이슨은 당시 3백만 명이 넘는 인원을 포용하는 대조직이 되어 일루미나티 정신이 활발히 확산되는 계기가 되었다. 1780년 일루미나티가 당시의 정부와 가톨릭을 붕괴시키기 위해 군사행동을 하기로 결정한 사실을 인지한 프리메이슨의 온건파들은 1783년에 바이스하우프트와 일루미나티를 정부에 밀고하여 바이에른 정부는 폭력혁명 계획의 중요한 증거를 찾아내고 바이스하우프트를 처형하였다(Alt I, 460). 이 사건으로 일루미나티는 소멸된 듯 보였으나 오히려 프랑스혁명에 이르기까지 결정적인 영향을 끼치게 되었다.

쉴러가 만난 라인홀트는 계몽회 회원이었다(당시 유럽 및 미국의 프리메이슨 혹은 계몽회에는 거의 모든 지식인들이 가입하고 있었다. 몽테스키외, 독일의 프리드리히 2세, 볼테르, 벤저민 프랭클린, 모차르트, 괴테, 당통, 기요탱 등이 회원이었다. 프리메이슨이 점차 반체제로 운동 방향을 돌리자 왕이나 제후들은 단체에서 탈퇴하였다. 미국에는 조지 워싱턴, 토머스 제퍼슨, 벤저민 프랭클린 등 거의 모든 대통령이 회원이었다). 이들은 아마도 요즘 용어로 말한다면 모든 권위를 부정하는 자유주의적 지식인이라고 할 수 있을 것이다.

쉴러의 앞의 편지에서 라인홀트가 주장하기를 "칸트는 백년 후에 예수만큼 존경받을 것이 틀림없다"고 하였다. 그리고 쉴러는 이미 칸트의 역사 논문을 아주 만족하면서 읽기 시작하였다고 한다. "난 지금도 읽고 있으며 그를 연구할지도 모른다"(Briefwechsel, 59ff.)고 쓰고 있다. 칸트와의 만남이 그의 정신적 발전에 얼마나 중요한가를 이때까지도 그는 알지 못하였다.

그 밖에도 라인홀트는 쉴러에게 예나대학의 교수로 초빙될 수 있을 것이라고 말하였다. 그리고 프리메이슨 회원인 보데를 소개하였다. 보데는 프랑스혁명을 계몽회가 이끌어냈다고 말할 정도의 인물로서, 프랑스혁명 직전 파리로 가서 프랑스 프리메이슨 회원을 만나고 프랑스혁명을 실제로 보고 온 후(Alt I, 563ff.) 쉴러와 독일인들에게 경험담을 이야기한 인물이다. 보데는 쉴러에게 프리메이슨 회원이 될 것을 권하였다. 쉴러는 "그〔보데〕가 나에게 프리메이슨 회원이 되겠느냐고 묻는데 〔…〕 그에 대하여 아는 것이 있느냐"고 쾨르너에게 묻고 있다(NA. 42, 153). 어쨌든 쉴러는 프리메이슨 회에 가입하지 않았다. 많은 귀족과 보수주의자들이 그의 혁신적 작품으로 그를 사안시하고 있는데 그가 이 회에 가입한다면 그는 아마도 귀족사회에서 배척받을 것을 두려워하였는지도 모른다. 라인홀트가 쉴러에게 이렇게 친절한 것은 쉴러의 처녀작 〈군도〉와 〈피에스코의 모반〉이 프리메이슨 정신에 입각해 있다고 생각했기 때문이다. 그러나 작가들의 마음의 고향이라고 할 바이마르에 더 마음이 가 있던 쉴러는 이곳에서 자리를 잡고 싶지는 않았다. 그는 또 다른 그의 후원자인 라이프치히의 후버에게 이렇게 쓰고 있다. "여기서 겪은 모든 경험의 결과는 내가 역시 가난하다는 것을 인정해야 하는 것일세. 그러나 나의 정신은 더 높다는 것을 알고 있네. 나 자신의 가치를 위하여 많은 위대한 사람들의 정신으로부터 나의 천재성을 만들어야겠다는 것을 배웠네. 그렇게 되려면, 나는 스스로를 보다 높이는 생각을 해야 된다는 것을 배웠으며, 스스로를 낮추는 것을 그만두어야겠다고 생각하였네. 우리의 능력은 한없이 많은 것이네. 우린 우리의 능력을 알지 못하고 있을 뿐이네. 이 능력이 바로 시간이네. 우리의 소유물인 시간의 올바른 사용을 통해서 어떤 다른 도움 없이, 외부의 도움 없이 인생의 모든 선한 것을 얻을 수 있다는 생각이 얼마나 아름답고 안정된 것인가. 하늘은 우리에게 시간을 주었고 우리가 이해력과 진지한 의지만 갖는다면, 이 자본으로 무엇이든 번성할 수 있네. 내 앞에는 많은 일이 있네." 쉴러는 노력하는 인간이었다. 그는 자신이 아무것도 가진 것은 없으나 시간을 통한 노력으로 무엇이든 이룩할 수 있다는 것을 다시 한번 깨달았다. 그의 인생의 격률은 '부지런하면 모든 것을 얻을 수 있다'는 것이었다.

쉴러는 예나에 잠깐 있는 동안 당대 학문의 최고 수준의 철학자와 과학자를 만나면서 자신의 많은 지적 결핍을 느끼는 동시에, 자신감을 얻었으며, 자신이 앞으로 어떻게 살아야 할 것인가를 깊이 생각했다. 이런 결심을 그의 생을 마감할 때까지 무한한 노력과 인내로 지켜 나가면서 항상 인생의 새로운 전기를 마련하였다. 그는 바이마르에 돌아온 후 시종 하나에 방 두 개가 있는 집에 거처를 정하고 끊임없이 작업에 몰두하였다. 하루 12시간씩 책과 자료를 쌓아 놓고 일하였다. 거의 잠도 자지 않고 쉬지도 않았다. 밤이고 낮이고 일을 계속하였다. 이때뿐만 아니라 괴테와 만난 후 함께 협력하고 토론하고 작업하는 동안에도, 병고에 늘 괴로워하면서도 끊임없이 노력하여 세계적인 작가가 되었다. 누구라도 이렇게 노력할 인내만 있다면 세계문학사에 남을 위대한 작품이 탄생할 것이다. 후세에 토마스 만은 쉴러의 이런 불굴의 정신을 그의 단편소설 〈고난의 시절〉에서 잘 묘사하고 있다.

바이마르에서 그는 열심히 작업하였을 뿐만 아니라 여러 사람과 친분을 맺었다. 날이 갈수록 바이마르는 그의 마음에 들었다. 모후 아말리아가 여러 모임을 만들어 사람들과 회합을 한다는 말을 들었어도 처음에는 거기에 참여하지 않았다. 카를 아우구스트 공 때문에 이곳에 왔으나 그가 다시 돌아왔다는 소식을 들었어도 그를 급히 찾지 않았다. 오히려 그는 자유롭게 떠들고 말할 수 있으며 춤도 추고 음악을 들을 수 있는 시민들의 클럽인 '수요회'에 출입하였다.

그는 거의 매일 샤를로테 폰 칼프 부인을 만나고 있었다. 당시의 바이마르 사회에서 남녀간의 관계를 너그럽게 보았던 것으로 미루어 보면 두 사람의 관계는 친구 이상이었음에 틀림없다. 사람들은 초대할 때에 두 사람을 늘 함께 초대하였으며 아말리아 모후도 그랬다. 두 사람의 관계는 '터놓고 인정'한 것이었다. 후에 기술하겠지만 쉴러의 결혼 소식을 듣고 칼프 부인이 신부 앞에서 "거의 미친 사람처럼" 되었다는(Alt I, S. 647) 것을 보면 연인 관계였던 것은 분명하다. 그러나 차차 그들도 멀어졌는지 쉴러는 "여자는 진정한 친구가 아니라"고 하면서 서로 좋은 영향을 주지 못하였다고 말하였다.

고향 선배인 빌란트는 독일 전역에 독자를 가지고 있는 유명한 잡지 《독일 메르쿠어》의 소유자이며 편집장이었다. 그는 여기에 쉴러의 〈돈 카를로스〉 평을 실었다. 사실 쉴러는 내심으로, 동향이면서도 아무런 도움도 주지 않고 가까이 하지도 않는 빌란트에 대해서 은근히 섭섭한 마음을 갖고 있었다. 만일 빌란트가 쉴러를 도우려고만 한다면 당시 '바이마르의 아버지'라고 불리며 막강한 영향력을 지니고 있던 그가 못할 일이 없었을 것이다. 그럼에도 그는 쉴러에 대해 침묵하고 있었다. 그의 잡지에 이름을 실린다는 것 자체가 이미 작가에게는 명예스러운 일이었기 때문이다.

어떤 모임에서 빌란트는 쉴러에게 그동안 그를 시험하여 보았으며 이제부터는 영원히 친구가 될 수 있다고 하였다. 쉴러의 기쁨은 말할 수 없었다. 아무리 동향이지만 독일에서 현재 생존하는 가장 위대한 작가에게서 인정받은 것이다. 쉴러는 "나에게 〔빌란트가〕 편지하기를, 만나면 책을 하나 주겠으며 그의 서재는 나의 것이라고 말하였네"(Briefwechsel, 65)라고 쓰고 있다. 빌란트는 쉴러의 〈돈 카를로스〉를 읽은 후 "당신의 분야는 드라마"라고 말해 주었다. 그에게 마침 집필하고 있던 〈네덜란드 멸망사〉의 일부를 읽어 주자 그는 열광적으로 그를 끌어안으면서 "역사 분야에서 당신 같은 사람은 없다"고 하는 것이었다. 그리고는 쉴러가 발행하는 잡지 《라인의 탈리아》는 불완전하니 자신의 잡지와 합쳐 막강한 국가적 잡지로 키우자고 하였다. 쉴러는 이후 빌란트의 집에 거주하다시피 하면서 그가 추천하여 주는 책을 읽었고, 고대 그리스 사상에 관한 대화를 하여 빌란트는 쉴러로 하여금 고대 그리스 작가에 대한 생각을 다시 상기하도록 하였다. 후의 일이지만 쉴러의 고전적인 시 〈그리스의 신들〉이 빌란트의 잡지에 실리게 된 것은 우연이 아니었다. '네덜란드의 멸망'이란 현재의 벨기에 지방의 일부가 스페인의 필립 왕 시대에 식민지로 있을 때 빌헬름 오라니엔이라는 사람과 에그몬트 백작(괴테의 작품 주인공이기도 하다)이 종교의 자유와 독립을 위하여 봉기하였으나 마드리드에서 보낸 알바 공작에 의해 무참하게 패한 독립전쟁을 말한다.

빌란트는 쉴러를 자신의 문학적 후계자로 생각하였고, 많은 자녀를 둔 그는 쉴러를 사위로 삼을 생각을 하고 있었다. 그러나 좀더 깊은 생각에서 쉴러는 고려하지 않았다. 혹은 쾨르너가 그의 편지를 받자마자 쓴 답장에서 "자네의 결혼에 대한 생각은 나를 무척 놀라게 하였다"는 것을 읽고 그랬는지도 모른다. 쉴러는 빌란트의 딸을 아직 잘 알지도 못한다고 쓰고 있다. 한 달 후에 쾨르너가 쓴 편지에서는 쉴러가 빌란트에게 너무 경도되어 있다는 것을 걱정하고 있다. "자네가 빌란트에게 너무나 경도되어 있는 점이 나에게 걱정되네." 그리고 쉴러의 예술과 빌란트의 예술 경향은 다르다는 것을 역설한다. "자네의 이념의 내용과 그의 섬세한 취미"는 다르다는 것이다. 그는 "빌란트의 작품은 잘 모른다"고 하면서도 두 사람의 차이점을 잘 표현하여 쉴러에게 경고를 주고 있다(Briefwechsel, 66). 빌란트의 소설은 감각적이어서 많은 당시 학교에서 금서로 취급하는 것을 보아도 알 수 있듯이 쾨르너는 직접적으로 말하고 있지는 않지만 쉴러와 빌란트의 작품 세계가 다르기 때문에 함께하지 않기를 바라는 것이다. 빌란트는 현세의 아름다움을 즐기며 사랑을 찬미하던 고대 그리스의 아나크레온이란 시인을 모범으로 하고 있어 후세 사람들은 빌란트와 그를 추종하는 시인군을 독일 문학에서 '아나크레온 파'라고 부른다. 이념과 자유를 추구하는 쉴러의 문학 사상이 자칫하면 현실의 달콤한 사랑을 노래하는 경향으로 흐를까 쾨르너는 걱정한 것이었다.

쉴러는 바이마르에 살고 있으면서 그의 후원자이며 어려운 시기에 그를 도와 바우어바흐로 초대하였던 폰 볼초겐 부인의 빚을 아직도 갚지 못하였다. 그는 친구였으며 이미 자신의 누이인 크리스티아네와 결혼한 라인발트를 방문하고자 하였으나 아직도 말은 하지 못하고 있었다. 10월 말 그의 여자 친구인 칼프 부인은 한 주 동안 그녀의 남편에게 가 있었다. 그녀는 남편과 사이가 좋지 않아 이혼을 준비하고 있었다. 쉴러는 이때 작업을 중단하고 누이와, 이제는 매부가 되어 바우어바흐 근처인 마이닝겐에서 일하고 있는 라인발트를 방문하였다. 이곳에서 라인하르트라는 화가가 그의 초상화를 그렸다(NA. 42, 110). 그는 다른 작가에 비해 초상화를 많이 남기지 않았는데 아마도 가난하였기 때문인지도 모른다.

쉴러는 쾨르너에게 "나는 〔17〕82-83년에 은둔자로 살았던 곳에 다시 갔었네. 그때 나는 이 세상에 존재하지 않았던 것이지. 난 말하자면 세상의 문턱에서 어지러워 하며 서 있었던 것이지. 사람들에 관하여 혹은 여러 관계, 그리고 나 자신에 관한 경험을 겪은 후 5년 뒤에 다시 왔네. 그러나 아무 느낌도 없네. 외로움 속에서 흥미를 끌었던 어떤 것도 이제는 말을 걸지 않네. 모두가 말을 잃었네. 이 변화에서 나는 나 자신이 엄청난 변화를 하였다고 보네"(Hoyer, 254). 그러나 누이를 만난 후에 그녀와 그의 매부에 관하여 드레스덴의 친구들에게 아무런 언급이 없다.

부인 샤를로테 폰 렝게펠트와의 첫 만남

돌아오는 길에 평생을 결정할 길로 들어섰다. 쉴러에게 바우어바흐에 피난처를 제공한 후원자 폰 볼초겐 부인의 장남이며 쉴러와 함께 카를학교에서 재정학을 공부하였던 빌헬름 폰 볼초겐(1762-1809)은 바이마르로 함께 돌아오는 도중에 루돌슈타트라는 작은 마을에 살고 있는 친척집에 잠깐 들리자고 제안하였다. 빌헬름은 쉴러를 일찍이 '천재'로 알아본 사람이었다. 그는 〈군도〉 초판이 나오자마자 읽고 "이 책에서 그의 젊고 불 같은, 그러나 아직은 거친 천재성을 볼 수 있다. 그는 독일의 아름다운 영혼 중의 한사람이 될 것”(NA. 3, 289)이라고 그 감상을 써 놓았다.

이 여정이 그의 일생에 변화를 가져오는 길이 될지는 그도 몰랐다. 그들이 방문할 친척이란 폰 렝게펠트 부인과 그녀의 두 딸이다. 부인은 루이제 율리안 폰 렝게펠트(1743-1823, 처녀 때 이름은 부름)이라고 하였는데 독실한 기독교인이었으며 가장이 없는 넉넉지 못한 생활을 하였으나 교육열은 대단하여 두 딸을 스위스로 유학 보낼 정도였다. 이 처녀들이 쉴러를 처음 만났을 때 이미 결혼한 언니인 카롤리네 폰 보일비츠(1763-1847, 처녀 때 이름은 랑게펠트)는 이렇고 말하고 있다. “1787년 11월 어느 흐린 날 말을 탄 두 사람이 오고 있었다. 그들은 외투로 감싸고 있었는데, 한 사람은 사촌인 빌헬름 폰 볼초겐으로 일부러 얼굴을 외투로 가리고 있었다. 다른 한 사람은 모르는 사람으로 우리들의 호기심을 자극하였다. 곧 수수께끼는 풀렸는데 사촌은 동반자를 그날 저녁 우리 집에서 재울 수 있겠느냐고 하였다. 쉴러는 처음부터 우리 집에서 편하게, 자유롭게 느끼는 것 같았다. 〔…〕 기쁘게도 그는 헤어질 때 다음 여름에 아름다운 우리 고장에서 지내고 싶다고 하였다.”

폰 렝게펠트 가족은 독일 중부인 튀링겐 지방 귀족으로서 자매의 아버지는 산림관이였으나, 언니 카롤리네가 13세 때, 동생 샤를로테가 10세 때 타계하였다. 언니인 카롤리네는 쉴러가 방문하였을 당시 결혼한 상태였고 세 살 아래 동생인 샤를로테(1766-1826)는 미혼이었다. 카롤리네는 어머니의 권유에 따라 보일비츠라는 좀 나이가 많은 사람과 결혼하였다. 그는 외교관으로서 교양 있는 사람이었으나 감상적인 젊은 부인과 잘 맞지 않아 행복한 부부생활을 하지 못하였다. 카롤리네는 친구를 사귀거나 클럽에 가입하여 위로를 찾았다. 예를 들자면 빌헬름 폰 훔볼트가 주관하는 '도덕회'나 '아름다운 영혼'이라는 독서클럽 같은 것이다. 그러면서 자신의 감정 세계에 빠져들었다. 집에서 남편과는 점점 고통스럽고 냉랭한 관계가 되었다. 더구나 남편은 외교관으로 여행을 자주 할 수밖에 없었다.

샤를로테의 대모는 우리에게 잘 알려진, 괴테의 여자 친구 폰 슈타인 부인이다. 쉴러는 두 자매에게 첫눈에 호감을 느꼈다. 쉴러는 드레스덴의 쾨르너에게 "두 사람은, 아름답지는 않지만, 매력적이고 아주 내 맘에 들었네"(Hoyer, 255 ; NA. 24, 181)라고 쓰고 있다. 또 쉴러는 이날 저녁, 샤를로테와 결혼할 생각이 있었다고 하였다. 나중에 쉴러의 부인이 된 샤를로테 폰 랑게펠트는 이렇게 말하고 있다. "첫 만남에서 우리는 손님에게 깊은 관심이 있었다"(Burschell, 235). 쉴러는 피아노 치는 것을 듣고 보는 것을 좋아하였는데 여기서도 두 자매가 피아노 치는 것을 보며 즐거워하였다. 그들은 다음에 다시 방문하겠다는 약속을 하고 루돌슈타트를 떠나 바이마르로 돌아왔다.

쉴러는 자신의 어려운 처지의 타개책의 하나로 결혼을 탈출구로 생각하여 왔다. 그러나 만하임에서도, 바우어바흐에서도 마음만 있을 뿐 적극적이지도 못하였을 뿐만 아니라 불확실한 현재의 그의 위치와, 더욱 불확실한 그의 미래 때문에 상대 여성도 신부감의 가족도 늘 반대의 입장이었다. 바이마르에 와서도 그런 생각이 없지는 않았으나 칼프 부인과의 친밀한 관계로 더욱 어려운 입장이었다.

폰 칼프 부인은 프랑스 군적의 소령 남편과 화목하지 못하였다. 쉴러가 여행에서 돌아왔을 때 그녀의 남편이 이미 바이마르에 와 있었다. 칼프 부부는 이미 이혼에 합의를 한 듯하였다. 두 사람이 헤어지기로 한 것은 이미 여러 번 이야기가 되었었다. 칼프 소령을 만났을 때 쉴러로서는 불편하고 조금은 부끄럽기도 하였다. 그들은 이미 만하임 시절부터 서로 알고 있던 사이었기에 더욱 그랬을 것이다. 쾨르너에게, "남편이 있을 때 내가 어떻게 해야 좋을지 모르겠네. 난 무엇인가 변화가 있어야 하겠다고 느꼈네"라고 쓰고 있다. 이 시절 칼프 부인의 의미 있는 회상록이 있다. 그가 몰두하고 무엇인가 쓰고 있을 때 칼프 부인이 그에게 오고 싶다고 하면, 그는 나갈 수 없다고 하였으며 이것은 두 사람 사이에 자주 있는 일이었고 자신은 괴로웠다는 것이다. 쉴러는 천천히 이 오랜 관계를 그만둘 생각이 들었다.

칼프 부부의 관계는 점점 어려워졌다. 칼프 부인은 전부터 눈병을 앓고 있었는데 그 고통을 아무에게도 호소하지 않고 사람들을 피하고 있었다. 쉴러가 방문하려고 하면 이제는 칼프 부인이 부재중이라고 하는 것이었다. 두 사람의 관계는 점점 소원해졌다. 언제나 그런 것은 아니지만 천재적 작가들의 주위에는 여인들이 항상 있었다. 특히 괴테에게는 슈타인 부인이, 쉴러에게는 칼프 부인이 그렇다. 여성들은 그들에게 매력적이고, 자극을 주고, 유혹적이지만 결국 얼마 지나면 서로가 피곤해 하고 비범한 것에서 안정적인 것을 원하여 가정적인 것을 찾는다.

이때 드레스덴의 친구 후버가 외교관이 되어 여행 중 쉴러를 방문하였다. 두 사람은 드레스덴에서의 즐거웠던 생활을 기억하며 이야기의 꽃을 피웠다. 쉴러는 후버를 따라 잠깐 여행을 하기로 하고 에어푸르트에 가기로 하였다. 거기서 문학 행사를 하고 있는 주교를 만나기로 하였다. 이 주교가 후에 쉴러의 좋은 친구가 된 만하임 극장장의 형 달베르크였다. 그러나 첫 번째 방문은 아주 잠깐이었다. 쉴러는 여기서 가까운 고타로 향하여, 그곳에 있는 칼프 부인을 만나기로 하였다. 칼프 부인은 여러 친척과 함께 있었으며 바로 그때 오찬에 참여하러 떠나려던 참이었다. 그녀는 이 두 사람의 방문이 달갑지 않은 듯 만나지 않았고 쉴러는 그녀를 의심하였다. 그녀도 일기에 이렇게 썼다. "그것〔만나지 않은 것〕이 나았다. 우리 영혼의 화음이 조화롭지 않았기 때문이다." 이것이 두 사람을 갈라놓은 결정적 계기가 되었다.

쉴러는 칼프와의 작은 갈등을 뒤로하고 지적 작업에 몰두하였다. 그는 〈네덜란드 멸망사〉를 열심히 썼다. 빌란트는 아직 완성되지 않은 일부를 읽고 "당신의 영역은 역사"라고 하면서 그의 잡지 《독일 메르쿠어》에 실었다. 쉴러는 침식을 잊고 일만 하였다. 여기에는 헤르더가 보여 준 디드로의 교훈도 있었다. 헤르더는 디드로의 딸이 쓴 《디드로 전기》를 집어 들고 그도 돈 때문에 글을 썼다고 하였다. 헤르더는 전기의 한 문장을 인용하면서, "그의 전기에 이 부분은 아주 적지만, 이 적은 것이 참된 보물이고 단순한 위대성"이라고 하였다. 쉴러도 이에 용기를 얻은 것 같았다. 사실 〈피에스코의 모반〉도 좋은 호응이 없었고(한번은 빈에서 "황제가 〈피에스코의 모반〉에 흥미를 느껴 빈 국립극장에서 공연하겠다"는 편지를 받았다), 〈돈 카를로스〉도 좋은 평을 받지 못하였다. 그는 역사물을 잡지에 내기 바랐다. 빌란트의 잡지는 당시로서는 꽤 후한 고료를 주는, 독일에서는 몇 안 되는 잡지였다. 원래 부지런한 그였지만 "매일 12시간 이상"(Hoyer, 256ff.) 책상 앞에 앉아서 〈네덜란드 멸망사〉를 쓰고 있었다. 이제는 클럽의 출입도 삼가고, 어느 누구에게서 도움이나 원조도 바라지 않았다. 카를 아우구스트 공의 은총도 바라지 않았다. 당시 쾨르너에게 보낸 편지에서 "나는 일 년 내 나의 운명을 결정해야 하네"라고 썼으며, 글을 써서 소위 지식인의 세계에, 시민사회에, 단시간에 "유명한 사람이 되기를 희망하네"라고 자신의 심경을 밝혔다. 《플루타르코스 영웅전》도 부지런히 읽었다. 그는 〈피에스코의 모반〉과 〈돈 카를로스〉를 쓰는 동안 이미 역사물을 많이 읽었다. 역사 공부를 하고 있다는 그의 편지를 읽은 쾨르너는 "몇 통의 자네의 편지, 특히 마지막 편지을 보고 이제 자네의 생각에 대해 터놓고 반대할 용기를 갖게 되었네"로 시작되는 편지와 그 외의 연속되는 편지에서 쉴러가 역사를 연구하는 것에 반대하였다. 이것은 수입을 얻을 수는 있지만 시를 쓰는 그를

"산문적"으로 만들 것이며 결국 창작 활동을 위축시킬 것이라고 하였다. 그리고 빌란트의 잡지에 글을 기고하기 위한 것으로 알고 그를 은근히 비난하였다. 그러나 쉴러는 역사에 대해 변호하였다. "나의 모든 역량에 영향을 미치고 있는 분야는 역사"로서, "흥미 있는 역사 자료를 생생하게 묘사"하여 "자신의 경제적 어려움도 극복"하겠다는 것이다. 물론 이것은 재정적으로 도움을 받고 있었던 쾨르너에게 역사 연구에만 몰두하고 작품 생산을 게을리 하고 있는 듯이 보이는 것에 대한 하나의 변명일 수도 있다. 그러나 역사는 쉴러에게 아주 중요한 의미를 갖고 있기 때문에 그와의 토론에서 자신의 정당성을 굽히지 않았다. 그는 역사 연구를 "나의 경제적인 저작 활동"이라고 하였다. 그리고 자신의 역사 연구는 역사학자와는 다르다고 하였다. 쾨르너는 "경제적 독립과 자네의 〔경제적〕 필요에 따른 안정성은 필연적이네. 그러나 그것은 예술가로서의 완성을 함께 해야 하는 것이네"라고 끝까지 반대하였다. 이 경제적인 문제 해결을 말하는 동안 총각인 그가 "가족을 먹여 살리기 위하여" 돈이 필요하다고 할 때 친구들은 놀랐다. "나는 결혼해야겠네. 사는 것과 활동하는 것에 대한 나의 충동은 이제 소진하여 버렸네. 이것 하나만 아직 시도하여 보지 않았네. 이제 나에게 한 사람이 필요하네. 나에게 속하고, 나를 행복하게 할 수 있고, 행복하게 해야만 될 사람, 나를 활기차게 만들 사람 말이네. 자네는 나의 정서가 얼마나 황폐하고, 나의 머리가 얼마나 혼란스러운지 모를 걸세." 쉴러는 드레스덴에 있을 때에 일시적 충동으로 헨리에테에게 경도되었던 것을 친구들이 기억하여 적극적인 호응에 나서지 않을 줄 알았는지 "나는 아직 선택하지는 않았네. 믿어 주게" 하고 썼다.

이즈음, 여행하고 돌아오던 길에 방문하였던 샤를로테 폰 렝게펠트 양과 그녀의 언니가 바이마르에 와서 슈타인 부인의 동생인 임호프 집에 머물렀다. 쉴러는 궁정에서 주최한 파티에 렝게펠트가 나타난 것을 보고 기뻤다. 그녀의 어머니는 이 소녀를 궁중에서 주최하는 많은 행사를 돕는 궁정 여인으로 만들 예정이었다. 그러므로 궁정의 주위에 있는 그녀를 만나는 것은 쉽지 않았다. 그들은 서로 짧은 메모지만을 교환할 수 있었다. 그녀가 봄에 바이마르를 떠나면 여름에 루돌슈타트 근교에서 만나기로 약속하였다.

연인을 만나기로 한 약속 때문이었는지 그가 이즈음 쓰고 있던 〈영을 보는 사람〉의 진척은 아주 더뎠다. 그는 친구에게 이 작품의 진척이 "정말 잘 안 된다"(Hoyer, 265)고 썼다. 이때 빌란트에게서 급한 연락이 왔다. 시급히 그의 잡지 《독일 메르쿠어》에 원고를 하나 부탁한 것이다. 쉴러는 〈그리스의 신들〉이라는 시를 썼다. 이 시는 그의 대표작이 되었다. 쉴러가 빙켈만의 저서와 만하임 성의 '고대 유물소장 박물관'에서 본 그리스 조각상들을 보고 감동하였던 것을 이제 시로 표현한 것이다. 빌란트는 이 시를 보고 "호라츠 같은 정확한 표현"의 시(Hoyer, 264)라고 칭찬을 해 주었다.

쉴러는 폰 렝게펠트 가족과 함께 하기를 지루하게 기다렸다. 드디어 5월 중순에야 바이마르를 떠날 수 있었다. 샤를로테 폰 렝게펠트 양은 쉴러를 위하여 자기 집에서 약 30분이면 걸어서 도달할 수 있는, 그리 멀지 않은 전형적인 시골마을 폴크스타트라는 곳에 작은 거처를 하나 구하였다. 그 집은 마을에서 외따로 떨어진 곳으로 창문으로 자르강과 강둑이 보이고 초원을 지나 우거진 숲과 계곡이 보이는 곳이었다. 또한 완만한 경사와 숲으로 둘러싸인 자르강을 따라 숲이 이어져 있고 그 끝은 조금 높은 곳에 루돌슈타트 성이 있는 곳이다. 후에 괴테가 이 지역과 성을 중심으로 그의 유명한 〈노벨레〉라는 단편소설의 배경을 이곳으로 하여 더욱 유명하여진 곳이다.

도착 후 쾨르너에게 보낸 편지(1788년 5월 26일, Briefwechsel, 80)에서 그는 이곳에 온 이유는 자세히 밝히지 않고, 아름다운 마을에 집을 하나 구하였으며 경치가 훌륭하다고 하였다. 마을에는 도자기 공장이 있으며—원래 이곳은 관광지라고 하며 도자기 지방으로도 유명하였다—산책을 하고 있다고 하면서, 렝게펠트와 보일비츠 가정과 친하게 지낸다고 하였다. 그리고 이름을 밝히지 않고 "그 가정의 어떤 사람과 만나고 있다"고 쓰고 있다. 네덜란드 역사 1부가 10일 안에 끝나며, 2부를 쓰기 위해서는 휴식이 필요하고, 이렇게 좋은 날 일을 한다는 것은 있을 수 없다(7월 5일)고 하며 지금 쉬고 있는 것을 정당화하였다. 쉴러는 그곳에 있는 삼 개월 동안 하루의 작업을 마치면 거의 매일 오후 늦게 아름다운 길을 따라 샤를로테가 있는 루돌슈타트로 가곤 하였다. 어떤 때는 샤를로테와 카롤리네 두 자매가 마주 나와 강가에서 그를 기다리고 있다가 함께 그들의 집으로 갔다.

어머니 폰 렝게펠트 부인은 독실한 교인으로 쉴러의 기독교에 회의적인 시 〈그리스 신들〉이 마음에 들지 않았고 또 쉴러가 귀족 출신이 아닌 시민 출신인데다가, 아직 아무 직업도 없는 젊은 시인이 그의 딸과 교제하는 것을 탐탁하게 생각하지 않았다. 그러나 결코 겉으로 드러내지는 않았다.

천천히 그들은 서로 좋아하는 사이가 되었다. 쉴러가 감기에 걸렸을 때나 우울한 분위기로 방안에만 있을 때 로테는 쉴러에게 꽃과 과일, 차, 과자를 보냈다. 그녀는 그가 명랑하게 보내기를 바랐고 언제나 여성적인 섬세함으로 그를 보살폈다. 쉴러에게 아름다운 여성의 이런 보살핌은 처음이었다. 쉴러는 여성의 섬세함을 모르고 자란 사람이다. 물론 아주 어릴 때 그의 어머니에게서 섬세한 여성의 사랑을 받은 것은 사실이지만, 유년기에 카를 학교에 들어가 사춘기를 보내고 스무 살에 이르기까지 여자라고는 군주와 함께 오는 프란치스카 공비—물론 학생들을 잘 돌보아 주는 인기 있는 부인이었다—만을 보았을 뿐이다. 칼프 부인은 남자를 다룰 줄 아는, 사랑과 고통을 동시에 주면서 사랑하는 마음을 조정하는 여인이었다. 로테는 순박한 마음을 있는 그대로 표현하는 청순한 여인이었다.

로테는 가끔 그를 자신의 방으로 초대하고 그녀가 번역을 하려고 놓은 책상을 사용하도록 하였다. 어떤 때는 늦은 밤 궂은비가 내려 집으로 가야 할 때 그녀는 안타까워하였다. "그가 밤늦게 귀가할 때 주인집 사람들은,

그가 다치거나 사고를 당할까 봐 사람을 시켜 등불을 들고 마중 나가게 하였다. 그러나 가장 자주 나간 사람은 집 주인이었다"(한 소녀의 회상, Hoyer, 283). 마침내 그녀는 그녀의 집에서 아주 가까운 곳에 그의 숙소를 하나 마련하였다. 그들은 거의 매일 만나고 있었지만 쉴러는 사랑을 고백하지 못하였다. 쉴러는 예전부터 여성에 대해 감정을 표현하는 데는 서툰 점이 있었다. 바우어바흐에서 그의 보호자인 폰 볼초겐 부인의 딸에 대한 연정이 실패로 끝난 것과, 만하임에서의 출판업자 슈반의 딸에 대한 프러포즈도 모두 실패로 끝난 것에서 배운 점이 있었는지, 이번에는 성급히 사랑을 고백하지 않았다. 물론 원래 쉴러가 수줍기도 하고 신분의 차이에서 오는 주저도 있었겠지만 실은 자신의 내면에서 두 자매 중 누구를 택할 것인가를 아직 정하지 못하였기 때문이기도 하였다. 언니는 바로 이때 이혼하였던 것이다. 이들 셋은 거의 항상 함께 있었으며 한시도 따로 있을 때가 없을 정도였다. 너무나 함께만 있어 이런 일도 있었다. 로테와 결혼한 후에 쉴러의 고백에 의하면 그가 로테와 둘이 있게 되어 그녀의 손을 잡고 막 고백하려고 하였을 때 언니가 들어와 고백하지 못하였다는 것이다.

쉴러의 부인이 된 샤를로테는 갈색의 눈에 갈색 곱슬머리를 하고 부끄럼을 많이 타는 소녀였다. 그녀는 조심성 있고 현명하였고 이성적이었으며 누구보다 독서를 즐겼다. 쉴러는 그녀를 '현자'라고 불렀다. 그녀와는 반대로 언니인 카롤리네는 활발한 여장부였다. 후에 장 파울은 그녀를 앞으로 도래할 여성 거인의 선구자라고 불렀다. 언니는 후에 쉴러의 전기도 썼으며 지금은 거의 읽히지 않지만 소설도 썼다. 그녀의 회상에 의하면 "그의 대화는 밝고 위트가 있었다. 〔…〕 커피를 마시고 난 후 자르 강가 아름다운 나무숲을 따라 거닐었던 것이 비할 수 없이 즐거웠으며, 그가 우리들을 위하여 선택하여 주었던 작품은 생의 가장 아름다운 향유와 위로였으며, 자연의 감정과 의미를 이끌어 내었다. 〔…〕 쉴러가 우리들을 위하여 저녁에 〈오디세이〉를 낭송하였을 때는 생의 샘물이 졸졸거리며 흐르는 것 같았다. 그리스 비극 작가들과의 해후는 우리의 예술 감각의 형성이 새롭게 이루어지게 하는 것 같았다. 내 동생에 대한 어떤 확정된 의도를 쉴러는 감히 말하지 못하였다. 그것은 그의 미래에 대한 전망이 아직 확실하지 못하였고 그 시절에 신분의 차이가 아직도 엄하였기 때문이었다"(Hoyer, 282). 로테와 카롤리네가 쉴러에게 보낸 편지를 비교하여 보면 로테의 편지는 섬세하고 카롤리네의 편지는 선이 굵다. 로테는 이미 연인인 듯 염려와 보호하는 마음으로 쓰고 있고, 언니는 삶의 즐거움이 가득 찬 자연을 즐기며 활기 넘치는 젊은이었다(Hoyer, 286-290). 그들 간의 의견차는 별 문제가 되지 않는 것이었다. 그러나 괴테와 루소는 이 집에서 신과 마찬가지였다. 만일 쉴러가 이 두 사람에 대한 부정적인 이야기를 하면 '용서'하지 않았다.

쉴러는 이곳에 있는 동안에 괴테가 이탈리아에서 귀국하였다는 소식을 들었다. 그는 코르넬리우스 리델에게 생존하고 있는 어느 누구보다 그에게 관심이 있다고 하였다. 그리고 자신을 그에게 좋게 말하여 주기를 바랐다(Hoyer, 279). 쾨르너에게 "이곳에서 그를 만날지도 모르겠네. 적어도 여기서 일 마일 정도 떨어져 있는 곳에 슈타인 부인의 장원이 있는 코흐베르크에서 말이네"(Hoyer, 281)하고 예감하였다. 한번은 슈타인 부인이 루돌슈타트에 왔을 때 괴테가 그녀의 장원에 올 경우 이곳에 잠깐 들릴 것이라고 하였다. 로테의 세례 대모가 슈타인 부인이니만치 그들이 얼마나 절친한지는 설명이 필요하지 않을 것이다.

괴테와의 첫 만남

실제로 괴테는 이탈리아에서 돌아온 후 슈타인 부인의 장원을 방문하였다. 이 장원은 렝게펠트 가족이 살고 있는 루돌슈타트와 가까운 거리에 있었기 때문에 쉴러는 마침내 괴테와 상봉할 수 있었다. 9월 어느 화창한 일요일 슈타인 부인은 괴테와 헤르더의 부인과 함께 왔다. 헤르더는 이때 이탈리아로 여행 중이었다. 쉴러는 괴테에 대한 첫인상을 즉시 쾨르너에게 썼다. "마침내 자네와 내가 아주 호기심을 갖고 기다렸던 괴테에 관해 이야기를 하겠네. 지난 일요일 괴테는 슈타인 부인, 자네가 바트에서 만난 헤르더의 부인 샤르트 부인과 함께 우리를 방문하였네. 그의 첫인상은 사람들이 나에게 매력적이고 아름다운 모습이라고 이야기하였던 것보다는 못하네. 그는 중키에다 곧은 자세이고 걸음걸이도 그랬네. 그의 얼굴은 좀 굳은 편이였으나 그의 눈은 아주 인상적으로 활기찼고 사람의 눈길을 끌었네. 진지한 그의 표정은 호의적이고 선량하였네. 머리는 갈색이고 내가 생각한 것보다 더 나이 들어 보였네. 〔…〕 목소리는 평온하였고 이야기를 유창하게 하더군. 〔…〕 즉시 소개를 받았으나 그의 둘레에 사람들이 많아 개인적 이야기는 할 수 없었네. 그는 이탈리아 여행에 대하여 열을 내며 이야기하였네. 〔…〕 우리가 서로 가까이 할 수 있는가는 의심스러웠네. 그의 세계는 처음부터 나와는 다른 세계일세. 우리의 상상의 세계도 본질적으로 서로 다르네"(1788년 9월 12일, Briefwechsel, 85). 헤르더의 부인도 이탈리아에 있는 남편에게 "괴테는 그〔쉴러〕에 대해 친절하지 않았다"고 보고하였다. 카롤리네도 "이 만남에서 우리는 아주 긴장하였다. 우리는 두 사람의 접근을 바랐으나 전혀 이루어지지 않았다. 괴테에게서 우리는 그의 명성에 〔어울리는〕 대응을 기대하였고 또 우리의 친구〔쉴러〕에게서도 밖으로나마 좀 따듯함을 기대하였다. 괴테는 이탈리아로 향한 그리움만 있는 것 같았다".

이런 상이함은 쉴러만 느낀 것은 아니었다. 괴테도 쉴러와 자신의 세계와는 다르다는 것을 느끼고 가까이하지 않았다. 그 후에도 이 위대한 두 시인은 바이마르에서 서로 지나쳐도 다만 무언의 인사만 할 뿐이었다. 두 사람은 아주 가까이 살고 있어도 한마디의 인사도 하지 않고 지냈다. 불행한 환경에 살고 있던 쉴러는 이것을 고통스럽게 느끼고 있었다. 괴테는 쉴러의 야심적인 시 〈그리스 신들〉이 너무 길다고 하였다("Paralipomena", in *Tag und*

Jahresheften). 주위 사람들이 두 사람을 가깝게 하려고 애썼지만, 쉴러가 괴테의 에그몬트 평을 썼을 때 괴테는 불쾌감을 나타냈다. 괴테는 평자가 도의적인 부분에 관해서는 잘 썼으나, 시적인 부분에는 유념하지 않았다고 하였다. 쉴러는 유머러스한 위트를 잘하는 사람이었다. 그는 숨기지 않고 괴테에 대한 위트를 하였고, 사람들은 이것은 대가를 무시하는 것이라고 그에게 말하여 주곤 하였다. 쉴러와 괴테와의 서로 다른 세계는 이로부터 약 십년 후에나 서로 이해하고 가까워질 수 있었다.

쉴러는 이곳에서 〈네덜란드 멸망사〉 제1부를 완성하여 출판하였다. 〈영을 보는 사람〉은 끝내지 못하였다. 드라마 〈돈 카를로스〉에 대한 자신의 변호인 〈돈 카를로스에 관한 서한〉의 대부분을 썼다. 그가 이곳에 있는 동안 많은 쉴러 연구자들이 간과하고 있는 것이 있다. 여기서 자기의 부인을 만나 결혼한 것만이 중요한 것이 아니다. 그는 이곳에서 쾨르너에게 "나는 앞으로 2년간 결코 현대 작가는 읽지 않겠네. 〔…〕 지금 옛 사람들을 〔읽는 것이〕 진정한 향유일세. 동시에 나는 아주 높은 정도로 나 자신의 취미를 순화할 수 있었네. 〔…〕 옛 사람들과의 교류는 아주 좋았네, 아마도 이 교류는 나에게 고전주의를 줄 것이네. 자네는 이것을 알게 될 것이네"(Briefwechse, 85)라고 쓰고 있다. 흔히 쉴러가 〈돈 카를로스〉 이후에 고전주의 작품을 썼다고만 언급할 뿐이지만, 이곳에서 두 자매들과 함께 희랍고전을 읽은 것과 괴테와의 해후는 혹은 괴테의 무시는 그와 경쟁하려고 오히려

고전주의 문학작품을 생산하게 된 동기가 된 것이라고 생각한다. 괴테가 쉴러를 염두에 두지 않는 것은 10년 연하에다 쉴러가 아직 설익은 슈투름 운트 드랑의 작가라고 생각하였기 때문이었다. 쉴러는 무의식 속에서 고전을 읽고, 고전주의 문학 세계에 들어가 있는 괴테를 따를 생각이었을 것이다. 혹은 그를 뛰어넘을 경쟁의 마음을 갖고 있었을 것이다. 비록 괴테를 원망하고 있었지만, 쉴러가 괴테의 집에서 가까이 살 때 괴테의 방에 불이 꺼지기 전에는 결코 자신이 먼저 불을 끈 적이 없다고 한다.

쉴러는 이제 더욱 바이마르로 갈 생각이 없었다. 애초에 예정하였던 체류 기간을 조금씩 연장하여 여름이 가고 가을이 왔다. 그는 더 머무르고 싶었으나 별안간 어쩔 수 없이 돌아가야만 할 때가 왔다. 두 자매가 별안간 에어푸르트로 여행을 떠난 것이다.

쉴러를 어머니와 같이 돌보아 주고 탈영병으로 오갈 때가 없을 때 피난처를 주었던 헨리에테 폰 볼초겐 부인이 여름에 타계하였다. 쉴러는 그녀의 아들 빌헬름에게 애도의 편지를 보내 위로하며, 앞으로 형제처럼 지내자고 하였다. 여름이 지나면서 칼프 부인과의 사이는 가을의 날씨처럼 점점 차가워져 갔다. 그녀는 이제 쉴러가 다른 여인에게 마음을 두고 있다는 것을 알고 편지도 거의 쓰지 않았다. 10월에 쉴러는 쾨르너에게 "이번 여름에 난 그녀〔칼프 부인〕에게 편지를 거의 쓰지 않았네. 우리는 사이가 벌어져 있다네. 자세한 것은 직접 말로 하고 싶네. 그녀가 날 비판하는 것에는 답하고 싶지 않네" 하고 무엇인가 글로 남기고 싶지 않은 심정을 토로하였다. "직접 말로 하고 싶은" 사연이란 이미 모든 것이 거의 끝났다는 파경의 의미일 것이다. 칼프 부인에게도 어려운 시기가 왔다. 남편과의 사이가 견딜 수 없이 막다른 곳에 이르렀고, 쉴러와의 사이도 좋지 않았을 뿐만 아니라, 이런데서 오는 마음의 고통 때문인지 눈병은 더 악화되었다. 쉴러가 가을에 바이마르로 다시 왔을 때 그녀는 약간 체념한 듯하였다.

쉴러가 루돌슈타트에서 11월 12일(1788년) 바이마르로 돌아왔을 때는 늦은 가을이었다. 춥고 스산했지만 그는 일에 매달렸다. 에우리피데스의 드라마, 특히 〈아울리스의 이피게네이아〉를 번역하는 데 매달렸다. 이것은 그가 이미 두 자매에게 호머를 읽어 줄 때부터 작업하고 있던 것이었다. 카를학교에서 고전 그리스어를 배우기는 하였지만 이미 거의 잊어버렸고 프랑스어에서 중역한 독일어 텍스트와 자구에 충실한 번역인 라틴어 역, 오래된 독일어 번역본과 대조하여 보면서 번역하였다. 바이마르로 돌아온 지 한 달 후에 보낸 편지에서 그는 〈아울리스의 이피게네이아〉를 완역하고 이미 〈페니키아 인〉의 2막까지, 아이스킬로스의 〈아가멤논〉을 번역할 예정이라고 쓰고 있다. 그리스 비극을 번역하는 것은 "나의 문체를 정확하게 하기 위함일세"라고 하였다.

아무것도 가진 것이 없는 그에게 빌란트는 큰 도움을 주었다. 빌란트는 쉴러 자신이 스스로 쓴 평론인 〈돈 카를로스의 편지〉에 대한 보수를 후하게 주었을 뿐만 아니라 "천재의 비평"이라고 하면서 이 평론은 문학의 "변호이며 또한 비평이 모범"이라고 평하였다. 그의 잡지에 또한 단편소설 〈운명의 장난〉을 실었다. 내용은 어떤 군주의 총신이 파멸하는 이야기로서 고향의 군주를 암암리에 그리고 있으나 아버지를 염려한 때문인지 명확한 배경과 사건을 다루지는 않고 있다. 이렇게 그는 빌란트와의 작업으로 돈을 벌 수 있었다. 그의 〈영을 보는 사람〉은 많은 독자들을 열광시켰다. 그래도 물론 빚을 갚을 수는 없었다.

9. 자유와 학문의 도시 예나로

예나대학 교수

그가 바이마르에 도착한지 한 달이 안 되었을 때 괴테의 부재 시 이제까지 대리로 일하던 행정부 추밀관 보이크트가 그를 찾아왔다. 그는 쉴러에게 많은 편의를 보아준 사람으로 쉴러도 높이 평가하는 인물이다. 그는 쉴러에게 예나대학의 역사학 교수직이 하나 비어 있어 쉴러에게 알려 주려고 왔으며, 교수직을 할 의향이 있느냐는 것이었다. 그리고 가부를 결정할 시간이 얼마 없다는 것이었다. 예나대학은 바이마르에 속하기는 하지만 그 주위의 네 개의 공국으로 둘러싸여 있으며 교수 초빙 시에는 다른 공국의 군주들의 동의가 있어야만 하였다. 이틀 후 바이마르 공은 괴테와 함께 작센으로 갔으며 쉴러 추천서를 각 공국에 보냈다. 괴테는 쉴러를 위하여 군주들에게 '청원서'를 썼다. "근래에 이곳에 체재하고 있는 쉴러 씨는 특히 〈네덜란드 멸망사〉를 집필하여 그 이름을 얻고 있습니다. 그는 역사 분야에 업적이 있으며 그를 알고 있는 사람들로부터 성격과 생활방식 등 모든 것이 진지하여 젊은 사람들에게 좋은 영향을 줄 수 있을 것이라고 믿고 있습니다." 괴테는 일주일 후 공식 문서로 쉴러에게 다른 네 군주들에게서 반대가 없을 것이라고 알려왔다. 그러나 쉴러는 "사기당하였다"(Briefwechsel, 90)고 하였다. 그의 교수직은 급료도 없는 무보수 교수 직위였다. 그는 오히려 돈이 들게 될 것이라고 예상하면서, 사람들이 그것을 모르고 있다고 하였다. 그는 역사 지식도 아직 풍부하지 않다고 생각하여 결혼을 생각하고 있는 샤를로테 폰 렝게펠트에게 "많은 학생들이 아마도 교수님보다 더 많이 역사를 알고 있을 것"이라고 썼다(Hoyer, 300). 더욱 중요한 것은 이제까지 평생의 직분으로 생각하던 작품 집필이 불가능할지도 모른다는 걱정이었다. 그는 쾨르너에게 조언을 청하면서 "겨울 내내 하던 수많은 작업을 어떻게 하면 좋으냐"고 물었다. "나는 완전히 예술가가 되든지, 아니면 나는 더 이상 아무것도 되고 싶지 않네. 나에게 있어 무엇보다 2년 내에 내 생계를 고려해 완전히 나를 보장할 수 있고 기본 급료를 주는 봉급을 얻을 수 있느냐에 달려 있네"(Briefwechsel, 90). 그러나 뜻밖에도 쾨르너에게서는 긍정적인 답이 왔다. 작품을 계속할 수도 있는 것이며 역사는 그가 잘 알고 있는 분야를 택하여 강의하면 된다는 것이었다.

쉴러는 쾨르너의 충고에 따랐다. 2년 후에는 생활 기반을 다지고 그의 빚을 다 갚을 수 있을 급료를 타기를 바랐다. 그의 예나대학 교수직을 위하여 괴테도 많은 노력을 하였다. 그러나 쉴러의 편지나 다른 자료에는 괴테와 의논한 것은 나타나 있지 않다. 다만 궁정 비서인 크네벨을 통하여 그가 수고를 아끼지 않고 있다는 것을 알 수 있다. 오히려 괴테가 의식적으로 쉴러를 피하고 있거나 무시하고 있다는 것을 알 수 있다. 이미 위에서 괴테가 스스로 한 말과 같이 괴테는 10년 연하의 그에게서 〈군도〉의 작가로서 치기 어린 문학 정신을 갖고 있다고 생각하였다. 젊은 작가로 인정은 하지만 이미 질풍노도의 문학기를 벗어나 이탈리아의 경험으로 고전주의 문학관이 확고하게 자리 잡은 그에게 쉴러는 어린아이에 불과했다. 괴테의 정신 세계를 아직 파악하지 못하였던 쉴러는 불만이 있을 수밖에 없었다. "그〔괴테〕는 아주 가까운 친구에게도 배려하는 것이 없네. 내 생각에 정말 지나칠 정도의 에고이스트이네. 그는 사람들을 자신에게 크건 작건 주목하도록 하여 자신에게 끌리도록 하는 재능은 있으나, 스스로는 거기에 매이지 않는 법을 아네. 이런 존재는 주위의 어느 사람도 자라게 할 수 없네"(Briefwechsel, 98). 계속해서 그는 자신은 카이사르에 반대했던 브루투스처럼 미움과 사랑이 함께 있다고 하였다. "괴테가 자신의 온 힘을 다한다면, 나와 비교할 수 없을 것이네. 그는 나보다 더 많은 천재성이 있고, 거기다 풍부한 지식을 갖추고 있네"(Briefwechsel, 105). "자네에게 괴테에게 대해 이러니저러니 썼던 것을 생각하니 웃음이 나네. 자네도 이제 나의 약점을 보았겠지. 마음속으로

웃겠지. 그래도 좋네. 자네에게 내가 어떤지를 알리고 싶었네. 이 인간, 이 괴테가 나에게 방해가 되네. 운명이 나를 너무나 심하게 다루었다는 것을 기억하네. 그의 운명은 그의 천재성을 얼마나 편하게 해 주었는지, 그리고 나는 지금 이 시간까지 얼마나 싸우고 있는지"(Briefwechsel, 109). 쉴러는 30세의 자신과 이미 불혹이 된 괴테와의 비교를, 여러 편의 긴 편지에서 말하고 있다. 그러나 나이 차로 볼 때 30세와 40세는 아주 다른 세계이다. 30대는 아직도 성장하는 세계이나 40대는 이미 관조의 세계이다. 여기다 운명의 기구함도 거기에 큰 영향을 끼친 것은 사실이다. 이 운명의 영향은 두 사람의 작품 세계를 판이하게 다르도록 만들었다. 괴테는 자연을 있는 그대로, 쉴러는 자연 그대로 펼쳐지지 않은 인간 사회의 부조리를 그린다. 후에 두 사람은, 이 서로 다른 운명을 보완하면서 독일 문학을 세계 문학으로 이끌게 된다. 이 시대에 벌써 쉴러는 자신의 시가 괴테의 도움을 받았다고 쓰고 있다. "내가 시를 완성하는 것에는 괴테의 영향이 아주 컸네"(Briefwechsel, 98-99). 이 시가 바로 〈예술가〉이다. 이 시는 그의 전환기를 뜻한다. 이런 편지를 교환하면서 쉴러는 에우리피데스의 〈아울리스의 이피게네이아〉 번역에 정진하였다. 괴테가 쉴러에게 예나대학을 추천하면서 "가르치며 배운다"(Briefwechsel, 90)고 하였듯이 그는 예나대학으로 갈 준비를 하였다.

그는 2년 전 바이마르에 왔을 때 "예나가 바이마르보다 더 마음에 든다"고 말한 적이 있었다. 5월 중순 그는 예나에 새로 방을 하나 구하였다. 1789년 5월 11일이었다. 이 집은 큰 방 세 개에, 가구가 딸려 있는 집으로 학생들 거주 지역에 있었으며 좀 말이 많은 슈람이라는 여자의 집이었다. "방은 나란히 붙어 있고 밝은 색의 카펫이 깔려 있네. 많은 창문이 있으며, 모두가 새것이거나 새로 수리한 것"으로서, 이때 그는 생전 처음으로 자신의 "책상을 주문"하여 소유할 수 있었다(Hoyer, 517). 약 10일 후에 있을 취임 강연 준비를 하기 시작하였다. 독일의 대학은 지금도 새로 교수가 부임하면 '취임 강연'을 한다. 이것은 새로 부임한 교수의 학문적 방법론과 세계관, 나아가 그의 '실력'을 만인에게 공포하는 것이다. 그러므로 독일대학사에 유명한 취임 연설문이 많다. 그는 취임 연설을 '멋지고 용감하게' 하려고 계획을 세웠다. 그가 취임 연설을 할 때는 성령강림절이 지난 5월 26일 화요일 오후 6시였다.

취임 강연, 역사가 쉴러

원래 강연은 라인홀트의 교실에서 할 예정이었다. 쉴러의 취임 강연에 관한 보고에 의하면, "약 80명을 수용할 수 있는 방에서 데뷔할 예정이었으나 학생들이 너무나 많이 몰려왔네. 약 100여 명쯤 되었는데, 6시 30분경에는 〔…〕 강의실이 꽉 찼을 뿐만 아니라 창문 밖에도 무리에 무리를 지어 학생들이 오는 것이 보였네. 〔…〕 나〔내 강의〕를 들으러 오는 사람이 이렇게 많을 줄은 전혀 생각하지 않았지. 무리는 점점 많아졌네. 강의실 앞에도, 계단에도 꽉 차서 돌아가는 학생도 있었네. 누군가가 내 곁에 있던 사람이 강연을 다른 곳으로 옮기는 것이 어떠냐고 물었네. 그래서 〔다른 건물에 있는 가장 큰, 신학 교수〕 그리스바흐의 강의실로 옮기기로 하였네. 그런데 아주 멋진 장관이 생겼네. 모두가 한꺼번에 빠져나가 〔다른 곳에 있는〕 요한네스 가로 내려갔네. 거리가 온통 학생들로 가득 메워졌고, 좋은 자리를 차지하려고 학생들이 뛰어가기 시작하였지. 그러니까 거리에는 알람이 울리고, 모든 창문이 열리며, 사람들은 불이 난 줄 알았다네. 성에 서는 보초들이 동원되었고, '무슨 일이야? 왜 그래?' 하고 소리를 여기저기서 질렀네. '신임 교수가 강연을 해'. 이렇게 우연히도 나의 시작은 아주 화려하였네. 라인홀트가 나를 동반하여 갔네. 사람들이 둘러싼 틈을, 그러니까 가로수처럼 양쪽에 늘어선 사람들 사이를 지나서 〔사람으로 가득 차〕 거의 보이지 않는 교단으로 올라갔네. 환영의 〔책상〕 두드리는 소리 가운데 올라가 사람들로 가득한 원형 극장에 섰네. 강의실은 후덥지근하였으나, 강단 위 모든 창문이 열려 있어 견딜 만하였네. 심호흡을 하고, 자세를 바로 한 후 확고한 어조로 나 자신도 놀랄 강하고 확실한 목소리로 강연을 시작하였네"라고 한다.

그의 강연 제목은 '보편사란 무엇이며 그 연구의 궁극적인 목적은 무엇인가?'였다. 그의 개념으로 보편사는 현재의 시점에서 출발하여 현재의 시각에서, 역사를 개별적 문화 단위의 주체로 보지 않고 전체적인 보편성으로 역사를 해명하려는 것에 있다. 쉴러는 처음에 '국민문화', '국어', '민속관습'으로 시작하려 하였으나 수정하였다. "우리가 이 순간 여기 다 함께 존재한다는 사실, 또 이런 상태의 국가 문화에서 언어와 예절, 시민적인 우월성, 그리고 이 정도의 양심의 자유 속에 함께 산다는 사실 자체가 아마도 모든 세계 사건들의 결과일 것이다. 세계사는 이 한순간을 설명하기 위해서 필요한 것이다." 이 역사철학적인 글로써 쉴러는 세계사의 의미뿐 아니라 이 학문의 중요성을 알리려고 했다. 쉴러는 칸트의 저서를 아직 많이 읽지는 않았었다. 그러나 칸트적인 역사 인식, 즉 역사 이념, 역사가 이성적인 목적을 달성할 수 있다는 주장을 한 것은 칸트에 가깝다. 그는 이어 "세계사는 우리로 하여금 옛 것에 대한 과장된 경탄과 과거를 향한 유치한 동경에서 깨어나게 한다. 또한 우리 시대의 것에 주의를 기울이게 하며 우리가 알렉산더와 아우구스투스의 축복받은 황금시대로 돌아가는 것을 원하지 않도록 한다"고 하였다. 그는 고대 작가와 자신이 살고 있는 시대의 작가를 비교하여 손색이 없다고 주장하며, "한 작가의 천재성은 올바른 문화의 발달과 온화한 정신을 통해 우리 시대를 받치고 있으며 시예술이 아주 섬세하고 고귀한 번영을 했으며" 예술의 승리라고 하였다. 여기서 천재적 예술가, 예술의 승리는 자기 자신을 말하는지도 모른다. 사람들은 이것이 괴테의 저술을 의미한다고 말한다. 그는 자기 시대가 이성의 발전에서 오는 하나의 증거이며 고대보다 결코 뒤지지 않는다고 한다. "교회의 역사, 철학의 역사, 예술과 관습의 역사 그리고 상업의 역사는 정치의 역사와 하나로 종합돼야 하며, 이것만이 비로소 세계사가 될 수 있다." 현대적인 역사관에 가까운 것은 이성의 발전과 함께 역사를 보는 역사철학적인 것이었다. 쉴러의 취임 연설 '보편사란 무엇이며 그 연구의 궁극적인 목적은 무엇인가?'는 짧지만 그의 사상을 엿볼 수 있는 근거가 된다.

그의 역사관은 〈네덜란드 멸망사〉에서 나타났듯이 네덜란드 봉기가 한 나라의 역사적 사건에만 있었던 사건이 아니라 인간 정신이 발전하는 과정을 보여 준다고 생각한다. 네덜란드가 스페인의 식민 통치에서 벗어나려는 싸움은 인간의 권리와 인간의 자유를 위한 것이라고 본다. 역사의 과정에서 그는 자연과 문화, 구속과 자유, 충동과 이성, 야만과 고귀함이 나타나는 광장으로, 현재는 과거의 집적물로서 인간 발전의 현실화라고 본다. 즉 역사의 과정은 자유 이념의 발전 과정, 이성의 발전 과정이라고 생각한다. 그러므로 그의 강연은 "18세기 후반의 유럽 정신사에 기념비"(Alt I, 606)로 꼽힌다.

그날 저녁 내내 강연 소문은 거리에서, 술집에서 이야깃거리가 되었고 학생들은 이것을 자랑거리로 생각하였다. 신임 교수가 이렇게 시작하였다는 것은 대학사에 처음 있는 일이었다. 그의 취임 강연의 이런 풍경은 입에서 입으로 번져 예나에서 오랫동안 퍼져 있었다(Briefwechsel, 117). 아마도 유명한 작가가 교수로 온다는 것이 학생들의 호기심을 일으킨 것이 아닌가 한다.

이런 현상으로 쉴러는 다른 교수들에게 시기의 대상이 되기도 하였다. 프로이센의 교육학자 게디케 교수는 정부의 위탁으로 독일의 각 대학 실정을 파악하고자 대학을 순방 중이었는데 이 관경을 보고 "내가 〔예나에〕 체류하는 동안 쉴러의 보편사 개론에 400명의 학생이 있었다. 그렇게 학생이 많은 이유는 아무도 강의를 하지 않는 저녁 6시에 하였기 때문"이라고 하였다(Gleichen-Russwurm, 208). 그는 평가절하하고 있지만 당시의 독일 대학에서 학생들이 쉴러의 취임 강연에서처럼 열렬히 환호하는 것은 드문 일이었다. 다음 학기 정식 강의에는 30명이 왔다. 그러나 그것은 학생들이 쉴러의 강의 시간표를 보기 전에 수강신청이 이미 시작되었기 때문이었다.

예나대학 교수 취임 초기에 쉴러는 칸트를 알지 못하였다. 그는 칸트의 소논문을 읽기는 하였다. 예컨대 〈세계시민의 관점에서 본 일반사 이념〉 등이다. 그러나 앞에서도 여러 번 언급한 바와 같이 칸트를 읽기 전의 쉴러의 기본 사상도 칸트의 것과 유사하였다. 이미 군사학교의 논문이 칸트의 사상과 유사하다는 것은 언급한 바 있다. 수강생이 첫날보다 더 많아서 그는 300-400명을 수용할 수 있는 더 큰 강의실로 옮겼으나 수강생은 차차 줄어들었다.

결혼

그는 처음부터 강의에 대한 재미를 느끼지 못하였다. "강단과 학생 사이의 간극"을 좁히지 못하였으며, "강의에서 일반적인 대화에서처럼 서로를 이해하는 것이 거의 불가능하다"고 하였다. 그의 강의 노트가 원형대로 남아 있는 것은 두 편뿐이다. 쉴러의 교수직은 수입도 거의 없으면서 시간을 아껴야 하는 그에게는 부담이 되었다. 강의를 위하여 많은 시간을 투자해야만 했다. 다음 학기 강의 준비를 위하여 "여름"을 모두 "사용"해야 한다고 걱정하고 있다. 그러나 더욱 이곳에 있는 것이 부담이 되는 것은 "결혼" 때문이다. 귀족 규수가 일반인과 결혼하면 귀족 칭호 폰von를 잃는 것이 당시의 엄한 규정이었다. 일반 시민인 쉴러와 귀족인 샤를로테 폰 렝게펠트가 결혼하면 귀족의 칭호를 잃게 되고, 바이마르와 가까운 곳에 살고 있는 폰 렝게펠트 가족은, 특히 바이마르 궁정과 밀접한 관계를 유지하려는 어머니는 딸을 먼 곳으로 보낼 수 없기 때문에 결혼을 허락할 수 없다며 "반대"한다는 것이다. 그러므로 그는 결혼 후 예나를 떠나 바이마르와 가까운 그녀의 집 루돌슈타트로 가서 문필로 4, 5년간 함께 지내겠다는 것이다(Briefwechsel, 119).

결혼 직전까지 쉴러는 두 자매 샤를로테와 언니 카롤리네 중 누구를 택할 것인가를 결정하지 못한 듯하다. 그는 항상 거의 모든 편지를 두 자매를 수취인으로 하고, 받는 사람의 주어도 복수로 하고 있다. 결국 그는 활달하고 여장부인 언니 카롤리네가 아니라 수줍고 여성적인 샤를로테를 아내로 택하였다.

샤를로테도 처음에 적극적이지는 않았다. 그녀의 방에는 작은 초상화가 하나 걸려 있었다. 그 그림은 스코틀랜드 사람 헨리 헤론 해군 대위의 그림으로, 그리스바흐 교수의 집에 있으면서 대학에 다녔던 젊은이였다. 바이마르 궁에서 샤를로테 폰 렝게펠트와 알게 되었으며, 그는 그녀에게 당시 〈젊은 베르테르의 슬픔〉에서 인용되어 젊은이들에게 많이 알려진 스코틀랜드의 멕퍼슨의 시 〈오시안〉을 이야기하여 주었고, 포프와 영국 철학자들의 사상을 이야기하여 주곤 하였다. 헨리는 인도를 임지로 발령받았기 때문에 떠날 수밖에 없었으며, 그녀는 가장 좋은 친구를 잃었다고 생각하였고 체념하면서도 그를 마음속에 두고 있었는지도 모르고, 어머니도 쉴러와의 결혼을 반대하였기 때문에 로테는 처음에는 적극적일 수가 없었고, 또 수줍어하는 천성 때문일 수도 있다. 또 다른 가장 큰 이유로는 쉴러가 언니인 카롤리네를 더 좋아하는 것으로 알았다.

어렸이, 렝게펠트 가족과 함께 라이프치히 근처의 라우흐슈테트라는 유명한 휴양지에 간 적이 있었다. 여기에서 후에 빌헬름 폰 훔볼트의 부인이 된 폰 다허뢰덴 양을 만났다. 그녀는 휴양지에서 쉴러와 두 자매의 모습을 보고 난 후 편지로 로테에게 "너의 마음을 쉴러에게 알려라"고 하였을 때 로테는 "쉴러는 언니를 좋아하는 것 같다"고 대답하였다. 그러나 폰 다허뢰덴 양은 쉴러의 의중에는 로케가 있다고 하면서 적극적으로 권하였다. 쉴러는 로테의 집에서 단 둘만 있을 경우가 거의 없었다. 항상 언니와 함께 있었기 때문이다. 쉴러가 로테의 방에서 청혼하려고 하였을 때마다 언니 카롤리네가 들어왔다고 한다. 그러나 로테는 쉴러의 프러포즈의 편지를 받고 조심스런 답장을 긍정적으로 쓰기는 하였으나 확답하지는 않았다. 오히려 언니 카롤리네를 통하여 답을 하였다. 언니 카롤리네도 쉴러에게 연정을 품고 있었던 것은 사실이었다. 체념과 언니로서 혹은 쉴러의 선택에 따랐던 것 같다. 언니가 한동안 침울한 것은 어쩔 수 없는 현상이었다. 쉴러는 즉각 답을 썼다. "로테, 이게 정말이요? 카롤리네가 당시의 영혼을 바로 읽었다고 보아도 되겠소? 〔…〕 내 생의 모든 기쁨을 당신께 드립니다. 아, 오래 전부터 오직 그대의 모습에서만 기쁨을 생각할 수 있었습니다."

두 자매와 쉴러와의 관계는 이것으로 확정된 듯하였으나 위기도 있었다. 로테는 쉴러가 언니 카롤리네에게 열렬히 키스하는 것을 다른 사람을 통하여 들었다. 조용하고 침착한 그녀는 언니에게 쉴러를 양보할 생각을 한 적이 있다. 결국 여러 번 편지가 오가고, 쉴러는 솔직히 시인하고, 로테는 쉴러를 받아들이기로 하였다. 당시 훔볼트는 언니와 결혼하는 것이 더 좋다고 생각하고, 로테와는 지루할 것이라고 하였다. 그러나 현명하다는 훔볼트도 사람을 잘못 판단하였다. 로테는 알려지지 않은, 당시의 가장 훌륭한 여성 가운데 하나였다. 쉴러가 로테를 선택한 것은 불안한 그의 지위와 정서에 휴식이 필요하였기 때문일 것이다.

그 후 쉴러와 로테는 약혼을 하였다. 그러나 당분간 다른 사람에게는, 심지어 어머니에게도 알리지 않기로 하였다. 쉴러가 아직도 확고한 직장이 없고 수입이 보장되어 있지 않아 그때까지 기다리기로 한 것이다. 두 자매가 비밀로 할 수 있었던 것은 어머니가 마침 바이마르 공주의 사부로 일을 하고 있기 때문에 주로 바이마르에 있었기 때문이었다. 쉴러의 수입을 보장하기 위하여, 또한 결혼을 성사시키기 위하여, 주위 사람들은 슈타인 부인과 괴테를 움직여 군주에게서 연금을 받도록 힘써 보자고 하였다. 예나에 있는 동안에도 그는 어디든지 확고한 직장을 얻어 다른 곳으로 옮길 생각을 하였다. 만하임의 극장장 달베르크의 형인 카를 테오도어 달베르크는 마인츠 선제후選帝侯의 후계자로 에어푸르트에 집정관으로 머무르고 있었다. 드레스덴의 친구이며 이제는 외교관이 된 후버와 함께 만났던 그는 적극적으로 쉴러를 돕겠다고 하였다. 그가 마인츠의 선제후가 된다면 쉴러에게는 큰 힘이 되리라고 생각하였다. 또한 그는 렝게펠트 가족과도 친분이 있는 사이었다. 그러나 마인츠의 주교인 선제후가 살아 있는 동안에는 그도 어쩔 수 없었다.

선제후란 독일 역사상 대단한 권력을 보유한 제후이다. 게르만 족은 2-3세기 유럽을 침공하여 거의 전 유럽을 장악한 후 기독교에 귀의하여 기독교인이 되었다. 그 후 로마가 위험할 때 카를 대제는 교황청을 수호하여 세례를 받고 교황으로부터 '황제'라는 공식 명칭을 받고 대관식을 거행(800년)한 이래 그 이후의 황제는 항상 교황청으로부터 인정받는 형식상의 제도가 있었으나 교황의 세력이 커지면서 교황이 임명하게 되었다. 중세사(독일 역사를 살펴보면)는 신성로마제국이라는 큰 지붕 밑에 많은 제후국이 있었다. 봉건Grundherrschaft이라는 말도 원래 게르만어에서 온 것이다. 교황권이 약해진 후 황제의 대가 끊어졌을 때는 제후들이 선출하였다. 그러나 1346년 카를 4세가 등극하고 '금인칙서'라는 것을 발표하였는데, 여기에는 앞으로 황제 선출권은 7명의 제후에게만 있으며, 이들은 선제후 회의를 구성하고(회의 소집권은 마인츠 선제후에게만 있다) 선거는 공개 다수결 원칙으로 하되, 과반수의 출석이 필요하고 투표권의 이양은 금지되었다. 그 결과 선거권은 제후가 독점하게 되었고 다수표에 의하여 선출된 황제를 승인하지 않으면 그 선제후는 자격을 상실하였다. 선제후는 오히려 장자 상속을 원칙으로 정하여 그 분열을 방지하고자 하였고, 선제후에 대한 침해는 대역죄로 규정하여 이것은 독일의 통일을 막는 것이 되었다. 이런 제후를 선제후Kurfürst라고 하고 7명뿐이다. 후에는 장자가 있어도 황제는 선거에 의해 선출되었다(자세한 것은, 고려대학교 독일문화연구소, 《독일문화사대계》, 72ff. 참조). 에어푸르트의 달베르크는 장래 막중한 권력을 차지할 수는 있으나 현재는 작은 영지를 통치하는 기독교 제후에 불과하였다.

괴테의 연인이었던 "따듯한 마음의" 폰 슈타인 부인은 신부감이 있어도 일정한 수입이 없어 결혼을 하지 못한다는 딱한 사정을 듣고 카를 아우구스트 공에게 쉴러를 도와줄 것을 청하였다(Hoyer, 340). 많지 않은 연봉이나 쉴러와 로테의 결혼을 위해서 슈타인 부인은 한 가지 계교를 생각해 냈다.

쉴러는 예나대학 교수로 있었으나 로테와 카롤리네가 바이마르에 체재하고 있는 것을 알고 강의가 끝나면 달려가곤 했다. 쉴러와 로테가 가까이 지낸다는 소문이 바이마르에 돌기 시작하자 군주도 자연히 알게 되었고, 어느 날 슈타인 부인에게 그 사실을 묻자, 부인은 "두 사람은 진심으로 원하지만 〔그들의 결혼은〕 공에게 달려 있습니다" 하고 대답하였다. "아무런 수입도 없어 렝게펠트 양은 불확실한 생활이 두려워 〔결혼을〕 못하고 있습니다"고 하자 군주는 자신이 할 수 있는 한 도와주겠다고 했다. 그러나 많이는 못한다고 못을 박았다. 아우구스트 공은 쉴러를 궁으로 불러 무엇인가 해 주고 싶다고 하면서 "가라앉은 목소리와 무안한 얼굴로 그가 할 수 있는 것은 200탈러가 모두"라고 하였다. 쉴러는 궁에서 나오는 즉시 슈타인 부인에게그 소식을 알려 주었고 부인은 두 약혼자를 위해서 저녁 초대를 하였다. 이제 모든 것을 알게 된 로테의 어머니는 적은 돈이기는 하지만, 결혼을 할 경우 연 200탈러를 주기로 하여, 우선 400탈러라는 수입으로 결혼을 할 수 있게 되었다. 당시의 한 가정의 가계비는 최소한 연 천 탈러 이상이었다.

결혼하기 나흘 전 쉴러는 예나에서 에어푸르트로 여행을 하는 도중에 바이마르에 들려 가까운 친구로 사귀고 있던 칼프 부인을 만나 마지막 작별

인사를 하기로 하였다. 이미 전에 쉴러는 이제까지 비밀로 하던 두 자매와의 관계를 폰 칼프 부인에게 알리고, 로테와 결혼할 예정이라고 고백하였다. 칼프 부인은 자신이 그 권리를 갖고 있다고 주장하였다. 그러나 곧 그를 포기하였다. 부인은 두 사람의 결혼 전에 자신의 편지를 모두 돌려 달라고 요구하였기 때문에 쉴러는 편지를 가지고 갔었다. 칼프 부인은 "나는 그의 편지를 모로코산産 가죽 상자에 넣고 있었는데 그것을 꺼내 〔…〕 한 번에 불속에 넣지 않고 한 장 한 장 불 속에 넣었다"고 회상기에서 말하고 있다. 그녀는 쉴러의 것과 함께 자신의 것도 모두 태워 버렸다. 그러나 그 후 당시의 남녀 관계의 사회적 관습이 그랬듯이 서로 모든 것을 시인하고 인정하였고 다시 두 사람과의 관계는 친구로서 평온을 유지하였다(Alt I, 647). 그 후 폰 칼프 부인은 쉴러의 신부감인 샤를로테를 슈타인 부인 집에서 만났다. 그녀가 미친 사람처럼 샤를로테에게 덤벼들어 사람들은 당황하였다.

평민과 결혼할 경우 귀족은 그 지위를 잃는다고 이미 언급한 바 있다. 쉴러는 샤를로테가 작위를 잃지 않도록 작센 황태자에게 청원서를 썼다. "저는 지금 행복을 찾기 위하여, 바이마르 공주의 궁중 사부인 폰 렝게펠트의 딸과 결혼을 예정하고 있습니다. 저로 인하여 귀족의 신분을 희생하게 될 것입니다." 다시 그는 아우구스트 공에게도 청원하였다. 당시 이런 청원은 아주 많았으며 작위 수여에 관한 것은 독일 소군주들이 혼자 결정하는 것이 아니라 빈 황실의 허가를 얻어야만 하는 것이었다. 쉴러는 궁정 고문관이라는 명예직을 받아 폰이라는 호칭을 얻기에는 충분한 자격이 있었다. 그러나 그 회답은 오랜 시간이 지난 후에 왔다.

결혼식은 1790년 2월 22일에 쉴러의 원에 의해 아주 간소하게 치러졌다. 예나에서 3시간가량 떨어진 곳의 작은 시골 교회에서, 아무런 치장도 하지 않고 가족만이 참석하였다. 피로연도 없었다. 예나대학 교수들과 학생들이 요란하게 준비한 행사는 무위로 끝났다.

결혼하던 날을 로테는 쉴러가 죽은 후 회상기에서 이렇게 쓰고 있다. "2월 21일 일요일 우리는 예나로 와서 세그너 양 집 앞에서 내렸다. 월요일 우리 셋은 함께 어머니를 모시러 카를라에 갔다. 날씨는 고통으로 이 글을 쓰고 있는 1806년 오늘처럼 봄날이었다. 카를라에서 약 두 시간 걸려, 5시에 아주 조용한 베니겐 예나에 도착하였다. 교회 앞에서 우린 내렸다. 결혼식에는 나의 어머니와 카롤리네 외에는 아무도 초대하지 않았다. 우리는 함께 차를 마시며 조용히, 평안하게 저녁을 보냈다. 〔…〕 내가 조용한 교회에 들어갈 때 가벼운 저녁 구름이 푸른 하늘에 떠 있었고 붉은 저녁노을이 구름 위에 찬란하게 비치고 있었다. 쉴러의 손을 잡고 나는 아무 장식도 없는 마을교회에 들어가, 죽을 때까지 그에게 충실히 머물겠다고 서언하였다." 쉴러도 결혼생활의 기쁨을 이렇게 이야기하고 있다. "내가 얼마나 아름다운 삶을 살고 있는지! 난 내 주위에 기쁜 영으로 둘러싸여 있는 것을 보고 있네. 그리고 나의 마음은 부드러운 만족감을 느끼며, 내 정신은 아름다운 자양분과 치유를 받고 있는 것을 느끼고 있네. 나의 존재는 균형 있는 조화이며, 격정적으로 긴장하지 않고 평안하고 밝게 요즘을 보내고 있네." 몇 달 뒤에는 드레스덴에 또 행복한 결혼생활에 대해 편지를 썼다. "사랑하는 여인과 함께 산다는 것은 혼자 고립된 채 사는 것과는 완전히 다르네. 여름에도, 이제서야 나는 자연을 즐기고 또 자연 속의 나를 즐길 수 있다네. 다시 내 주위는 시적 모습을 나타냈고 내 가슴속에서 다시 움직이고 있네. 학문의 마부 같은 일은 더 이상하지 않고 싶네. 결코 모범적 교수가 되고 싶지 않네."

신혼부부의 집은 이제까지 쉴러가 살던 예나의 그리스바흐의 집 그대로였다. 신혼살림도 새로 마련한 것은 없었다. 시종도 이전부터 일하던 한 사람과 새댁을 위한 여시종 한 사람을 더 고용하였을 뿐이었다. 18세기 당시에 조금 산다는 일반 시민의 가정에도 한 집에 10명에서 30명까지의 시종을 두고 있는 것이 보통이었으나 쉴러의 경우 아주 작은 수의 시종만을 부렸다. 당시 통계에 의하면 전체 인구 중 중산층 이상의 가정에서 일하는 사람의 분포를 살펴보면 괴팅겐에서 15퍼센트, 좀더 풍요로운 곳인 함부르크의 경우 20퍼센트의 인구가 이 일에 종사하고 있었다고 한다(Alt I, 647. 당시 이들의 임금은 1인당 월 약 10탈러 내외). 결혼 후 쉴러의 생활은 안정되었고 많은 친구들과 어울려 점심 혹은 저녁을 함께 하는 것으로 즐겼다. 늦게 자고 늦게 일어나는 습관을 지닌 쉴러는 한낮인 12시경에 일어나고 밤늦게까지 일하였다. 그는 잠옷을 입고 있을 때가 많았으며 수염도 깎지 않은 채 친구를 맞아 카드놀이를 하거나 장기를 두곤 하였다. 결혼식에는 손님이 오지 않았으나 예나로 많은 사람들이 방문하여 신혼부부를 축복하고 선물을 놓고 갔다. 괴테도 제일 처음으로 온 사람 중 한 사람이었다. 그는 신부 렝게펠트 양을 어렸을 때부터 알고 있었다. 이때의 대화로도 두 사람은 아직 가까워질 수 없었다. 괴테는 우선 드레스덴에서 만난 쾨르너가 훌륭한 사람이었다고 말하고 이어서 곧 신간 서적에 관한 이야기가 시작되었다. 특히 칸트의 《판단력 비판》이 화재였다. 쾨르너에게 이렇게 썼다. "어제 그가 우리에게 왔었네. 재미있는 것은 모든 것을 그의 고유한 방식으로 이해하는 것이었네. 그에게 모든 철학은 주관적이었네. 그래서 논쟁이 없었네. 〔…〕 그의 상상의 방법이 너무나 감각적이어서 나를 곤란하게 하였네. 〔…〕 그에게는 무엇인가를 고백할 수 있는 진실성이 부족하네. 그러나 그의 영혼은 모든 방향으로 작용하고 연구하여 하나의 전체를 세우려 하는데 이것이 그를 위대한 사람으로 보이게 하네." 아직도 이 두 사람은 다른 세계관을 지닌 것을 확인한 셈이었다.

오늘날에는 독일의 습관이 많이 변화되었지만 당시의 습관으로는 장모가 신혼집에 일주일간 머무는 것이 관례였다. 카롤리네도 함께 있었는데, 동생이 쉴러와 결혼하는 것에 한편으로는 기쁘기도 하였지만 다른 한편으로는 "불안하고, 견디기 어려웠다"고 다허뢰덴 양이 전한다. 카롤리네도 쉴러 근처에 방을 하나 얻었다.

부인인 샤를로테는 부족한 가계를 드러내지 않았고, 또 원래가 가정적인 성격이기도 하여서 가정 내에서조차 자신을 남에게 드러내지 않고 지냈다. 후에 쉴러가 유명인사가 되어 작가로나 궁정생활로 남 앞에 설 때에도 자신은 늘 겸손하였다. 쉴러가 죽은 지 20년이 지난 1826년, 약 60세에 죽을 때까지 그녀는 그런 생활 태도를 유지하였고, 그녀의 주위에서 문학 대담이나 번역에 관한 토론이 있어도 그녀는 한상 평상심을 유지하고 다른 사람 앞에서 아는 척을 하지 않았다. 쉴러는 여행을 즐기는 성격임에도 자기의 부인을 떠나기 싫어하여 여행을 하지 않았다. 결혼한 이 해가 쉴러에게는 가장 행복한 시기였고 이후에도 병고를 제외한다면 가정적으로 늘 행복하였다.

결혼 후 그는 괴셴출판사에 넘길 〈삼십년전쟁사〉를 매일 열네 시간 이상 집필하였다. 그의 손에는 못이 박힐 정도였다. 〈삼십년전쟁사〉는 마르틴 루터(1483-1546)의 종교개혁 후 독일과 전 유럽의 군주들이 종교적 신앙심에서가 아니라 정치권력과 이권에 따라 프로테스탄트와 가톨릭을 각자 채택하면서 시작된 전쟁을 다룬 책이다. 이 전쟁에는 유럽의 거의 모든 국가가 참여하였으며 모든 군주는 자신의 정치적 이익에만 관심이 있었다. 남부 유럽은 주로 가톨릭이었고 북부 유럽은 프로테스탄트였다. 전쟁의 무대가 주로 독일이었기 때문에 독일은 막대한 피해를 입었다. 그는 〈삼십년전쟁사〉 1, 2권을 4개월 안에 완성하였고 이 책을 완성한 후 루돌슈타트로 가서 먹고 마시며 장기를 두면서 쉬었다.

흔히 천재 작가에게 좋은 아내가 작품을 쓰기에 도움이 되는지 혹은 가정의 안락함이 작가를 나태하게 만드는가는 예전부터 논란이 되었다. 쉴러의 경우 너무나 오랜 세월 동안 불안정한 생활을 해서인지 모르지만, 결혼 후 오히려 문학 창작에 더욱 정진하였으며 좋은 작품을 생산할 수 있었다.

10. 병고

평생을 병과 함께

호사다마라고 할까. 유년기부터 지금까지 도피와 가난과 견딜 수 없는 환경에서 힘들게 살았던 그는 결혼으로 행복한 생활을 누리다가 치명적인 병이 들어 이제부터는 늘 병마와 싸우며 작품을 쓸 수밖에 없었다.

하루 14시간 동안 읽고, 자료를 정리하고, 또 쓰고 하는 것을 오래 계속한다면 누구라도 견디기 힘들 것이다. 쉴러는 이미 유년 시절부터 병약하였다. 카를의 군사학교 때도 병으로 간호실에 누워 있었던 때가 다른 소년들에 비해 많았다. 이제까지는 의지로 그것을 견뎠을 뿐이다.

쉴러는 부인 로테와 함께, 훗날을 원조하겠다고 약속한 달베르크 주교의 초청으로 예나에서 가까운 에어푸르트의 '유용학회'에 참석하였다. 전에 쉴러는 달베르크에게 작가로서 역사학을 계속하는 것이 좋은가 혹은 자신의 시적 재능을 계속하는 것이 좋은가를 물은 적이 있었다. 종교인으로 에어푸르트 군주인 달베르크는 "주의 깊게 음미하며, 자료를 모으는 탐구정신이 역사를 쓰는 사람의 요소일 것이오. 극작 시인으로서의 천재는 생생한 묘사를 하는 것이라고 생각합니다. 당신은 두 가지를 겸해서 할 수 있습니다. 그러나 저는 당신이 할 수 있는 것은 충분히 완전하게 이룰 수 있는 것, 그것은 드라마라고 생각합니다"고 한 적이 있었다.

에어푸르트 궁에서 쉴러는 달베르크와 야고프 도미니쿠스 교수와 함께 다시 그 문제에 관해서 이야기하였다. 세계사에서 인물을 선택하여 시대 상황과 문제점을 발견한다면, 바로 쉴러의 특성에 맞는 작품을 쓸 수 있을 것이라고 하였다. 이때 발렌슈타인을 화제로 삼은 사람은 도미니쿠스 교수였다. 그는 이 특별한 인물에 대한 참고서를 모두 찾아 구하여 주겠다고 약속하였다. 이때부터 그의 마음속에 발렌슈타인 생각이 떠나지 않았다. 발렌슈타인은 삼십년전쟁 중에 대장군으로 가톨릭 군사를 이끈 총사령관이었으나 황제를 배반한다는 의심을 받고 황제가 보낸 자객에게 살해당한 인물로 쉴러의 역사 저서 〈삼십년전쟁사〉의 중요 인물이기도 하다.

손님들을 환대한다는 마음을 표하려고 달베르크는 '유용학회'를 그의 호화로운 집무실에서 주최하였다. 회의는 활기차고 화기애애한 분위기로 진행되었고, 쉴러도 특유의 위트로 사람들을 즐겁게 하였으며, 달베르크와 학회를 위하여 짧은 시도 헌정하였다.

다음 날 시청 지하실(서양에서는 흔히 시청에 지하실이 있어 유용하게 사용한다)에서는 대음악회가 있었고, 만찬이 있었다. 아름답던 겨울 날씨가 사나워지더니 안개가 전 시를 덮고 한기가 서렸다. 아마도 쉴러는 이 안개에 주의하지 않은 듯하다. 바로 이 화려하고 멋진 행복한 순간에 갑자기 병의 발작이 일어났다. 쉴러와 그의 부인은 수많은 사람들과 아름다운 도자기 그릇, 빛나는 은수저로 만찬을 즐기는 도중 이 축제를 떠나야 했다. 쉴러가 연회석에 앉아 있던 중 별안간 오열이 나고 사지가 떨리는 것이었다. 그는 끝까지 참고 있으려하고 하였으나 견딜 수 없어 다른 방으로 옮겼다. 그는 하루를 그 방에서 지내야 했다. 달베르크와 다허뢰덴 양도 위로하고 그 와중에서도 도미니쿠스 교수는 신간 《발렌슈타인의 역사》와 코타출판사에서 나온 비극 작품을 하나 가져왔다. 달베르크는 쉴러의 정신이 특히 이 시대에 중점적으로 있는 만큼 발렌슈타인은 비극의 멋진 테마가 될 수 있을 것이라고 하면서, "모든 독일인에게 이 강철 같고 거인적인 인물은 최상의 극적 인물이 될" 수 있다고 하였다. 이런 이야기 때문인지는 모르나 쉴러는 열병 가운데서도 "삼십년전쟁의 인물"을 중얼거리는 것이었다.

이삼 일 후 여행할 수 있게 되어 바이마르를 거처 예나로 돌아오자(어떤 자료에는 이틀 후 열이 가라앉아 그는 바이마르 궁정에 공식적인 초청으로 가기로 되어 있어, 우선 부인만 먼저 보냈으나 후에 더 무서운 열병이 고통과 함께 왔고, 열이 너무나 심해 그는 글도 잘 쓸 수 없을 정도여서 부인에게 즉시 돌아와 달라고 한 후 떨리는 손으로 겨우 몇 자 썼다고 한다) 가슴에 통증이 심하게 왔다. 로테는 급히 돌아와 간병하는 한편 언니인 카롤리네에게 편지를 써서 예나로 오도록 하고 유명한 의사 슈타르크에게 진료를 부탁하였다. 쉴러의 병은 너무나 중하고 몸은 약하여 사람들이 그를 침상에서 소파로 옮기는 도중에도 의식을 잃을 정도였다. 그의 강의를 들은 학생들도 와서 그를 돌보거나 밤에 그를 지키기도 하였다. 그 학생 가운데 한 사람이 하인리히 레오폴트 폰 하르덴베르크, 즉 후에 낭만주의 시인 가운데 가장 유명한 노발리스(1772-1801)도 있었다. 노발리스는 그의 아버지의 추천으로 쉴러에게 왔었는데 그가 나중에 쓴 수기를 보면 쉴러의 영향이 어린 그에게 얼마나 컸는지를 알 수 있다. "내가 그를 처음 본 그 순간은 〔…〕 내 유년에 복 받은 시간"이었으며 "그의 말은 영웅의 행동 같은 섬광으로 나에게 와 닫고"라고 하였다.

차차 병의 차도가 있어 라인홀트가 이야기의 첫 번째 상대로 와서 쉴러는 칸트의 철학을 논하고 식탁에도 앉게 되자 친지와 학생들과 이야기도 하고 농담도 하게 되었다. 칸트 철학에서 흥미를 느낀 부분은 특히 미학으로, 자신의 사상에서 칸트의 것과 유사한 점과 또한 다른 점을 발견하고 감동하였다. 이때에 무엇보다 그에게 영향을 끼친 칸트를 자세히 읽기 시작한 것이다. 그는 쾨르너에게 "자네 내가 지금 무엇을 읽고 공부하는지 알겠나? 바로 칸트일세. 그의 《판단력비판》은 즐겁고 재기발랄한 내용으로 나를 흥분하도록 하네. 그리고 점점 그의 철학이 나를 끌어들이네. 철학적 소양이 적은 나에게 그의 《순수이성비판》은 어려워 많은 시간이 필요하네. 그러나 내가 이미 미학에 대해서는 많이 생각하였고 그것에 대해 조금은 알고 있어, 《판단력비판》은 좀더 쉽게 그 내용을 알 수 있네. 그는 《순수이성비판》에서 많은 생각을 《판단력비판》에 응용하고 있기 때문이네. 말하자면 칸트는 내가 오르지 못할 산은 아니라고 생각하네. 그리고 나는 그를 확실하게 알 것이네"(Briefwechsel, 133ff.). 그러나 그는 칸트 공부도 계속할 수 없었다.

그는 처가댁에서 말을 타고 산책을 하는 도중 많은 피를 흘리며 다시 병들게 되었기 때문이다. 봄날 저녁의 차가운 기운을 이기지 못하고 그는 감기로 병을 더하게 되었다. 열은 계속되었고 가슴과 아랫배에 심한 통증이 계속되면서 셋째 날에는 고름이 섞인 피를 토하기 시작하였다. 그리고 음식을 먹지 못하였다. 당시의 의학에서 이런 증상에는 환자의 피를 뽑거나 관장을 시키거나 구토제를 복용하게 하는 것이 보통이였다고 한다. 쉴러는 이런 치료를 할 때마다 너무나 약해서 기절하곤 하였다. 그리고 아주 쇠약해지면서 헛소리를 하였다. 몇 주 후 다시 기력을 회복하여 침대에서 일어날 수 있었다.

북해 연안에서 온 그라스라는 학생이 자기 선생님을 돌보겠다고 한 적이 있었다. 그는 후에 이 어려운 순간을 기억하며 로테에게 이런 편지를 썼다. "나는 그의 방에 있었으며 창문가에서 읽고 있었습니다. 〔…〕 그는 내가 아는 한 심한 고통 때문에 모르핀을 맞고 있었습니다. 그리고 의식이 없이 마치 대리석처럼 누워 있었죠. 쉴러가 번역한 〈아이네이스〉 제4권을 읽어 주고 있을 때 당신〔로테〕은 옆방에 계셨습니다. 그리고 가끔씩 쉴러를 보기 위해 문으로 왔다 가곤 하였습니다. 당신은 그가 누워 있는 것을 보고 〔소리가 나지 않도록〕 양말발로 가만히 다가와서 합장을 하고는 그의 침대 앞에서 무릎을 꿇었습니다. 당신의 늘어진 검은 머리가 어깨를 덮었습니다. 그리고 조용히 울고 계셨습니다. 누군가가 방에 있는 것을 모르는 것 같았습니다. 기절하였던 병자가 이때 눈을 뜨더니 당신을 올려 보고는 격정적으로 그의 팔이 당신의 머리를 끌어안았습니다. 그리고 그는 그의 힘이 소진될 때까지 당신의 목을 안고 있었습니다. 이 장면을 묘사하는 것을 용서하시기 바랍니다. 너무나 성스럽고 천국과 같은 장면이라 하나님만이 당신을 보았어야 했습니다. 제가 쉴러와 당신을 결코 잊을 수 없다는 것을 이제 이해하실 수 있습니까?"

의학을 공부한 쉴러는 자신의 병을 점막염이라고 진단하고 있었는데 최근에 와서야 그의 병이 무서운 폐렴이라는 것이 밝혀졌다. 부인과 처제인 카롤리네와 장모의 극진한 간호 덕분에 그는 차차 회복되었다. 그러나 병이 완쾌된 것은 아니었다. 이때부터 그는 늘 죽음의 그늘에서 살았다. 이제는 건강을 해칠 모든 것을 피해야만 했다. 강의도 불가능하다고 생각하였다. 아우구스트 공은 강의를 하지 않아도 좋다고 허락하여, 쉴러는 쉬면서 베르길리우스의 〈아이네이스〉의 번역을 시작하였다. 그에게 라틴어는 그리스어보다 다루기 쉬운 언어였다. 그는 이미 카를학교 때부터 비르길리우스를 번역하려고 시도한 적이 있었다. 빌란트의 베스트셀러인 《오베론》을 모방하여 팔각운으로 번역하였다.

그리고 곧 세 번째의 더 큰 발작을 일으키며 가슴과 하복부의 고통으로 떨리기 시작하였다. 숨이 가빠지며 맥박이 내려갔다. 사지는 차가워지고, 다음 날 저녁에는 목소리가 나지 않았다. 그는 주위 사람들에게 이별을 고하려 하였다. 후세에 의사들은 이 병에 걸리면 횡격막에 고름이 흐르고 피에 독이 전염되어 대부분은 사망에 이르게 된다고 하였다. 그러나 쉴러는 이것을 이겨냈다. 고통은 이루 말할 수 없었다. 아마도 이 병은 만성 복막염일 것이라고 한다. "주기적으로 반복하는 발작이 두 번 있었네. 〔…〕 숨 쉬기가 너무나 어려워 공기를 들이마실 때마다 허파가 찢어질 듯이 아팠네. 〔…〕 어떻게 될지는 나도 모르네. 그러나 이제는 한 달 전보다 두려워하지는 않네. 이 무서운 발작은 나에게는 오히려 나쁘다고 할 수 없네. 나는 그때마다 여러 번 죽음을 보았네. 그리고 이젠 용기가 더 생겼네"(Hoyer, 376ff.). 그는 의사의 권유로 부인과 카롤리네와 함께 아이켄이라는 의사를 동반하고 일 개월간, 지금은 체코에 속하는 온천 요양지 칼스바트로 갔다. 비용은 괴센이 마련하였다. 칼스바트에서 돌아오는 길에 그는 발렌슈타인이 살해당한 장소인 에거를 방문하였다. 이곳은 발렌슈타인과 테르츠키 등 그와 그의 충복들이 살해당한 곳으로 그 당시의 장면을 그대로 재현하여 놓고 있어 쉴러가 작품 발렌슈타인을 쓰는 데 많은 상상력을 자극할 수 있는 장소이다.

그러나 오랜 병으로 그는 다시 큰 빚을 지게 되었다. 그의 〈삼십년전쟁사〉 1권이 서점에서 인기를 끌기는 하였으나 빚을 갚을 수는 없었다. 출판업자이며 친구인 괴셴이 많은 돈을 보내 주고 쾨르너도 도와주었으며, 재정적으로 어려움을 겪고 있던 아우구스트 공도 250탈러를 보내 주었다. 그래도 돈이 쪼들리기는 마찬가지였다.

11. 멀리서 온 도움

두 번째 구원

뜻밖의 도움은 멀리서 왔다. 1790년 쉴러가 칼스바트에서 요양 후 예나로 돌아와 에어푸르트로 떠나기 직전이었다. 친구이며 철학 교수인 라인홀트는 덴마크에서 바게센이 자신에게 보낸 편지를 쉴러에게 가져와 읽어 주었다. "친애하는 라인홀트여, 어찌 내가 이루 다 묘사할 수 있겠습니까. 나의 영혼은 떨리고, 나의 가슴은 이 소식에 슬픈 피가 흐르고 있었습니다. 〔…〕 우리들의 쉴러가 죽었다는 것이 가능한 일입니까? 저는 아직도 도저히 믿을 수가 없습니다. 〔…〕 그는 독일의 셰익스피어였습니다. 아니 오히려 그는 독일의 쉴러였습니다. 저는 번개를 맞은 듯합니다. 그리고 〔프랑스의〕 미라보가 죽었다는 소식도 저를 아주 강하게 흔들어 놓았습니다. 나는 몸이 굳어져 나의 〔아내〕 소피의 팔에 쓰러졌습니다. 나는 아내와 함께만 있을 수가 없었습니다. 우리가 전에 잠깐 만난, 그의 높고 숭고하며 아폴로적인, 우리들의 영혼에 깊게 각인된 상이 떠올랐습니다. 아내와 나는 마차를 타고 폭풍과 빗속에서 제에루스트로 향했습니다." 그곳 별장에서 바게센은 쉴러의 열광적인 숭배자인 쉼멜만(1747-1831) 백작 부부를 만났다고 하였다. 그들은 헬레베크라는 바닷가에 가서 쉴러의 송가인 〈환희의 송가〉를 모두 함께 부르려고 막 출발하려던 참이었다. "알프스 산맥 북쪽에서 가장 아름다운 곳, 북해의 우레 같은 파도 소리가 울리는 곳, 가장 낭만적이고 자연의 위대한 명소인 곳, 시가지에서 멀리 떨어진 곳을 상상해 보십시오. 거기에 세 쌍의 서로 사랑하는 사람들이, 적어도 아름다움을 사랑하는 여섯 영혼들이 서로 믿음의 동아리가 되어 모였습니다. 식탁에는 나와 백작이 가장 좋아하는 포도주가 있었습니다. 갑자기 바게센이 읽기 시작하였습니다. '환희여, 아름다운 신의 선물이여.' 그리고 악기—클라리넷과 플루트—가 울리기 시작하였습니다. 다른 사람들은 알지 못하였습니다. 저와 백작님이 계획하였으니까요." 그들은 즐겁게 파티를 하려던 계획을 바꾸어 쉴러가 죽었다는 소식을 듣고 추도식으로 거행하였다. 즐거운 음악을 연주하려던 악단은 눈물을 흘리며 쉴러의 〈환희의 송가〉를 연주하고, 사람들은 노래를 불렀다. 바게센은 쉴러가 죽었다는 소문을 들은 것이고, 또 1791년 6월 8일 《에어푸르트》 신문에는 "독일 시신詩神에게 사랑받던 궁정관 쉴러 이곳에서 사망하다"(Ueding, 12)라는 기사가 실제로 난 적이 있었다. 그 전해(1790년 여름)에 쉴러는 덴마크로부터 옌스 바게센이라는 젊은 시인의 방문을 받았다. 그는 이미 예나에 유학한 적이 있었으며 만하임에서 쉴러가 고생하고 있을 때 라인홀트와 함께 그를 예나로 초대하려고 했던 사람으로서, 〈군도〉와 〈돈 카를로스〉의 작가를 존경하고 있었다. 그리고 그도 실은 프리메이슨 단원이었다. 당시 덴마크에서 식자층은 대부분 독일어를 사용하고 읽었기 때문에 독일 작가들이 낯선 것은 아니었다. 그는 "문학에서의 새로운 메시아의 사도"인 쉴러의 병고와 딱한 사정을 보고 마음에 크게 느낀바 있어 고국으로 돌아가 지인들인 재무장관 쉼멜만 백작, 슈바르트 남작 등에게 이 작가의 어려운 사정을 알렸다. 그들은 프랑스의 미라보와 쉴러를 동시에 잃는 것을 슬퍼하였다(프랑스의 미라보는 1791년 4월 2일 사망). 그들은 영화에서 이교도들이 하듯이 엄숙한 의식을 행하였다. 목자의 상징으로 흰 옷을 입은 네 명의 소년과 네 명의 소녀들이 조화를 받치고, 모두들 눈물을 흘리며 울었다. 바게센이 "쉴러가 묘사할 새로운 혁명을 기대하였는데"(Hoyer, 378)라고 쓴 것을 보면 그들은 프리메이슨의 투사가 죽었다고 생각하는 것 같았다. 그러므로 바게센은 그의 옛날 예나 친구였던 칸트 숭배자 라인홀트에게 편지를 보낸 것이었다. 라인홀트는 바게센에게 곧 답하기를(1791년 10월 17일) 쉴러의 상태를 언급하면서 쉴러가 다른 걱정 없이 그의 일만 한다면 완전히 회복할 수 있을 것이라고 하였다. 즉 그에게 어떤 도움이 필요하다는 것이다.

요양 후 안정을 위하여 쉴러 부부는 가을에 에어푸르트로 가서 집을 하나 구하였다. 방은 2층의 남향으로, 밖으로 창이 나와 있어(돌출 창) 가을 정원에는 꽃향기가 가득한 곳이었다. 여기서 그는 다시 그의 작업을 천천히 시작하였다. 이때에(9월 25일) 괴테의 지도하에 바이마르 극장에서는 〈돈 카를로스〉를 공연하고 있었고, 이곳 에어푸르트에서는 〈피에스코의 모반〉을 공연하고 있어 쉴러는 달베르크의 좌석에서 관람할 수 있었다.

쉴러는 10월 1일 에어푸르트를 떠나 부인과 함께 예나로 돌아왔다. 즐거운 여행에서 돌아오면 누구나 다시 현실을 직시하게 된다. 병에서 어느 정도 회복하였으나 앞으로 살아갈 길이 막연하였다. 이번 학기 강의도 이미 불가능하고 오랫동안 일에서 손을 놓다 보니 일도 손에 잡히지 않았다. 이때의 심정을 그는 쾨르너에게, "건강할 때 현저하던 것〔수입〕이 병중에는 불가능"하게 되었다고 썼다. 군주인 카를 아우구스트의 약간의 도움으로 잠깐 버틸 수 있을 뿐이었다. 생활비뿐만 아니라 약값도 적지 않게 밀려 있었다. 마인츠의 통치자로 예정된 달베르크가 마인츠로 돌아가지 않는 한 계속 돕기는 힘들었다. 마인츠는 프랑스혁명 후 현재 공화주의자들의 수중에 있었다. 이 곤궁한 상태에서 벗어날 수 없을 것 같았고 앞길은 암울하기만 하였다. 그의 건강 상태는 요양 후 좋아지는 듯하였으나 앞날이 불투명한 상태에서 더 이상 상태가 좋아지지는 않았다. 밤에는 더욱 숨을 쉬지 못하는 때가 있어 그를 지키고 있어야만 하였기 때문에 부인뿐만 아니라 학생들도 밤에 와서 병자를 돌보아야 했다. 로테조차 그의 회복을 확신을 하지 못하였다. 친지들도 그가 오래가지 못할 것이라며, 이제 죽음이 그의 근처에 와 있다고 슬퍼하였다.

덴마크의 시인 바게센은 독일 여행 중 쉴러가 궁핍하여 돈을 벌기 위해 과도한 작업을 하고 있다는 것을 알고 그의 군주에게 이 사실을 알리는 편지를 썼다. "너무 많은 일이 그를 쇠약하게 하였으며, 이 과도한 작업은 자신의 가족의 생활을 위하여 할 수밖에 없다고 합니다. 문자 그대로 그는 일하지 않으면 굶어 죽을 수밖에 없습니다. 계몽주의 시대에 이런 일이 있을 수 있습니까? 〔…〕 우리 시대의 거인적 정신을 지닌 시인을, 〔우리 시대〕 역사에 훌륭한 아침 해와 같은 사람을, 진정한 철학적 시인을, 말로 표현할 수 없는 마적인 쉴러를 존경할 수 없습니까?" 덴마크의 왕자 프리드리히 크리스티안은 독일 여행 중 쉴러를 방문하려고 한 적이 있었다. 그러나 그는 예나서에도 칼스바트에서도 쉴러를 만나지 못하였다. 왕자는 여행에 동반하였던 바게센이 추천한 쉴러의 작품을 읽고 감탄하였고, 특히 시 〈예술가〉는 그에게 큰 감동을 주었다. 나중에 알게 되었지만, 후버의 부인인 도라 슈토크가 궁중 귀부인을 모시고 칼스바트에 갔을 때 아우구스텐부르크 공(1765-1814, 당시 26세)을 거기서 만났으며 그는 쉴러의 〈네덜란드 멸망사〉를 감동 깊게 읽었다고 하였으며 쉴러와 그의 병에 대해서 자세히 물었다고 한다.

쉴러의 병고와 작업 불능 소식은 이렇게 바게센에 의해 코펜하겐으로 전하여졌고 황태자는 바게센에게, "깊이 생각해 보니 귀하가 쉴러에게 도움 줄 만한 쉼멜만에게 요청하는 것이 가장 좋은 방법이라고 생각합니다. 어떤 일정액을 확정하여 쉴러에게 주어 그가 매일 여유 있게 일을 할 수 있도록 해야 합니다. 나는 그〔쉴러〕에게 처음부터 공개적으로 주는 것은 불가능하다고 봅니다. 국가는 개인에게 할 수 없습니다. 쉼멜만은 몇 년간 연속해서 얼마간 지불할 의향이 있는지요. 이 답을 나는 귀하로부터 받았으면 합니다"라고 했다. 그를 도와주되 국가의 이름으로가 아니라, 즉 공금으로가 아니라 개인적 일로 처리하려는 것이었다.

그들은 쉴러에게 앞으로 3년간 매년 천 탈러씩 보내자고 하였다(이들은 모두 프리메이슨 단원이었다). 1791년 11월 27일, 쉴러는 놀랍고 기쁜 편지를 읽었다. 쉼멜만의 이름으로 된 장문의 편지에서 그들은 장학금을 주는 이유를 "귀하의 작품과 거기에 근거한 귀하의 정신, 귀하에 대한 존경심, 귀하의 작품이 지닌 계속되는 효과의 중요성—인류를 치유하려는 목적"(Hoyer, 394ff.) 때문이라고 하였다. 이들의 기금 수여 목적은 어떻게 보면 혁명적이라고 볼 수 있다. 그의 "작품이 지닌 계속되는 효과의 중요성"이란 무엇을 뜻한단 말인가. 이들은 비록 황태자이고 귀족이지만 먼 미래를 내다보는 사람들로서 "좀더 가까운 혁명"을 보고자 하는 사람임을 나타낸다. 아마도 이들이 프리메이슨 단원들이기 때문일 것이다(이들이 단원이라는 것은

Alt I, 460f. 참조). 편지는 누군가 혼자 이 도움을 주는 것이 아니라고 생각하도록—정말 공자公子 혼자만은 아니었지만—주어를 '우리들'이라고 썼다.

쉴러는 너무나 기뻤기 때문에 이 편지에 답장을 하는데 이틀이나 걸리며 긴 편지를 썼다. "저를 덮친 병마의 흔적이 아직도 저의 영혼을 구름처럼 에워싸고 있고, 어둡고 슬픈 미래가 저를 위협하고 있는 이때에, 두 분은, 두 수호신과 같이 〔검은〕 구름 속에 있는 저에게 도움을 주셨습니다. 저에게 행하신 고결한 제공은 저의 가장 훌륭한 소망을 이행할 수 있는, 그것을 넘어설 수 있는 것이었습니다. 귀하가 하신 것은 저를 두려움에서 해방시키는 것이었습니다. 〔…〕 귀하에게 진 빚은 귀하 두 분께가 아니라 인류를 위하여 갚겠습니다." 중간에서 좋은 역할을 하였던 바게센은 예나로 다시 소식을 가져왔다. 쉴러는 또다시 장문의 편지를 썼다. 이것은 그의 생애에 있어 하나의 좋은, 자기에 관한 증언 기록이기도 하다. "내 정신적 요람에서부터 이것을 쓰고 있는 이제까지 저는 운명과 함께 싸워 왔습니다. 그리고 정신의 자유가 소중하다는 것을 안 이후부터 이제까지 저는 정신의 자유 없이 살도록 운명 지워졌습니다. 십 년 전 예기치 않던 일로 갑자기 작가의 역할만으로 살도록 영원히 운명 지워졌습니다. 그리고 그 요청을 시험해 보기도 전에, 그 어려움을 예견하지도 못하고 이 직업을 택하게 되었습니다. 저는 문학에 대한 지식과 정신적 성숙이 이루어지기도 전에 어쩔 수 없이 필연적으로 할 수밖에 없었습니다. 〔…〕 다른 작가들의 명작을 읽을 때면 우울합니다. 저는 그들처럼 행복한 여유—창조적인 작품을 숙성할 여유—를 갖는 희망이 없기 때문입니다. 〔…〕 저는 이제 여유를 갖고, 아마도 이 여유를 통하여 잃어버린 건강을 다시 찾을 것입니다. 〔…〕 저는 인류를 위하여 아름다운 꽃을 피우기 위한 씨를 뿌리고 싶습니다"(Hoyer, 398ff.).

쉴러는 실로 처음으로 궁핍한 생활에서 자유로울 수 있었다. 이 편지를 쓴 후 즉시 칸트의 《순수이성비판》을 주문하고 보름 후 도착한 이 책을 열심히 읽기 시작하였다. 후원금을 받고 제일 처음 구입한 책이 칸트의 책이라는 것은 유명한 이야기이다. "난 지금 아주 열심히 칸트 철학을 공부하고 있네. 만일 자네와 매일 저녁 이것에 대하여 이야기한다면 많은 것을 말할 수 있을 것이네. 내가 이것을 철저히 아는 데 3년이 걸릴지라도 내 결심은 변하지 않을 것이네"(Briefwechsel, 402). 쉴러에게 칸트 철학의 연구는 미학 저서에 많은 영향을 끼쳤으며 3년이 아니라 5년간 시작을 중단하면서까지 철저히 매달렸다. 이 연구의 결과는 무엇보다 그의 유명한 작품인 〈인간의 미적 교육에 관한 서한〉이다.

오늘날의 용어를 빌린다면 그가 문예진흥비를 받고 여유를 갖는다고 해서 건강이 금방 호전되는 것은 아니다. 그에게 다시 한번 심한 발작이 왔다. 1792년 봄에야 비로소 자신의 계획을 이행할 건강을 찾게 되었다. 4월 10일부터 그는 한 달간 부인과 함께 드레스덴의 쾨르너를 방문하였다. 예나로 다시 왔을 때에도 건강이 회복된 것은 아니었다. 그는 여름 학기 강의를 그만두어야 했다. 그러나 〈삼십년전쟁사〉의 마지막 부분 집필은 계속하였고 마침내 9월에 끝마쳤다. 비르길리우스 번역은 미진한 상태였다. 쾨르너와 함께 집필하기로 한 프로이센 왕을 위한 서사시는 손도 대지 못하고 있었다. 그 대신 그의 역사물에서 주인공인 발렌슈타인을 서사시로 만들 생각을 하였다. 그러나 그의 영역은 드라마이다. 그는 이 인물을 극화시키려는 의도를 이때부터 의중에 두기 시작하였다.

로테는 이 시기에 남편을 특히 잘 보살피려고 노력하였다. 그의 육체적인 병뿐만이 아니라, 함께 병든 영혼을 위해서도 즐거운 생활을 하도록 애를 썼다. 그녀는 남편의 무거운 병을 우선 정신적으로 가볍게 하기 위하여 일주일에 두 번씩 모임을 만들었다. 이 모임에 초대한 사람도 남편에게 즐거움을 줄 수 있고, 남편의 생각이나 철학적, 문학적 관심사가 일치하는 젊은이로 구성하도록 하였다. 매주 두 번씩 저녁에 모였는데 쉴러는 이것을 '빵과 버터회'라고 불렀다. 독일 사회에서는 진수성찬을 차려놓고 이런 모임을 하는 경우도 있으나, 음식의 진수성찬보다는 훌륭한 정신과 취미로 모인 훌륭한 담소로 하는 예가 더 많았다. 쉴러는 여기서 높고 멋진 화술로 사람들과 대화하였다. 이 모임의 참가자 중의 한 사람인 쉴러의 어릴 때의 친구 콘츠에 의하면 식탁은 단순하고 검소하였으며, 쉴러의 소크라테스 같은 진지함과 농담이 가장 좋은 조미료라고 하였다. 콘츠가 이 모임에서 어린 시절을 이야기 하자 쉴러는 옛 시절을 생각하며 "유년기의 나라로 추억 여행"을 계획하였다고 한다. 그는 이제 고향이 그리운 것이었다.

그리스바흐 부인과 파울루스 부인, 그리스바흐 부인의 동생도 참가하여 신간 서적에 관한 이야기나, 정치에 관한 시사적인 얘기를 나누었으며, 어떤 때는 젊은이들만 이야기하게 하고 쉴러와 라인발트 둘만 다른 방으로 옮겨 칸트 철학을 논하기도 하였다.

한번은 저녁 모임에 쉴러의 조국 뷔르템베르크에 대한 이야기가 나와서 군사학교와 쉴러가 그의 지난 경험을 떠올리자 괴리츠라는 동석자가 자신이 받은 편지 이야기를 하였다. 쉴러의 동서 보일비츠가 로테의 고향인 루돌슈타트의 공자를 모시고 여행을 하는 중 슈투트가르트에 들러, 옛날 쉴러의 군주를 방문하게 되어 만찬 자리에서 보일비츠가 군주에게 쉴러에 대하여 이야기를 하자 군주는, "난 그 사람을 모르오" 하였다는 것이다. 이 말을 들은 쉴러는 우울함을 감출 수가 없었다.

점심에도 항상 다섯 사람을 초대하였는데 주로 칸트 신봉자였으며 화재도 자연히 칸트 철학에 관한 것이었다. 여기에 참여한 사람 중 프랑크푸르트 출신의 피하르트라는 사람은 쉴러가 죽은 후에 아들 카를에게 보낸 편지에서, "쉴러 가족과의 교류는 아주 특별한 매력이 있었소. 아마도 아무도 그것을 잊지 못할 거요. 그〔쉴러〕는 완전히 개방적이었고 나는 귀하의 어머님을 독특한 개성이 있는 사랑스러운 분이라고 부르고 싶소. 〔…〕 귀하의 부친은 건강 때문에 다른 사람과 교류하는 것을 꺼리어 아주 친한 사람하고만 이야기를 나누려고 하였소"라고 썼다.

프랑스 혁명 정부의 명예시민

프랑스 혁명 정부는 1793년 국회 결의를 통하여 쉴러를 프랑스 명예시민으로 추대하였다. 그와 함께 추대된 사람들은 18명이었고 조지 워싱턴과 클롭슈토크, 벤담, 페스탈로치 등이었다. 이들 모두는 "저서와 용기로 자유에 관한 일에 기여하여 민중 해방을 준비"하였기 때문에 명예시민 증서를 수여한다는 것이다. 그러나 증서는 슈트라스부르크에 5년간 방치되었다가 우여곡절 끝에 쉴러에게 도착하였고 거기에 서명한 당통, 클라비에르 등 모든 혁명가들은 이미 단두대 위의 이슬로 사라진 뒤였다. 원래 이 명예시민을 발의할 당시에는 그의 이름은 명단에 들어 있지 않았다. 슈트라스부르크 출신 의원이 넣기를 주장하여 18번째로 들어간 것이다. 당시의 프랑스인들에게 쉴러는 익숙한 작가는 아니었다. 물론 그의 작품 〈군도〉가 프랑스어로 번역되긴 하였으나 1785년인 구정권 시대여서 공연은 금지당하였다. 혁명 후 무대에 올리기는 하였지만 원래의 작품이라기보다는 〈도둑 떼 대장 로베르〉라는 이름으로 혁명 기념일의 행사 작품으로 공연하였으며, 등장인물들은 자코뱅당 모자를 쓰고 있었다.

혁명 후 〈군도〉의 파리 공연은 쉴러의 젊은 시절 후원자였던 볼초겐 부인의 아들 빌헬름이 편지로 쉴러에게 자세히 알리고 있어 우리가 알 수 있게 되었다. "〈군도〉를 번역하여 〈도둑 떼 대장 로베로〉라는 이름으로 마레 극장에서 공연하였습니다. 그러나 그것은 진정한 번역이 아니고, 기본 틀만 유지하여 혁명에 맞게 하는 것이었습니다. 작품의 줄거리를 바꾼 것입니다. 예를 들면 카를 모어와 무리들은 끝에 가서 황제의 용서를 받고 아말리아에게 돌아오게 됩니다." 프랑스 명예시민 증서는 5년 후인 1798년에야 쉴러에게 도착하였다.

쉴러의 친지들과 궁정 주위 사람들은, 즉 아직도 왕정 중심의 이 도시에서는 "파리 도적들의 정부가 보낸 명예"인 명예시민증을 거부하기 바랐다. 특히 슈타인 부인과 괴테는 쉴러 부인에게 편지를 보내어 거부할 것을 권하였다(이미 쉴러가 이것을 받기 전에 독일 신문에 그가 프랑스의 명예시민으로 결정되었다는 보도가 있었다). 그러나 쉴러는 거부하지 않았다. 임명장을 받고 조용히 침묵하고 있었다. 그의 침묵은 웅변보다 더한 것으로 보인다.

프랑스혁명이 났을 때 독일의 지식인들은 열광하였었다. 혁명 초 세계의 지식인들은 그 유명한 시에예스 사제가 쓴 "이제까지 꿈꾸던 이성 국가가 도래한다"는 팸플릿을 의심하는 사람은 없었다. 클롭슈토크(1724-1803), 피히테(1762-1814), 괴테까지도 새로운 희망을 가졌다. 괴테는 "세계사의 새로운 시대가 개막된다"고 하였다. 헤겔(1770-1831)은 심지어 친구들과 기념식수를 할 정도였다. 빌란트도 "프랑스에서 위대한 작품이 시작되었다"고 하였다. 그는 "프랑스의 모든 수도원이 닫히고 수사들의 규정이 없어질 것"이라는 기사를 읽었을 때에도 "이 시대를 경험하는 기쁜 감정이 충만"하다고 하였다. 쉴러가 어떤 반응을 보였는지는 자료에 나타나 있지 않다. 그는 이미 오래전에 귀족들의 마음속에 '요시찰인'으로 각인되어 있는 것을 알고 있기 때문인지 다른 지식인들처럼 말하지 않고 다만 혁명의 과정을 진지하게 지켜보고 있었다.

쉴러가 이에 대해 언급하기 시작한 것은 파리의 혁명지도자와 민중들이 무수한 사람들을 마구 살해하기 시작하였을 때였다. 그리고 루이 16세를 옥에 가두고 재판을 하기 시작할 때, 그는 한 사람의 '독일 작가'로서, '프랑스 시민'으로서 말을 시작하기로 하였다. 그는 쾨르너에게 프랑스어를 잘 하는 사람을 소개해 달라고 하였다. "아마도 자네는 내가 침묵할 것을 충고하겠지. 〔…〕 공개적으로 말을 해야만 할 때가 있네. 그때가 나에게는 지금이네." 1793년 초 그는 바이마르 공의 중재를 통하여 프랑스에 자신의 생각을 전하기로 하고 글을 쓰기 시작하였으나 왕이 처형되었다는 소식을 듣고 중단하였다. 그는 민중들의 학살에 실망을 느끼고, 혁명의 와중에서 나타난 인간의 폭력적 현상을 보면서 이런 것을 피할 수 있는 인간 교육이 필요하다고 생각하고 있을 때 장학금을 받고서, 이것에 관하여 덴마크의 왕자에게 편지를 쓰기로 하였다. 밤잠을 자지 않으며, 이 은혜를 어떻게 갚아야 할지를 생각하여 쓰기로 한 것이 서한 형식으로 된 논문이다.

이해(1793년) 봄에 겨울 동안 로테가 주선하여 계속되었던 점심과 저녁 모임을 끝냈다. 이제 날씨가 화창하고 따듯하여 밖에 나가는 것이 두렵지 않았기 때문이었다. 쉴러 부부는 날씨가 좋아 라이프치히를 거쳐 드레스덴으로 가 오래 만나지 못하였던 쾨르너와 친구들을 만나기로 하였다. 가끔 병의 발작이 있기는 하였으나 기쁘게 만나 여러 이야기를 하고 지금 계획하고 있는 미적 교육에 관한 논문에 대해서 의견도 나누고 5월 중순경에 돌아왔다.

가을에는 뜻밖에 고향에서 쉴러의 어머니가 동생 나네테와 함께 아들의 병문안을 왔다. 어머니와 아들은 십년 만에 만난 것이다. 아들과는 즐거운 만남이었으나 고부간의 간극은 동서양이 비슷한 모양인지, 시어머니와 며느리는 서로 이해하지 못하는 것이 있었다. 자라 온 환경과 신분의 차이, 더구나 당시 각 지방 간의 문화적 풍토가 다르다는 것을 감안한다면 이해할 수 있을 것이다. 어머니 쉴러는 며느리에게서 "말로만 하는 궁중식 언사"가 지루하다고 느꼈고, 며느리는 슈바벤 사투리를 큰소리로 말하는 시어머니에게서 촌스러움을 느꼈을 것이다. 쉴러는 유머로서 두 사람의 간극을 극복하도록 하였다. 어머니는 돌아간 후 아들에게는 외투를 보내고, 며느리에게는 손수 짠 아마 포를 보내면서 동봉한 편지에 "네가 말하기를 소포를 여는 것이 기쁘다고 하였으니 이제 너에게 기쁨을 주려고 한다. 〔…〕 우리 아들의 건강 상태가 허락한다면 다음 봄에 올 수 있으면 좋겠다. 너도 아마 우리에게 오면 즐거울 것이다"(원문은 존칭 'Sie'를 사용하였으나 우리 말로는 하대로 고쳤음)라고 썼다.

12. 고향 방문

고향으로

쉴러는 그의 부친이 70세가 되자 이제까지 원하였던 고향을 방문하기로 하였다. 그는 카를 아우구스트 공에게 휴가를 청하였고 그는 허락하였다. 로테는 가을에 출산이 예정되어 있어 속히 고향인 슈바벤에 가야 한다고 생각하였다. 아내의 임신은 큰 기쁨이었다. "내 삶의 꺼져 가는 횃불에 또 다른 횃불을 붙이는 것을 보는 듯하다"고 쾨르너에게 쓰고 있다. 고향에서 아이를 순산할 경우 친구 가운데 유능한 의사를 발견할 수 있다고 생각하였다. 또는 자기 아이를 자신의 고향에서 낳게 하여 그 아이의 출생지도 슈바벤으로 하도록 내심으로 생각하였는지도 모른다. 이런 생각은 어느 자료에도 나타나 있지 않으나 옛날 독일에서 출생지를 따지는 것을 고려한다면 충분히 가능한 일이다.

그는 마차를 전세 내어 로테의 고향인 루돌슈타트와 마이닝겐을 거쳐 8월 8일 하일브론에 도착하였다. 하일브론은 소위 '자유도시'로서 다른 제후들의 통치권에서 벗어난 곳이었다. 유럽은 국가 단위로 통일되기 전에, 중세부터 내려오는 '자율방어권Fehde'이라는 것이 있었다. 자율방어권이라는 것을 말하기 전에 중세부터 내려오는 재판제도를 잠깐 소개할 필요가 있을 것 같다. 중세에는 우리가 생각하면 좀 난센스처럼 보이는 재판제도가 성행하였다. 두 사람 간의 분쟁이 생겼을 때, 뜨겁게 달군 철을 쥐고 있다가 먼저 놓은 사람이 죄인이다. 혹은 양손을 높이 들고 있다가 먼저 내리는 사람이 범인이다. 불 위를 오래 걷는 사람이 무죄이다. 그러나 가장 성행한 것이 우리가 흔히 중세를 소재로 한 영화에서 보는 결투이다. 이것이 자율방어권이다. 부당한 일을 당하거나 억울한 누명을 쓰게 되면 상대에게 결투를 신청한다. 이것은 게르만 시대 때부터 내려오는 권리로서 부당한 간섭이나 힘이 자신을 속박하려는 것에 대해 개인이 자신의 자유를 지키는 권리를 말하며, 흔히 개인 대 개인의 결투로 결정한다. 그러나 이 자율방어권을 남에게 위탁하여 대신 결투를 할 수도 있었다. 영화에서 흔히 귀족 여성에게 부당한 일이 생겼을 때 다른 기사가 나서서 여성 대신 결투를 신청하여 여성을 구원하는 경우가 그것이다. 예를 들면 월터 스콧의 〈아이반호〉를 영화화한 〈흑기사〉에서 유대인 여인(엘리자베스 테일러)이 병을 잘 치료하자 마녀라는 누명을 쓰고 종교재판에 회부되자 그녀를 위하여 기사(로버트

테일러)가 그녀 대신 결투를 신청하여 그녀를 구원한다. 즉 그녀에게는 자율방어권이 있으며 그 방어권을 타인에게 위탁할 수가 있다. 중세 초기에 일반 농민들은 이 자율방어권을 지주나 귀족에게 위임하여, 다른 말로 한다면 자신의 자유를 대지주(귀족)에게 위임하였고(생명권을 위탁한 것이나 마찬가지이다) 이는 농노제도가 시작된 한 원인이 되기도 하였다. 게르만족의 이 사회적 관습 혹은 시시비비를 가리는 전통은 서양 전체에 관습으로 최근까지 남아 있던 것이다. 일부 단체, 특히 도시인들은 단결하여 개개인의 자율방어권을 단체로 행하기로 약속하고 그 권리를 자신들의 도시 근처의 귀족이나 제후에게 위임하지 않고 멀리 있는 황제에게 위임하였고 그렇게 함으로써 자유를 더 누릴 수 있었다. 황제는 멀리 있어 간섭한다는 것이 오히려 불편하여 도시인들에게 거의 자치권을 주었으며, 근처 제후들은 황제의 권리를 침해할 수 없어 이런 도시들은 거의 민주적인 도시국가 같은 체제가 되었다. 이것을 '코뮌'이라고 하였다. 이런 도시는 독일에 여러 곳에 있었다. 이런 도시들은 근처의 제후들의 영향력에서 벗어나 독자적인 자치권을 유지하고 있어 중세에 상업, 가내공업(수공업)의 발달로 도시가 번성하였다. 이런 도시를 독일에서는 '자유도시' 혹은 '황제의 도시'라고 불렀다. 결투를 공식적으로 금한 것은 소위 '금인칙서'(1356년)에 의해서였다.

쉴러가 도착한 이 하일브론도 '자유도시'로서 다른 국가 권력기관이 체포할 수 없고, 고향에서 가깝기도 하여서 탈영병이었던 쉴러가 입국할 수 있는

가를 시험해 볼 수 있는 곳이었다. 쉴러가 이곳에 도착하였다는 소문을 들은 많은 사람들은 운집하여 환호성을 내고 있었다. 그의 아버지가 8월 9일 이곳으로 와서 두 부자는 오랜만에 상봉하였다. 누이동생 루이제도 와서 임신한 로테를 곁에서 돌보았다. 시아버지와 며느리는 또한 동서양을 막론하고 사이가 좋은 것 같다. 옛날 쉴러가 생도 시절 지금의 장모인 볼츠겐 부인과 딸 로테가 슈투트가르트를 방문한 적이 있었으며, 카를학교를 방문하였던 때를 이야기하였다. 특히 로테는 당시의 최신 유행 의상을 입었기 때문에 그 옷이 여자들에게 유행을 만들었고, 이 옷을 본 쉴러의 누이 크리스티아네는 그 옷을 만들어 입었다고 한다. 아버지 쉴러는 손자를 자신의 집에서 보았으면 좋겠다고 하였다.

쉴러는 하일브론에서 4주간이나 머물러야 했다. 여기서 그는 예전의 군주 카를 오이겐에게 옛날의 신하로서, 감사하는 말과 함께 입국 허가를 신청하였으나 군주는 아무 대답이 없었다. 다만 근신에 의하면 "쉴러가 와도 좋다"고만 하였지 체류에 대해서는 한마디도 하지 않았다는 것이다. 그래서 그의 체재가 이곳에서 길어진 것이다. 쉴러는 이곳에 있는 동안에도 도서관에서 책을 빌리고, 박물관에 가서 탐방을 하기도 하였다. 그리고 후세에 별로 알려지지 않았으나 자연과학자와의 담소에서 동물자기動物磁氣에 관하여 처음으로 언급하였다고 한다. 카를 오이겐 공은 늙고 병중이었다. 그는 옛날 도망자에 무관심한 듯 혹은 말없이 그의 체류를 허가하려는 듯, 루트비히스부르크로 떠났다. 쉴러는 곧 자기 고향으로 향하였다.

쉴러가 상상하였던 것처럼 로테의 해산은 그의 어릴 적 친구 호펜이 도왔다. 호펜은 그의 자서전에서 오랜만에 본 쉴러를 이렇게 기술하고 있다. "그는 아주 다른 사람이 되어 있었다. 젊은 시절의 불같은 것은 온화하게 되었고, 아무렇게나 입던 옷도 이제는 점잖고 우아하게 변하였다. 〔…〕 그러나 〔다른 사람과의〕 교류의 기쁨은 오한과 병으로 가끔 방해를 받았다. 상태가 좋을 때는 넓은 마음으로 말씨와 행동에서 그의 고귀한 인격을 보여주었다. 〔…〕 그는 완전히 다른 사람이었다." 호펜은 자신의 친구가 여기서도 밤에 몇 시간을 책상에 앉아 규칙적으로 일하였다고 하고, 대부분 미학에 관한 집필을 하거나 〈발렌슈타인〉의 초안을 잡고 있었다고 하였다. 이때 쉴러는 미학 이론서를 대화의 형식으로 쓰려고 계획하고 있었다. 그리고 장학금을 보낸 아우구스텐부르크에 보낼 편지를 책으로 만들 생각을 하였다.

쉴러가 루트비히스부르크에 체재하는 동안 그의 군주 카를 오이겐 공이 서거하였다. 쉴러는 공의 서거를 마치 절친한 친구가 죽었다는 소식을 들은 것처럼 진심으로 슬퍼하였다고 호펜은 쓰고 있다. 그러나 쾨르너에게 보낸 편지에는 "늙은 헤롯의 죽음은 나와 내 가족에게 전혀 영향을 미치지 않네. 지금 그 사람의 면전에 직접 관계되는 내 아버지와 같은 이들에게는 좋은 일이지만 말이네" 하고 썼다.

또 다른 친구인 콘츠(그는 예나에도 체재한 적이 있었다)는 아름다운 슈바벤(이 지방은 독일에서도 특히 아름답다. 그래서 이곳에서 시인들이 많은 배출되었는지도 모른다)의 풍경을 전문으로 그리는 화가 랍과 만나 이야기하는 동안 쉴러가 후에, 특히 평론 때 사용한 "그림 〔같은〕 시"의 개념이 형성되었다고 한다. 여기서 그는 유명한 다네커라는 조각가를 만났다. 작가는 그의 아틀리에에서 자신의 흉상을 조각하는 것을 보면서 한 작품의 이루어지는 과정에 감동을 받았다. 그는 고향에서의 체류 중 가장 감명을 받은 곳이 조각가의 작업장이라고 말하였다. 곁에서 이때의 모습을 지켜본 카롤리네는, "나는 다네커가 마지막으로 〔그의〕 형상을 갖고 옆방으로 왔던 그때에 〔그의〕 감동하는 모습을 항상 생각하였다. 보다 높은 이상을 작품으로 완전하게 구현하는 천재의 감정을 어떻게 이런 아름다운 언어〔조각〕로 표현할 수 있을까!"라고 말하는 쉴러의 눈에 눈물이 어른거렸다고 한다. 그의 아름다운 흉상은 지금도 남아 있다. 하나의 돌덩어리가 조각 작품으로 형상화하는 과정에서 그는 또한 그의 미학 이론에서 중요한 용어인 재료(돌덩이)가 완전한 인간의 모습(형식)으로 변하는 것에 감동을 느낀 것이다.

고향 방문의 절정은 옛날 그가 다니던 카를학교를 방문하는 것이었다. 서거한 군주의 후계자인 그의 아들은 카를학교를 폐교하기로 하였기 때문에 그의 방문은 더구나 마지막으로 보게 되는, 학교와의 영원한 고별인 셈이었다. 그는 대식당에 교장과 한 장교의 호위를 받으며 들어왔으며, 각 식탁마다 50인씩 앉아 있는 학생들은 그를 열렬히 환영하였다. 그는 감동하였고 공부하던 교실, 자신의 침대와 이제는 현재 재학생들 간에 '쉴러 정원'이라고 불리는 정원도 보았다.

튀빙겐대학에서는 옛 스승 아벨 교수를 만났고, 루트비히스부르크에서 출판업자 코타(1764-1832)를 만나 새로운 잡지 《호렌》을 만들기로 하였다. 코타는 잡지뿐만 아니라 많은 정치적 사건 중에 잘 알려지지 않는 사건과 정치 전반을 다루는 신문을 창간할 것을 제안하였으나 쉴러는 거절하였다. 쉴러의 특징은 현실적인 사건에는 직접 언급하는 것을 자제하는 것이었다. 그는 세상에 대해서는 작품으로만 이야기하였다. 작품에서 그가 정치적 자유를 말하는 대신 현실 정치에는 언급하지 않는 것이 그의 특징이기도 하였다.

코타는 법학과 수학을 공부한 사람으로 잠깐 동안 변호사로도 일하였으나 1787년 튀빙겐 소재의 기울어 가는 아버지의 서점을 인수하였다. 이 서점은 1659년부터 가업으로 이어온 것으로서 쉴러의 졸업 논문도 이곳에서 출판하였다. 코타는 출판사를 인수한 후 요즘의 용어로 합리적 경영방침을 세우고 기계를 현대화하고 당시의 거의 모든 유명한 작가들과 지식인들인 괴테, 쉴러, 훔볼트, 피히테, 헤겔, 장 파울, 횔덜린, 슐레겔 형제, 티크 등과 교류하면서 출판사를 빠르게 성장하도록 하였다. 이미 1800년경에는 많은 단행본, 전집, 신문 등을 내고 있었다(Alt II, 72).

다시 예나로

오랫동안 머물던 쉴러는 다음 해인 1794년 5월 6일 고향을 떠나 예나로 향하였다. 그의 마음속에 항상 떠나지 않던 고향 방문으로 마음속에 있던 짐을 던 듯 "가벼운 마음"으로 조국을 떠났다. 로테의 언니 카롤리네는 중도에 머물렀다. 그녀는 이혼을 하고 사촌인 빌헬름 폰 볼초겐과 두 번째 부부가 되려고 하였으나 어려움이 있었다. 그러나 쉴러의 중재로 카롤리네는 결국 빌헬름 폰 볼초겐과 결혼하여 옛날 쉴러가 머물던 피난처 바우어바흐의 안주인이 되었다. 쉴러에 관한 최초의 전기 중에 하나인 《쉴러 전기》가 카롤리네 폰 렝게펠트가 아니라 폰 볼초겐이라는 이름으로 씌어진 것은 이번 결혼으로 얻은 이름 때문이다(이 책을 쓰면서도 많은 참고가 된 이 책은 뒤의 참고문헌에서도 폰 볼초겐이라고 명시하였다). 쉴러가 하이델베르크에 들렀을 때, 옛날 만하임에서 연정을 품었던 마가레테 괴츠, 즉 출판업자 슈반의 딸을 만나 그녀의 불행을 듣고 감상에 젖었고, 로테는 그녀를 처음 만났으나 둘이 붙들고 눈물을 흘렸다. 돌아오는 도중에 이제는 매부가 된 옛날의 도서관 사서 라인발트와 누이의 집에서 며칠을 보낸 후 예나로 돌아왔다. 쉴러가 고향을 방문하는 동안 그의 미학 이론이 출판되었다. 〈우아와 품위〉이다. 쉴러는 1792년 말부터 이듬해까지 이어진 겨울 동안 미학에 몰두하고 있었다. 그는 슐츠, 멘델스존, 버크, 빙켈만 등의 미학 저서를 읽었으며 모리츠의 예술철학, 칸트의 미학을 읽었다. 그는 쾨르너에게 보낸 편지에서 "칸트가 회의하였던 미의 개관적 개념을 발견했다"고 쓰고 있다. 그리고 1793년 부활절 때에 미완인 〈칼리아스 혹은 아름다움에 관하여〉를 출판하였다. 이것은 끝을 내지 못하였으며 그 후속으로 쓴 것이 바로 〈우아와 품위〉이다.

〈우아와 품위〉(1793)

쉴러는 쾨르너에게 서간체로 '미의 본질'을 서술하기 위하여 〈칼리아스 서간문〉을 보내다가 중병으로 중단하였다. 이에 그는 이것을 완성할 생각으로 1793년 자신의 잡지 《신新탈리아》지에 본 논문을 〈우아와 품위〉라는 제목으로 발표하고 이어서 단행본으로 출판하였다. 그는 이 논문을 쓰기 위하여 예술에 관한 책을 섭렵하던 중 슐츠, 홈Home, 멘델스존, 빙켈만 등의 책을 읽었다. 이 제목은 스코틀랜드의 철학자 홈에게서 온 것이다. 그는 "칸트가 회의하는 미의 객관적 개념"을 발견하였다고 쾨르너에게 쓰고 있다.

이 책에서 그는 예술론이 아니라 인간론을 말하지만 결국 예술론과 일치한다. 그는 이상적 인간상이란 무엇인가를 화두로 하여 인간을 예술적으로 교육시켜야 완전한 인간이 된다고 주장하는 것이다. 아름다움이란 영속적인 것으로 인간과 불가분의 것이지만, 우아는 인간에게는 우연적인 장식

같다는 것이다.

쉴러는 그리스 사람들은 자연과 인간, 도덕, 정신과 물질, 천지를 구분하지 않고 아름답게 융화시키는 사상을 갖고 있었다고 주장한다. 그들은 모든 것을 구상화시켰다. 인간은 아름다움의 구성미를 가장 아름답게 표현할 줄 안다. "우아는 자연적으로 나타나는 것이 아니라 주체 그 자체에서 나온다." 인간은 감각적이며 또한 이성적 존재이다. 그러나 아름다움이란 감각계에서 발생하고 감성적인 것이 특성이다. 아름다움은 감각계에서 발생하고 감성적 인식에 의해서 판단한다는 것은 이성에게도 '좋다'는 것이다. 그러니까 "아름다움은 감성적 자연 속에 존재를 부여받고 이성 안에서도 존재 이유를 확인한다". 다른 말로 한다면 아름다움이란 감성과 이성 양측에서 합리적으로 인정받는다는 말이다.

쉽게 표현한다면 그는 "마음의 결정에 따른 움직임"을 "운동"이라고 하였는데 운동을 두 가지로 나누고 있다. 하나는 "인격적 의지에 따른 목적이 있는 자발적 운동"(의식적 행동)과 "자연의 필연성의 법칙에 따른 공감적, 무의식적 자연충동의 운동"(무의식적 행동)으로 나눈다. 자발적 운동(의식적 마음에 따른 움직임)은 행동하는 사람의 의지가 있는 것이고, 반대로 무의식적 행동은 의지가 없이, 자신도 모르게 저절로 나오는 행동이다. 그런데 쉴러가 말하는 '우아'란 자연적으로 무의식중에 나타나는 (선의지의) 동작이라고 한다. 그러나 이런 선량하고 아름다운 동작이 배우나 발레리나가 연기를 위한 가상 동작일 때는 참다운 우아, 천성적 우아가 아니라고 한다. 어떤 사람의 행동이 가상적 우아, 인위적 우아라는 것을 알게 되면 우리의 "혼이 달아나 버린다". 자신도 모르게 저절로 나와서 하는 아름다운 행동, 이것을 우아라고 한다. 그래서 그는 "아름다움을 우세한 정신의 표현인 품위와 동물적 표현인 육욕과의 중간에서 찾아야 한다"고 한다. 즉 자연스러운 인간의 (도의적으로 옳은) 무의식의 행위를 '우아'라고 하고, 후에 설명하는 인간이 동물적 본능의 에고이즘을 이기고 도덕적 당위를 인식한 의식적인 결단에 의한 행위를 '품위'라고 하였다.

강한 의지로 혹은 이성의 힘으로 자신을 억제하는 것이 아니라 도덕적 감정을 자신도 모르게 행동으로 나타내는 정서를 '아름다운 영혼die schöne Seele'이라고 한다. 이것은 간단한 용어 같지만 이해하기 어려운 용어이다.

'품위'란 숭고한 의지의 표현이다. 인간은 동물적인 것과 신적이 있는 양면성을 가지고 있다. 동물은 영양 섭취나 번식에 대한 욕망이 "일어날 때 고통을, 충족될 때 쾌감"을 느낀다. 그러나 인간은 고통과 쾌감의 감정을 넘어서는 "초감각적 능력인 의지"라는 것이 있어 자연법칙(동물적 욕구)이냐 이성이냐를 선택해야 된다. 어느 쪽의 결정권은 의지에 속하고, 도덕적 자유를 결정한다면 신성을 지향하는 것이다. 이때에는 이성적인 것으로 도덕적 아름다운 행동을 할 수 있다. 이때에는 아름다운 영혼은 숭고한 영혼으로 변형된다. 품위는 동물적인 것에 대한 대항 속에 생기는 격정Pathos

속에 요청되고 표명되는 것이다. 우아는 우리의 호감을 갖게 하고 품위는 존경을 받는다. 우아의 최고도는 황홀이며 품위의 최고도는 위엄이다.

그의 비극론의 주요한 용어라고도 볼 수 있는 '숭고미', '격정론' 등이 약간의 차이가 있으나 그 의미는 함께 설명해야 옳다고 생각하여 여기서 짧게 설명한다.

〈격정성에 대하여〉(1793)

이 논문에서 쉴러는 감정이 인간의 본성을 좌우할 때 마음이 모든 에고이즘의 발로와 주위의 제약과 현실에서 오는 정신적, 육체적 제약으로부터 "자유를 지키기 위해서는 모든 자연의 힘을 무한히 초월하는 저항의 능력이 필요"하다고 주장한다. 특히 비극에서는 감정의 극심한 동요가 불가피하다. 즉 격렬한 갈등이 들어 있다. 이 격정(파토스)은 비극 작가에게 필수적인 요구이다. 이것을 아리스토텔레스식으로 말한다면 애련과 공포를 느끼게 하는 요소라고 할 수 있다. 비극에서 (현실 세계에서도) 내적인 선과 악의 싸움을 도덕적으로 극복하면 우리는 〈숭고미〉(1793)를 느끼게 된다. 그러니까 비극에서 관객은 격정적 숭고미를 느끼게 되며 이것은 결국 쉴러의 미학의 본질인 〈격정적 숭고미〉가 된다. 위의 세 논문을 간단히 설명하자면 그의 비극론은 관객에게 감각적인 자극을 주어 도덕적 인식을 자극하기 위한 것이다(Alt II, 91). 쉴러는 초기에 비극의 효과를 도덕으로 보았으나 후에는 인간의 성격을 고매하게 하는 교육으로 보았다(〈인간의 미적 교육에 관한 서한〉 참고).

예나에 귀환한 쉴러는 그동안 많은 것이 변한 것을 알았다. 누구보다 친하게 지냈던 라인홀트는 키일대학의 초빙을 받아 갔고 그 자리에는 역시 칸트 전공자인 슈미트라는 교수가 왔다. 그러나 즐거운 일은 빌헬름 폰 훔볼트가 부인과 함께 쉴러를 보기 위하여 몇 주 전부터 이곳 쉴러의 집에서 몇 집 건너편에 집을 구하여 체류하고 있다는 사실이다. 1767년생인 훔볼트는 할아버지가 귀족의 작위를 받아 오래된 가문은 아니지만 18세기의 빛나는 지성의 대표적인 사람이라고 할 수 있다. 그는 프랑크푸르트 오데르대학과 괴팅겐대학에서 법학을 공부하고 외교관으로 근무하였으며 당시의 유명한 학자와 문인들이 많이 모인 예나에 학자로서 방문한 적이 있었다. 그는 후에 베를린대학(훔볼트대학)을 설립하였고 프로이센 정부에서 장관을 역임하였다. 그는 대학 설립의 목적을 완전한 인격자로서의 '교양인'을 교육하는 곳이 대학이라고 역설하여 최근까지 거의 모든 세계 대학의 목적이 그의 신념과 같았다.

훔볼트는 이미 로테와 카롤리네와 함께 '도덕회'라는 독서클럽에서 옛날부터 알고 있던 사람으로 에어푸르트에서 만난 적이 있었으며, 쉴러의 열렬한 지지자였다. 여덟 살 아래인 그에 대하여 쉴러는 처음에는 미숙한 청년이라고 보았으나 차차 그의 명석하고 독특한 사상 체계를 알게 되었고, 지난 몇 달간의 고향 방문으로 정신적 교류를 갖지 못하였던 쉴러와 그는 서로 많은 영향을 주고받았다. 매일 만나 밤늦게까지 이야기하면서 훔볼트에게서 그리스 고전의 이해를 더하였다. 훔볼트도 쉴러에게 매료되었다. 두 사람의 사상은 비슷한 점이 많았다. 그는 후에 《쉴러의 정신의 발전》이라는 책을 써서 우리들에게 쉴러를 이해하기 위한 좋은 책을 남겼다. 피히테도 이곳 젊은 교수로 부임하여 이름을 날리고 있었다.

이때에 쉴러에게 아주 기쁜 일은 칸트가 종교학에 관한 《이성의 한계 내에서의 종교》라는 책 재판에서 쉴러의 책 《우아와 품위》에 대한 언급을 하면서 그의 이론을 반박한 것이었다. 그는 쾨르너에게 "칸트가 거기서 나의 책 《우아와 품위》를 들며 〔나의 의견에〕 방어를 하고 있네! 그는 나의 글을 크게 주목한다고 하면서 그것을 위대한 예술가의 손으로 된 작품이라고 불렀네. 이 글이 어떻게 그의 수중에 들어갔는지는 나도 모르네. 그리고 어떻게 그에게 영향을 주었는지도 모르겠네" 하고 썼다. 쉴러는 당시의 거의 모든 학자들이 존경하는 사람에게서 인정받은 것이 무척 기뻤다. 쉴러의 책은 우선 잡지 《신新탈리아》에 나왔다가 후에 단행본으로 낸 것이었다. 당시에 많은 사람들의 관심을 끌었으며 찬양과 비난을 함께 받은 것이었다. 쉴러는 책 한 부를 그의 후원자인 에어푸르트의 달베르크 주교에게 보내면서 "귀하신 분이여, 여기서 볼〔읽을〕 수 있는 것은 바로 귀하입니다" 하고 썼지만 그는 아마도 이 책의 중요성을 몰랐던 것 같다. 오히려 괴테는 이 책에 대해 개인적으로 마음이 상하였고 불신이 더 커졌다. 후에 그가 1794년 《연감》에 써 놓은 것을 보면, "우리들의 사고 체계에는 거대한 간격이 있다. 어떤 합일점도 생각할 수 없다"고 하였다. 그러나 이렇게 써 놓고는 곧 그들이 서로 가까워질 줄은 아무도 예견하지 못하였다.

쉴러가 조금 공간이 넉넉한 곳으로 이사하였을 때 출판업자 코타가 문학잡지 《호렌》의 계약서를 가지고 왔다. 그동안 거래하였던 괴셴은 오랫동안 병중이었을 뿐만 아니라 가족을 위해서는, 더욱이 수입이 없는 쉴러는 보다 좋은 조건의 출판사를 찾게 된 것이다. 코타가 가져온 계약서에는 "문학지 《호렌》은 그 안에 게재하는 글이 역사나 철학 혹은 미학에 관한 것이어야만 한다. 그리고 또한 비전문가도 이해할 수 있는 것이어야 한다"는 조건이 들어 있었다. 쉴러는 부지런히 편집위원회를 구상하고 함께 일할 사람들을 찾았다. 출판사에서 보수도 많이 주겠다는 약속이 있어 그는 '독일 최고 지성'을 모으려고 하였다.

그가 10년 전에 잡지 《라인의 탈리아》의 광고지를 많은 사람에게 보냈던 것처럼 《호렌》의 광고문을 중요하다고 생각하는 독일의 모든 사람들에게 보냈다. 그는 괴테, 칸트, 피히테, 볼트만(예나대학 역사학 교수), 엥겔(베를린 극작가), 헤겔, 가르베(당시의 가장 대중적인 철학자), 마티손, 야코비 등에게 편집동인으로 청하였다. 모두가 동의하였으나 칸트만이 정중히 거절하였다. 측근 동료로 훔볼트, 쾨르너, 라인발트 등도 참여하기로 하였다.

괴테는 편집 방향에 대해서 편집자의 이름으로 "아름다움을 세계에 전하려고 하며 진리를 탐구하고 좋은 생각을 나누기 위함"이라고 하였다.

13. 쉴러와 괴테의 새로운 해후

"기적"

괴테는 과학에도 흥미가 많았다. 아니 흥미가 아니라 그는 과학자라고 불릴 만큼 새로운 발견을 하였다. 색채론과 식물 변태론, 광물의 수집에 있어서도 보통 사람의 수준을 뛰어넘었다. 괴테는 자연과학에 관한 흥미로 예나에 자주 왔었다. 당시 예나에서는 '자연과학회'를 설립한 식물학자 바춰 교수가 '여성과 일반 애호가를 위한 식물학'이라는, 요즘 말로 한다면 동호인 스터디 그룹을 이끌고 있었다. 괴테는 여기에 자주 참여하였고, 쉴러도 고향을 방문할 때 만났던 하일브론의 의사 그멜린의 소개로 이 그룹에 들어서, 역시 시간이 있을 때면 참석하였다. 여기서 "기적"(Ueding, 60)과 같은 일이 일어난 것이다.

괴테는 우리에게 쉴러와 결정적으로 평생의 동반자가 된 계기를 알려 주고 있다. 7월 모임에서 잠깐 쉬는 동안 "우리는 우연히 둘 다 밖으로 나왔다. 그〔쉴러〕는 강연에 참석하고 잘 이해하는 것 같았다. 〔…〕 우리는 자연히 이야기를 나누게 되었다. 그는 매우 이성적으로 통찰력 있게 말했고 그 방면에 대해서 문외한이기는 하나 그렇게 분석적 방법으로 자연을 다룬다는 것은 흥미가 없다고 했는데 이 말은 나를 기쁘게 했다. 나는 거기에 대해 다음과 같이 대답하였다. '자연은 아마도 전문가에게조차 두려운 존재다. 그러나 다른 방법이 있다. 그것은 자연을 분류하고 분석하려 하지 말고 활동적이고 생생하게, 어떻게 전체에서 부분으로 나아가려 하는가를 관찰하고 묘사해야 한다'는 것이다. 쉴러는 여기에 대해 명백한 설명을 요구하면서 그의 의심하는 바를 솔직하게 나타냈다. 그 점은 내가 주장하는 것이 경험에서 우러나오는 것이라고 인정할 수 없다는 것에 있었다. 우리는 그의 집에 도착했고 이야기에 이끌려 나는 집안으로 들어갔다. 그때 나는 식물의 변태론에 대해서 펜을 들고 온갖 특색을 그려가면서 하나의 상징적 식물을 보여주기도 하며 생생하게 설명하였다. 그는 크나큰 관심과 명석한 이해력으로 그것을 듣고 바라보았다. 그러나 내가 설명을 마쳤을 때 그는 머리를 흔들며 말했다. '이것은 경험이 아니라 이념입니다' 하는 것이었다. 나는 약간 기분이 나빠서 말을 멈추었다. 이 말이야말로 그와 나를 서로 갈라놓는 점을 두드러지게 나타내는 것이었기 때문이었다. 〈우아와 품위〉의 주장이 내게 다시 떠올랐고 화가 났으나 꾹 참으며, '그것 참 재미있소. 내가 알지도 못하는 사이 이념을 갖고 있고, 더구나 눈으로 이념을 보다니' 하고 돌려 말하였다. 나보다 삶의 지혜를 더 많이 갖고 있던 쉴러는, 잡지 《호렌》을 이제 막 시작하려고 했기 때문이었는지 공격적이기보다는 온순한 방법으로, 또 칸트 연구자로서 대답하였다. 〔…〕 많은 논쟁이 있었으나 우리 둘 중 아무도 승자도 없었고 극복할 수도 없었다." 간단히 말하면 괴테는 식물은 자라면서 그 원형을 보면 진화된 모습과 원래의 근원적인 식물의 모습을 보인다는 것이었고 쉴러는 그 "원형 식물은 이념"(Ueding, 64)이라고 한 것이었다.

그들의 견해는 서로 상이하였지만 서로가 인정하게 되었다. 괴테는 쉴러의 진지함에 좋은 인상을 받았고 후에 "쉴러가 끄는 힘이 너무나 커서 그가 의도하고 있는, 막 시작하려고 하는 《호렌》에 대해 함께 하기로 약속하였다. 나는 그것에 대해서는 〔동참하겠다는 것을〕 마음속에 숨기고 있었다. 〔…〕 또 어렸을 때부터 귀여워하던 그의 부인도 우리들의 이해를 도왔다. 〔…〕 결코 끝나지 않을 객관과 주관의 싸움이 끝나면서 우리들과 또 다른 사람들을 위해서 좋은 결과를 가져올 화해를 하게 되었다"라고 한다. 이 논쟁 후 괴테가 잠깐 바이마르로 간 사이에 쉴러는 괴테에게 대화의 인상에 대하여 편지를 썼고(8월 23일), 괴테도 답을 보냈다. 이런 서신 교환은 쉴러가 세상을 떠날 때까지 계속되었고, 결국 이는 두 사람의 작품 성립사에 관한 것뿐만 아니라, 두 사람의 작품의 의미, 나아가 예술관에 이르기까지 그들의 의식 세계와 당시의 문학과 예술 이해에 큰 보탬이 되었다. 쉴러도 일주일 후에 쾨르너에게 "해결되지 않는 대화는 길었네. 예술 및 예술이론에 대한 폭넓은 의견 교환은 관점의 큰 차이에도 불구하고 예기치 않는 일치가 생겼네" 하고 썼다.

쉴러는 예나에서의 논쟁 후—혹은 서로의 세계관의 차이를 솔직하게 상대방에게 털어놓은 후—즉시 바이마르에 편지를 띄웠다. 괴테의 직관과 사물에 대한 종합적인 관찰력에 대해 아첨 없이 썼다. 괴테도 생일을 맞은 이번 주에 귀하의 편지보다 더 좋은 선물은 없을 것이라고 하면서 "우리는 상반된 입장에서 서로 끊임없이 협력하여 일할 수 있게 되었다"는 말로써 이제까지의 "증오"를 잊고 동료로 대하겠다는 것이었다. 쉴러도 쉴러다운 문장으로 긴 편지를 써서 대답하였다. "인간에게 현상을 종합하고 감정을 법칙화하는 것이 이루어지면 이것은 참으로 인간이 만들어 낼 수 있는 최상의 것입니다." 괴테는 쉴러를 곧 바이마르로 초대하였다. 마침 로테가 유행하는 부스럼 병을 피하려고 아이와 친정집에 가 있는 동안 9월 14일 쉴러를 초대한 것이었다. 괴테는 쉴러가 바이마르에 머무는 동안 따뜻한 우정을 보여 주었고, 가끔 열병으로 고생할 때에도 그를 극진히 보살펴 주었다. 그는 쉴러에게 방 세 개를 제공하여 편하게 지내도록 하였고 대부분의 시간을 두 사람이 대화로 보냈다. 어떤 때는 오전부터 밤 1시까지 끊임없이 대화를 한 적도 있었다. 괴테는 아직 발표하지 않은 '비가'를 보여 주기도 하였다. 쉴러는 그의 계획을 물었고 괴테에게 드라마를 쓸 것을 제안하였다. 두 사람은 서로를 격려하고 서로 새로운 자극제가 되었다. 후에 괴테는 쉴러에 의해서 자신은 다시 젊어졌다고 회상하였다. 쉴러는 쾨르너에게 "완전하고 새로운 한 인간을 만났다"고 썼다. 이후 두 사람은 서로 초대하고 떨어져 있을 때는 편지를 교환하였다. 로테가 돌아온 후에는 아이들까지 초대하여 여러 아이들이 함께 괴테의 정원에서 놀도록 하였다. 이것은 나중에도 계속하였다. 괴테가 어린아이들과 너무나 시끄럽게 놀았기 때문에 작업을 하던 쉴러가 방해를 받을 정도였다.

바이마르에서 예나로 돌아온 후 쉴러는 잡지 《호렌》의 첫 호 출판에 힘을 쏟아 1794년 후반기에 세상에 나왔다. 필진은 두 사람을 비롯하여 헤르더, 하우크, 아우구스트 슐레겔, 횔덜린(1770-1843) 등이었고 쉴러는 여기에 〈인간의 미적 교육에 관한 서한〉의 일부를 게재하였다.

마침 나폴레옹전쟁이 시작되어 남쪽으로부터 차츰 북쪽으로 전선이 형성되면서 두 사람은 각자 자신들의 가족을 염려하였다. 괴테는 프랑크푸르트에 있는 어머니를 걱정하였고, 쉴러는 고향으로부터 우편이 끊어져 역시 많은 걱정을 하게 되었다. 코타도 전쟁으로 많은 손실을 보았으나 연락이 두절되었다. 달베르크 주교가 체포되었다느니, 두 시인이 살고 있는 근처인 튀링겐 숲까지 프랑스군이 침입하였다느니 하는 확인할 수 없는 소문도 끊임없이 돌았다. 카롤리네는 남편과 함께 바우어바흐에서 예나로 전쟁을 피해 왔다. 그녀가 이곳에 잠깐 있는 동안에도 두 시인의 우정이 각별하였다는 것을 기록하고 있다.

두 시인의 사이는 다른 사람들이 질투를 할 정도로 가까웠다. 그러나 로테는 항상 두 사람의 우정을 돈독하게 하려고 노력하였을 뿐만 아니라 괴테의 연인이었던 슈타인 부인이 괴테의 사랑이 멀어진 것에 상심하여 〈디도〉라는 비극시를 써 왔을 때에 은연중에 괴테가 읽을 수 있도록 자신의 집에 두게 하는 등 여러 가지로 배려하였다. 〈디도〉는 원래 비르길리우스의 〈아이네이스〉에 나오는 이집트 여왕으로 아이네아스를 사랑하여 붙들어 두려고 하였으나 뿌리치고 떠나자 자살하였다는 전설적인 여인으로 서양의 많은 시인들의 시나 서사시의 모델이 되었던 사람이다.

괴테가 예나에 오는 경우 늘 그리스바흐의 집에 머물렀다. 성 바로 옆에 있는 집으로 높은 천정과 넓은 층계참은 그에게 좋은 인상을 주었던 것 같다. 그는 이 집에 대한 시를 몇 줄 썼는데 〈파우스트〉의 첫 장면이 바로 이곳이라는 것을 알 수 있다. "나지막한 집들과 어두운 방에서 / 천정과 지붕이 누르는 곳에서 / 비좁은 골목에서"라는 표현이다. 이곳에서 그들은 담시를 논의하고 두 사람에 대한 공격에 반격을 하는 잡지 《크세니엔》에 게재할 시를 논의하고 썼다.

전선이 점점 가까워 결국 바이마르에 침입한 프랑스군이 괴테에 집에 들어와 괴테의 생명을 위협할 때 동거하던 크리스티아네가 위험을 무릅쓰고 막아 살아남을 수 있었다. 후에 괴테는 이 희생적 헌신을 고맙게 생각하여 그녀와 결혼하였다. 원래 크리스티아네는 비천한 가문의 출신으로 공장에서 일하고 있었다. 그녀는 괴테에게 오빠의 작품을 추천하여 달라고 왔다가 함께 동거하게 된 것이었다. 이 동거는 바이마르의 상류사회에서 비난의 대상이 되었고 특히 귀부인들 사이에 실망하는 사람이 많았다. 이 전쟁으로 인한 직접적인 피해는 아니나 쉴러의 동생 나네테도 군인들 사이에 돌고 있던 열병에 걸려 18세의 나이로 죽었다. 아버지도 이를 따라 73세의 나이로 세상을 떠났다.

장학금에 대한 보답으로 예나에서 쓰기 시작하여 루트비히에서 중단한 서간문을 덴마크 황태자에게 보냈으나 궁정이 화재로 전소하였을 때 원본 원고(편지)도 전소하여 버렸다. 철두철미한 계몽군주였던 황태자는 다시 쓸 수 있느냐고 청하였다. 쉴러는 이 서간문의 대부분을 복사해 지니고 있었다. 이 논문에는 프랑스혁명에서 나타난 인간의 폭력과 정치, 그것을 극복할 방법이 무엇인가 하는 견해가 씌어져 있었다. 그러나 쉴러가 재구성한 서간문은 먼저 황태자에게 보낸 것보다 조금은 부드럽게 교정한 것이다.

쉴러는 이미 첫 편지에서 자신의 글이 〈우아와 품위〉의 속편이라고 밝히고 있다. 아름다움을 외적 현상으로 파악하기보다는 역사철학적 입장으로 파악하려는 의도를 갖고 있었다. 그는 쾨르너에게 보낸 편지(1794년 2월 3일)에서 광범위한 "미학의 체계"를 세우려고 하며, 그저 "아름다움에 관한 이론"을 세우는 것이 아니라 "아름다움이 인간에게 미치는 영향"과 모든 이론에서 벗어나 "천재를 통한 본원적 아름다움에 의해서 행해지는 교육에 관한 미학을 세우겠다"고 하였다. 고대 그리스 시대의 인간의 이상을 현대에는 잃어 버렸기 때문에—소위 총체성을 상실하였기 때문에—이제는 보다 높은 예술의 경지로 인간성을 이끌기 위해서는 아름다움에 의해 교육하는 것이 과제이며, 본원적인 인간의 총체성 위에 정치적 이념을 실현하는 "이성 국가"를 세우도록 하자는 것이다. "야만적 국가 상태에서 인간의 인격을 어떻게 하면 고결하게 만들 수 있는가"가 그의 화두였다. 이것이 〈인간의 미적 교육에 관한 서한〉이다. 책으로 출판한 것은 1796년이었다.

〈인간의 미적에 교육에 관한 서한〉(1795)

이 논문은 쉴러가 〈우아와 품위〉에서 다하지 못한 그의 이론의 연속이라고 볼 수 있다. 이미 단편적인 설명으로 아는 바와 같이 덴마크의 아우구스텐베르크 공에게 보낸 편지를 후에 다시 고쳐 쓴 것으로, 형식은 서간문이다. 쉴러는 모든 동시대의 사람들이 소망하던 정치적 꿈이 이루어졌다고 생각한 프랑스혁명이 급진주의자들에 의해 수많은 사람들이 폭력화한 것에 실망을 하고, 인간 속에 내재한 폭력을 어떻게 순화시킬 수 있을까 하는 것에 대한 답변의 형식으로 작성한 것이다. 우선 결론부터 말하면 인간을 미적으로, 즉 예술에 의한 순화로 우리의 인격을 고매하게 할 수 있다는 것이다.

인간에게는 에고이즘이 들어 있고 이것은 자신의 이익을 위하여 무엇이든 수단과 방법을 동원하여 자신의 욕구를 충족하려는 충동이 있다는 것이다. 이것을 '소재충동'이라고 불렀다. 쉴러는 이 상태의 인간을 '물리적으로 규정지은 상태'라고도 하며 혹은 '(주위의 상태에 의한) 규정된 상태'라고도 한다. 또 다른 표현으로 인간이 '시간' 내에 존재한다는 것이다. 즉 주위 환경에 의한 억압으로 자신의 생명을 위협받거나, 정치적 생명, 명예의 실추 등이 강요되어 있는 상태를 말한다. 이 상태를 벗어나기 위하여 우리는 술수나 적을 파괴하려는 본능이 나온다. 이것을 그는 '현실성'이라고 한다.

반면에 현실을 떠난, 즉 에고이즘의 개인적 이해관계를 떠나 인간의 당위적 행위의 이상적 상태도 존재한다. 또는 '시간을 넘어선 존재'일 수가 있다고도 한다. 즉 물리적, 혹은 정치적 생명을 보존하기 위한 비겁한 행동, 권모술수에 기대는 것이 아니라, 인간의 본래적인 이상적 행동, 양심에 따른 행동, 올바른 것을 위한 행동을 하려는 마음이다. 이것을 그는 '형식성'이라고 한다 (형식이라는 것은 우리에게 생소하게 들릴 수 있다. 이것을 고전미에서의 완전성, 형식으로 나타나는 고전 예술에서 보이는 조화와 균형을 통한 완전성이라고 생각하면 이해할 수 있다). 이 이상적 상태를 '형식충동'이라고 부른다. 즉 쉬운 말로 한다면 인간에게는 언제나 현실과 이상이 있다는 뜻이다. 현실은 본능적 욕구의 세계이며, 프로이드식으로 말하면 성적 욕구의 이드id 같은 것이다(여기서는 성적인 것만이 아닌 모든 것에 욕구를 느끼는 동물적 이드라고 말할 수 있다). 그러나 인간에게는 이상을 볼 줄 아는 양심이 있어 그렇게 해서는 안 된다는 이상 세계가 있는 것이다. 칸트는 이럴 때 정언명령으로, 즉 자신의 양심에 따른 당위sollen로 자신을 철저하게 억누르고 도덕 세계로 나아가야 한다고 하였으나, 쉴러는 이런 상황에서, 인간에게는 감정을 억누르는 것이 아니라 두 충동을 조화롭게 하는 충동이 있다는 것이다. 이것을 '유희충동'이라고 하였다. 이런 마음의 움직임을 예술만이 할 수 있다고 하였다. 이것을 미적 국가라고 하고 미적 국가는 이성 국가의 전제가 된다.

〈인간의 미적 교육에 관한 서한〉은 난해한 용어로 씌어져 일반인이 쉽게 이해하기 어려우나 소재충동, 형식충동, 유희충동이라는 용어의 뜻과, 동물적 이해관계의 상태를 설명하는 여러 다른 용어의 뜻만 예비지식으로 하고 읽는다면 쉽게 이해할 수 있으며, 미학 분야에서뿐만 아니라 교육학 분야에서도 많이 논의되는 작품이기도 하다. 그의 미학 이론은 다른 면에서 본다면 교육론이기도 하다. 인간은 칸트가 말하는 정언명령, 즉 당위로서만 행동하기보다는 의무만이 아닌, 감성으로 인간의 의무를 행할 수 있게 하여야만 한다는 것이다. 쉴러는 인간의 감각 영역과 지성 영역 사이에 감동의 영역이 있다고 생각하였다. 그는 이것이 어떤 이론으로만 존재하는 것이 아니라 인간 자체에 내재하고 있다고 믿었다. 칸트의 철학으로 말한다면 의무에서 오는 결정이 아니라, 감성에 의한 결정 즉 자유를 말한다.

쉴러는 고대 그리스의 문학 정신과 현대 작가의 문학 정신은 다르다고 생각하였다. 고대에는 인간과 자연이 합일한 상태에서 살았다고 생각하고 현대인은 분업과 문명, 문화의 발달로 자연에서 유리되어 자연을 그리워하며 살고 있는 '감상적' 상태라고 하였다. 그러나 현대에도 자연과 합일하여 살고 있는 작가도 있다고 생각하였다. 자연 그대로 느끼며 행동하는 사람을 소박한 상태의 사람이라고 보았다. 그것에 대한 논문이 〈소박 문학과 감상 문학에 대하여〉이다.

〈소박 문학과 감상 문학에 대하여〉(1795-96)

이 논문을 이해하기 위해서는 우선 용어의 이해가 필요하다. 쉴러는 자신이 살고 있는 '현대'는 고대 그리스와는 달리 노동의 분업에 의해 인간 정신이 자연과 분리되어 있다고 생각하고 있다. 인간이 자연과 일치되어 있지 않고 분리되어 자연을 그리워하는 상태를 '감상적' 상태라고 한다. 반면에 자연과 일치한 상태를 '소박한' 상태라고 하였다. 그는 자연과 일치하는 작가, 즉 소박 문학의 대표적인 작가는 고대 그리스의 호머와 현대의 셰익스피어와 괴테라고 하고, 자연과 분리되어 자연과 일치하도록 노력하는 작가로 자신을 비롯한 근대 작가를 들었다. 쉴러는 여러 문학의 양식도 이 두 개념에서 온다고 보고 있다.

소박 문학의 작가들은 자연 자체이다. 여기에 속하는 작가들은 고대 그리스 작가들이지만 근대 작가로는 셰익스피어가 대표적이다. 쉴러는 셰익스피어와의 만남을 이렇게 말하고 있다. "내가 아주 어렸을 때 셰익스피어를 처음 알고는 격분했던 기억이 있다. 그것은 그의 냉혹함과 무감각성 때문이었다. 그의 이러한 냉혹함과 무감각성이 그로 하여금 최고의 격정 가운데서도 우스갯소리를 하게 하고 〈햄릿〉, 〈리어왕〉, 〈맥베스〉 등에서 가슴을 에는 듯한 장면들을 익살로 교란시켰으며, 또 나의 감정이 서둘러 앞서 가려 할 때에도 걸음을 멈추게 하고, 마음이 머물고 싶은 곳에 이르면 냉혹하게 내 마음을 그곳에서 떼어 내 버리곤 하였다. 〔…〕 작품 속에서 먼저 시인을 찾아내려 하였고, 그의 마음을 만나서 그 대상을 그와 함께 성찰하려고 했다. 즉, 주체 속에서 객체를 보려고 했으나 거기에서는 셰익스피어의 정체를 아무데서도 찾아볼 수 없었다. 아무데서도 나의 물음에 대한 답변이 없었던 것은 참을 수 없는 일이었다." 이것은 셰익스피어를 아주 잘 간파하고 있는 것으로, 셰익스피어는 인간을 자연 가운데 있는 그대로 묘사하였기 때문이다. 어린 쉴러는 작품 속에서 사악한 인물에 어떤 징벌을 요구하고 있다고 볼 수 있다. 그러나 '있는 그대로의 인간 모습'이 자연적인 것이다. 작품 속에서 '시인을 찾으려고' 하였다는 것은 이미 작가가 작품 속에 들어가 사악한 주인공 혹은 악덕 인물에게 재판관이 된다는 뜻이다. 그러나 나중에 쉴러는 "그의 개성을 사랑할 줄 알게 되었다. 당시 나에게는 자연을 있는 그대로 직접 이해할 수 있는 능력이 없었다"고 하여 셰익스피어의 자연과 일치하는 작품을 인정하였다. 그러므로 쉴러는 소박 시인을 리얼리스트라고 부른다.

감상 문학의 작가들은 무엇인가 자연을 그리워하는 상태, 즉 현실에서 갖추고 있지 않은 것을 갖고 싶어 하기 때문에, 이념의 작가라고 부르며 이런 작가들이 그리는 작품은 풍자적이거나 비가적이라고 하였다. 또 이념을 추구하는 만큼 이상주의자라고 하였다. 감상주의 작가들은 현실을 항상 반성적으로 반영하며 살고 있기 때문에 이상 세계를 그리워하며 살고 있어, 작품 속에 뛰어들어 현실을 혁명 내지는 개혁하려 하고 사악한 등장인물들을 징벌하려고 한다.

〈소박 문학과 감상 문학에 대하여〉는 헤겔 철학보다 앞서 사상을 펼친 현대인의 의식구조에 대한 사상을 펼친 것이다. 현대의 루카치의 문학이론의 핵심이라고 할 '총체성'도 흔히들 헤겔 철학에서 왔다고 하지만, 쉴러 사상에서 왔다고 볼 수 있다.

14. 시작 활동으로의 복귀

괴테와의 협동

쾨르너에게 보낸 위의 논문을 끝내고 쉴러는 괴테를 방문하였다. 괴테는 그의 〈빌헬름 마이스터의 수업시대〉 원고를 쉴러에게 보여 주었고 쉴러는 큰 감동을 받았다. 그는 그 작품을 "밝고, 생생하며 조화"를 이루었다고 썼다. 그뿐 아니라 그도 이제 다시 작품 활동을 하여야겠다는 결심을 하게 되었다. 게다가 덴마크에서 보내는 장학금 수혜 기간인 3년이 지나 생활비를 걱정해야 했기 때문이다. 코타출판사에서 보내 주는 것만으로는 생활할 수 없었다. 그는 시와 논문을 번갈아 썼다.

괴테를 방문한 지 10개월이 지난 1796년 6월이었다. 그동안 그는 이론서와 잡지 《호렌》 편집으로 많은 시간을 할애하고 있었다. 괴테도 마침 오랜 휴지 기간 끝에 그의 〈빌헬름 마이스터의 수업시대〉를 다시 집필하기 시작하였다. 그는 쉴러에게 어떤 때는 원고를, 어떤 때는 인쇄 초고를 보내어 읽게 하였다. 쉴러는 이 작품을 읽고 열광적인 찬사를 보낸다. "밝고, 활기차고, 조화롭고, 인간적"인 것이 그 안에 들어 있다고 칭찬하였다.

쉴러가 시 〈예술가〉를 완성한 지 이미 7년이 지났다. 그동안 예술 활동은 거의 하지 않은 것이다. 미학 이론에서 실천으로 옮길 때가 된 것이다. 시를 다시 쓰기 시작한 이유 중의 하나는 괴테의 작품을 보고 동기 부여가 되었을 뿐만 아니라 현실적인 문제도 대두되었기 때문이다. 덴마크에서 보내오는 삼 년간의 장학금이 이제 끝나는 것이다. 그는 작품을 써서 생활비를 마련해야 한다. 그는 한 유대인이 운영하는 출판사와 당시 사람들이 선호하고 유행하던 문학 연감을 편집하기로 계약하고 이 책에 시를 하나 게재하기로 하였었다.

쉴러가 시작으로 돌아갈 의지가 있다는 것을 처음으로 안 사람도 괴테였다. 그의 유명한 사상시 〈이상과 삶〉을 완성하였을 때는 괴테에게 보여 줄 수가 없었다. 괴테는 온천 휴양지인 칼스바트에 여행 중이었다. 그는 훔볼트에게 초고를 보내며 자신도 만족하지는 않지만 조용히 읽어 볼 것을 권하였다. 그러면서 자신은 "끝없는 상상력"을 지니고 있다고 하였다. 그 대답으로 훔볼트는 쉴러가 창작의 새로운 길에 들어섰다고 하면서, "이전 작품과는 비교할 수 없는 것"이며 "천재성과 성숙함이 들어 있어 귀하의 본질적인 것을 가장 잘 묘사한 것"이라고 하였다. 쉴러는 1795년 여름과 가을에 많은 작품을 썼다. 이때의 시는 내용과 형식의 조화가 절정에 이르렀다. 그는 시작과 논문을 연속으로 쓰기 시작하였다. 그는 그의 시와 〈소박 문학과 감상 문학에 대하여〉에 나타나는 '전원'을 조화시키려 하였으며 '전원시'를 가장 높이 평가하였다. 이때 그는 유명한 시 〈이상과 삶〉, 〈종의 노래〉를 썼다. 시는 다소 후대에 발표된 것도 있으나 그의 시를 여기서 정리하기로 한다.

쉴러의 사상시

쉴러의 시는 담시와는 달리 사상시 또는 명상시라고 불리고 있는 것처럼 이해하기가 쉽지 않아서 보통 사람들은, 더구나 문화적 전통이 다른 동양인에게는 주석이 없으면 가까이 하기 힘들다. 그리스 신화에 등장하는 신들을 시어에서 많이 사용하고 있지만 우리가 흔히 아는 신들만이 아니다. 쉴러의 근본 사상을 알고 있다면 왜 사상시라고 부르는지 알 수 있다. 쉴러는 자신의 평소의 예술 사상을 드라마에서 나타냈듯이 시에서도 도덕과 정의, 그리스 고전 작품의 사랑, 세계 시민적인 인류애 등을 나타냈다. 그리고 시의 길이가 대단히 길다. 이미 위에서 언급한 것처럼 괴테도 "너무 길다"고 하였다.

쉴러는 이미 카를학교 시절에 시를 처음으로 발표하였다. 그러나 널리 알려진 시 〈라우라〉는 페트라르카가 구원의 여인에게 바치는 시로 시의 제목은 흔히 서양의 연가에서 사용하는 것이다. 〈라우라〉는 쉴러가 연대 의무관으로 복무하던 시절의 하숙집 여주인이 대상이라고 하지만 쉴러는 부인한 바 있다.

여기서는 사상시에 관해서만 살펴보겠다. 〈환희의 송가〉(1786)는 만하임의 극장 시인으로 고용 기간이 끝나고 집도 절도 없는 막막한 처지에 놓인 쉴러가 쾨르너와 후버라는 후원자의 도움으로 라이프치히와 드레스덴에서 환대를 받으며 느꼈던 고마움과 그 행복한 순간을 '환희에 보내는 찬양'으로 노래한 것이다. 환희란 신에게서 오는 것으로서 인간 모두가 형제가 되며 화합하게 하는 것이다. 삼라만상이 환희를 머금고 살며 작은 미생물에서 우주에 이르기까지 각 그 계층에 따라 향유한다. 학문을 추구하는 자에게도, 도덕의 세계에서도, 신앙인에게도 환희가 삶에 활력을 준다. "독재의 사슬에서 구원을 / 임종의 병상에도 희망을 / 교수대의 죄인에게도 생명을 / 〔…〕 / 모든 죄인을 용서하자 / 이제 지옥은 존재하지 않는다"고 노래한다.

〈그리스의 신들〉(1788)은 드레스덴에서 바이마르로 와서 고향 선배인 빌란트와 개인적으로 알게 되면서 그가 발행하는 전국적인 잡지 《독일 메르쿠어》에 발표한 것이다. 쉴러는 그리스 고전 문학에 정통한 그에게서 많은 영향을 받았다. 원래는 25연(200행)으로 되었으나 고쳐서 16연(148행)으로 되어 있다. 시는 3부로 나눌 수 있으며 첫 번째 부분은 1- 2연으로 신들이 지배하는 아름다운 이야기의 세계를 찬미한다. 두 번째 부분인 3-12연에는 신들이 사라진 세계의 현상에 대해 이야기하고, 세 번째 부분은 신으로의 귀환이 예술(시)의 영역에서 영원한 생활의 위안이라고 하였다. 현대는 지식이 지배하는 무미건조한 세계로 감정이 풍부하던 신들의 세계를 그리워하고 있다. 옛날에는 많은 신들이 지배하였으나 현재는 단 하나의 신이 지배하는 것을 유감으로 생각한다는 것이 이교적이라는 기독교도의 비난이 가능하다.

〈예술가〉(1789)는 자신과 거의 모든 예술가들을 위한 변호이면서 동시에 예술가의 지상의 과제를 노래한 것이다. 인간은 지상에서 타락할 수 있다고 하면서 "오, 퇴폐적 욕망 때문에 / 천박한 노예근성으로 타락하지 말지니 / 꿀벌은 근면으로 그대를 가르치고 / 벌레도 유용하게 그대의 스승이 될 수 있으니 / 〔…〕 / 오 인류여, 예술은 오직 그대의 것이리니. // 미의 여명의 문을 통해서만 / 그대는 인식의 나라에 도달하리라"고 했다. 그리고 미는 우리에게 진리가 된다는 것이다. 역시 쉴러다운 시라고 할 수 있다. 그가 미적 교육을 통하여 인간의 인격이 고매해진다고 주장하는 것과 같다. 예술가는 수백만 명 중에서도 축복받은 이로서 "그대들이야말로 / 인간성의 첫 단계"라고 하면서 인간의 여러 유혹과 충동을 이기고 "현실 세계를 넘어 높이 날아" 이상의 세계를 그린다는 내용이다. 이 시는 쉴러의 시 가운데서 가장 완벽한 형태를 지니고 있다고 한다.

〈이상〉(1795)은 쉴러의 이념이 가장 적게 나타난 시인지도 모른다. 다른 시들은 어떤 목표—도덕 세계—를 앞에 두고 그것을 위하여 매진하는 혹은 우리에게 용기를 주려 하는 시이나 이 시에는 쉴러의 평상의 삶이 녹아 있다. 이 시에는 이상을 상실한 인간의 허무와 측은지심이 들어 있다. 이상은 “그렇게 의리 없이 날 떠나려 하나 / 너의 사랑스런 환상과 / 너의 고통, 너의 기쁨을 지닌 채 / 〔…〕 밝은 해도 빛을 잃었다 / 나의 청춘의 오솔길을 비추더니 / 옛날 도취된 가슴을 부풀리던 이상은 / 산산조각 나고 / 내 꿈이 태어나게 해 준 이에 대한 / 달콤한 믿음 사라졌도다”. 아마도 한국 사람이 가장 이해하기 쉽고 동화될 수 있는 시라고 생각한다. 누구나 꿈은 있으며, 그것을 완벽하게 이룬 사람은 존재하지 않는다. 모두가 이상을 상실하고 현실에서 비탄에 잠기는 시이다.

〈이상과 인생〉(1795)은 명상적인 시로서 아마도 괴테의 영향을 받아 조금은 쉬운 시가 되었다. 이 시 역시 신들의 세계와 그곳(고대 그리스)에서 살고 있는 이상적 영혼의 평화를 노래하면서 인간의 삶과 신과의 존재가 합일하여 살던 옛날의 현실 세계와 이상 세계를 함께 묘사한다. 그러나 현실 세계는 모든 것을 상실한다. 결국은 현실을 극복하고 이상 세계를 향하는 모습을 묘사한다. 그 예로서 인간 헤라클레스는 투쟁에 의해 신들의 세계에 이른다.

〈종의 노래〉(1800)는 쉴러의 대표적인 시이다. 이 시는 어렵지 않아서 누구나 읽으면 알 수 있는 시이다. 특히 옛날에는 독일 국민들이 거의 외우는 국민시였다. 쉴러의 처갓집 근처에는 유명한 종을 주조하는 곳이 있었다.

그는 종을 제작하는 과정을 보고 감명을 받고 종을 만드는 과정을 인생의 과정에 비유하여 노래하였다. 장인이 종을 주조하는 과정에서, 함께 일하는 도제들에게 일을 시키면서 마치 담시처럼 이야기를 풀어 간다. 인생의 풍파도 있다. 남편이 죽고, 홍수가 나며 전쟁이 일지만 결국은 모두 극복한다(여기서 독일인들은 자신들의 조국을 생각하는 애국적인 시로 해석하기도 한다). 만든 종은 하늘 높이 올려지고 종소리는 멀리멀리 울려 퍼진다. 이 외에도 〈이상〉, 〈산책〉 등 많이 애송되는 시들이 있다.

쉴러는 예나에서 신학 교수 그리스바흐의 집에 살고 있었다. 그리스바흐 교수는 쾌활하고 마음씨 고운 학자로 신약성경 원전비판을 전공한 사람으로 예나에서는 영향력 있는 사람이었다. 괴테는 이곳으로 와서 쉴러와 거의 매일 만나며 고대 로마시를 모방하여 두 연 이내의 짧은 풍자시를 만들어 발표하였다. 1796년 괴테가 한번 예나를 방문하면 보름 혹은 한 달, 어떤 때는 두어 달씩 묵었다. 두 사람은 시의 작자를 밝히지 않고, 자신들의 스타일을 숨기고, 서로 의견을 내어 자신들의 작품을 희화하거나 악의에 찬 비평가를 공격하였다. 이 작품은 현대에는 그 의미를 거의 상실하고 있다. 당시의 그때그때의 시의에 관한 것일 뿐만 아니라 그 내용이 동시대 작가들에 대한 은유적 비난이기 때문이다. 비판의 대상은 스톨베르크, 슐레겔 형제, 베를린의 니콜라이, 괴테의 〈젊은 베르테르의 슬픔〉을 비난한 클롭슈토크, 심지어 빌란트까지 이른다. 무명으로 출간하였으나 그것을 모를 리는 없었다. 이에 대한 공격은 물론 실명을 거론하며 논쟁을 한 것은 아니나 다만 라이프치히의 서평자가 그들을 "예나와 바이마르의 엉터리 요리사"라고 부른 것으로 보아 원저자가 누구인지는 모두가 이미 알고 있었다. 점잖은 빌란트도 자신의 잡지에서 두 사람의 대화 형식으로 《크세니엔》의 저자들을 비난하고 있다. 상대방을 서로 비난하는 것은 옛날이나 이제나 보통 사람들에게 흥밋거리이다. 《크세니엔》이 적지 않은 판매고를 올리자 출판사는 속편을 주문하였으나 쉴러는 거절하였다. "그런 무기는 한 번으로 족하다"고 하였다.

쉴러는 1796년 3월 훔볼트에게 보낸 편지에서 〈발렌슈타인〉 작업을 5일째 계속하고 있다고 말하고 있다. 그리고 작품을 만들 수 있는 "보다 높고 진정한 연극적 흥미로운 싹을 발견"하였다고 말한다. 쉴러는 처음부터 이 소재가 극복해야 할 어려운 점이 있다는 것을 알고 있었다. 주인공 발렌슈타인은 이전의 주인공들인 이상적 인간상인 포자나 돈 카를로스와는 다른 인물이다. 그들은 "고귀하고" "품위"를 지닌 인물이었으나 이 새로운 주인공은 그렇지 못하기 때문에 쉴러는 "섬세하고 다루기 힘든" 과제라는 것을 알고 있었다. 역사적 인물 발렌슈타인 장군은 여러 면에서 상이하게 평가되고 있고, 또한 대부분은 그를 야심가요 황제에 대항하여 반란을 일으키려고 모의한 반역자로 기억하고 있기 때문에, 작가가 즐겨 창조하였던 순수한 이념적 인간과는 거리가 먼 인물이었다. 발레슈타인 장군은 이상적 인간형이 아니라 아주 현실적인 리얼리스트였던 것이다. 바로 이 때문에 쉴러는 발렌슈타인이라는 인물에 더 흥미를 갖게 되었다. 그러나 그의 작업은 쉽게 진척되지 않았다. 1796년 10월 괴테에게 보낸 편지에서 "아마도 작업은 겨울 내내 혹은 다음 여름까지 계속될지도 모른다"고 쓰고 있다.

발라드의 해

정원집에 이사 오면서 그는 괴테에게 모차르트의 오페라에 사용할 〈돈 후안〉 텍스트를 괴테에게 보내면서 발라드로 쓸 생각이라고 하였다. 결국 발라드로 만들지는 못하였으나 발라드를 쓰겠다는 생각은 끊이지 않았다. 1798년의 《연감》에 발라드를 넣겠다고 마음먹고 〈발렌슈타인〉 작업을 중단하였다. 그해 5월부터 9월까지 지금은 고전 작품이 되어 버린 발라드 〈잠수부〉, 〈장갑〉, 〈폴리크라테스의 반지〉, 〈이비쿠스의 두루미〉 등을 썼다. 괴테도 함께 발라드 〈코린트의 신부〉 등을 썼으며 이 해를 독일문학사상 '발라드의 해'(괴테의 말)라고 칭하게 되었다. 이때 많은 작품을 썼기 때문에 쉴러는 독일문학사상 발라드를 가장 많이 쓴 작가로 알려져 있다.

함께 발라드를 쓰게 된 동기는 아마도 두 사람이 나눈 많은 대화에서 비롯된 것 같다. 1797년 괴테는 스위스 여행 후 예나에 들러 오래 머무르며 쉴러와 만나 이야기를 나누었다. 괴테와 오래 이야기를 나누면 나눌수록 그의 영향이 점점 커지는 것을 느꼈다. 쉴러는 괴테에게 준 편지에 "저는 내 안에 무엇인가를 심지 않고는 결코 귀하에게서 떠날 수 없을 것입니다. 그리고 귀하가 저에게 준 많은 것과 귀하의 내적 풍부함이 저에게 준 감동에 대하여 기뻐하는 바입니다. 이런 상호 간의 완벽함 위에 세워진 새로운 것이 항상 있을 것이며, 또한 바로 이러한 다양성을 얻으면 얻을수록 점점 화합하게 되고, 반대의 성향은 점점 없어집니다. 우리가 서로 모든 점에서 점차 이해하게 되기를 바랍니다. 〔…〕 이것은 동시에 서로의 일에 생산적인 것이 될 것입니다." 확실히 괴테는 10년 연하인 쉴러와의 교류에서 적극적이지는 않았다. 괴테는 자신의 〈빌헬름 마이스터의 수업시대〉에 대한 평을 쓴 것을 읽고 "계속 나를 새롭게 하고 용기를 북돋아 주시오" 하고 썼다. 쉴러의 조언을 고마워는 하였으나 괴테가 쉴러의 충고를 항상 따른 것은 아니었다. 그는 본성적으로 자신의 일에 대하여 긴 대화를 듣고 따르는 성격이 아니었다. 괴테는 변증법적 발전형의 성격이 아니었다. 쉴러는 그와는 반대로 사물에 대하여 반성적이고 여러 면으로 사물을 관조하면서 발전하는 인물이었다. 그러나 괴테는 결국 이런 편지를 썼다. "우리 두 사람의 행복한 만남은 많은 장점을 만들었습니다. 그리고 저는 이런 관계가 계속되기를 바랍니다. 〔…〕 귀하는 저에게 두 번째의 청춘을 주었으며 내가 거의 포기하였던 시인으로 다시 만들었습니다." 발라드의 해인 1797년, 두 사람은 지난해 《크세니엔》을 만들 때와는 다른 공동 작업을 하였다. 그때는 서로 같은 생각을 묶었으나 발라드의 경우는 각자 자신의 스타일에 따른 작품을 생산해 냈다. 《크세니엔》을 만들면서 토론을 하고 서로 용기를 북돋아 주었던 것과 달리 시 작품은 각자 생각하고 만들었다.

쉴러의 담시

쉴러는 그의 담시가 독일에서 현대 학생들의 퀴즈의 대상이 될 정도로 괴테와 함께 알려져 있는 담시 작가이다. 쉴러와 괴테는 서로 작품에 대한 의논을 많이 하였지만 담시처럼 서로 많은 의견을 나누면서 쓴 작품은 없다. 물론 《크세니엔》을 만들 때도 긴밀한 협조를 하였다. 그들은 거의 함께 기거하면서 의논하였다. 그러나 서로가 하나하나 함께 쓰되, 《크세니엔》에는 무명으로 발표하였다. 그것은 작가적 스타일을 감추고 문학의 적수들을 비판하고, 비웃고, 평가절하하기 위해서였다. 그러나 담시는 서로 작품을 의논하고 격려하면서 각자의 스타일을 지키며 발표하였다.

담시Ballade는 무도곡의 한 형식인 'ballata'라는 이탈리아어가 그 어원이다. 그러나 시의 종류로서 담시란 운문으로 씌어진 이야기로 된 시를 말한다. 괴테는 담시를 모든 문학의 "근원적인 알"이라고 하였다. 서사시가 긴 시행으로 된 영웅 설화를 이야기한다면 담시는 길이는 짧고, 좀더 서정적이며, 이야기를 풀어 나간다는 면에서는 서사시와 같으나 극적인 전환과 감동적인 대화를 운율로 표현한다. 따라서 발라드는 청소년에게 시를 가르치기 전에 먼저 소개할 만한 효과적인 형식의 시라고 생각한다. 담시는 어떤 해설이 없이도 누구나 이해하고 감동하는 시이기 때문이다. 그리고 자연스럽게 운율을 터득할 수 있기 때문이다.

서양에서 발라드의 역사는 물론 호머에서부터 시작되었다고 말할 수도 있으나 좀더 현대적인 발라드는 프랑스의 음유시인들에서부터라고 할 수 있다. 그러나 18세기에 와서는 영국에서 유행하여 독일에 전해졌다. 민요도 발라드의 일종으로 보다 근원적인 것이기는 하지만 발라드란 작가가 있는 것이 대부분이다. 쉴러 당시에 독일에서 담시를 처음으로 쓴 사람은 뷔르거(1748-1794)로서 그의 담시는 〈레노레〉이다. 이 시는 독일의 거의 모든 사람들의 사랑을 받았으나 쉴러는 너무나 민속적인 것으로 생각하여 혹평하였다.

괴테가 쉴러와 더불어 1797년 많은 담시를 발표하면서 이 해를 '담시의 해'라고 표현한 이후에 사람들은 이때를 '담시의 해'라고 불렀다. 쉴러의 담시 가운데 〈인질〉(원어로는 '보증'이라는 뜻이다)과 〈잠수부〉, 〈장갑〉이 유명하다.

〈잠수부〉(1797)는 우리가 어디선가 어렸을 때 읽은 기억이 나는 담시이다. 왕이 신하들과 거친 파도가 일고 있는 바위 위에서 바다를 바라보다 문득 황금 술잔을 포호하는 심연에 던지며 "자, 누군가, 저 바다에서 잔을 가져올 자" 하고 무리들을 둘러보니 기사가 아니라 어린 시종이 뛰어들어 가져온다. 그러자 왕은 또 술잔을 던지며 이번에 다시 가져오면 최고의 기사로 임명할 것이며 부마로 삼겠다고 한다. 청년은 주저하였으나 다시 뛰어든다. 그러나 다시는 떠오르지 않는다. 인간에게 한계를 넘는 시험을 해서는 안 된다는 것이다.

〈장갑〉(1797)이라는 것도 재미있는 것이다. 맹수가 우글거리는 곳에 숙녀가 장갑을 던지며, 숙녀를 항상 사랑한다고 말하는 기사에게, 당신이 항상 나를 그렇게 사랑한다고 하였으니 장갑을 가져와 보라고 한다. 기사는 유유히 가서 장갑을 주워 와 기뻐하는 그녀의 얼굴에 장갑을 던지며 사라진다.

〈인질〉(1798)은 다몬이라는 청년이 왕의 폭정을 견디지 못해 그를 시해하려다 사로잡혀 처형당하게 되자 단 하나의 누이동생의 결혼이 있으니 결혼식에 참석하고 와서 죽게 해 달라고 청한다. 그리고 친구를 대신 두고 가겠다고 한다. 왕은 그에게 허락하면서 사흘 안에 오지 않으면 친구를 대신 처형하겠다고 한다. 그 대신 너에게는 자유를 줄 수 있다고 한다. 사흘째 되는 날 폭우가 쏟아져 올 수 없게 되었다. 그러나 그는 갖은 고생을 하며 도착했고 그때는 막 사형 집행을 하려는 순간이었다. 그는 형리에게 소리쳐 자신의 도착을 알린다. 왕은 그것을 알고 다몬의 목숨을 살려 줄 뿐만 아니라 자신도 그들과 함께 친구로 불러 달라고 한다.

예나의 정원집

1797년 봄에 쉴러는 예나 시에서 조금 떨어진 정원이 딸린 집을 1,150탈러에

구입하였다. 후에 사람들은 이집을 '정원집'이라고 불렀다. 그가 처음으로 자신의 소유의 집을 갖게 된 것이었다. 쾨르너에게는 작지 않은 정원이 있다고 알리고, 괴테에게는 5월 2일에 "저는 귀하를 오늘 새로 이사 온 정원에서 맞게 될 것입니다. 아름다운 경관이 펼쳐져 있고 태양은 그윽하게 지고, 나이팅게일이 웁니다. 저의 주위의 모든 것이 밝습니다. 그리고 저의 소유의 대지와 땅은 아주 기쁜 징조를 나타냅니다"고 썼다. 쉴러는 이 집을 손질하고 들어왔다. 예나 시내에서 걸어서 약 15분 정도 거리의 있는 곳으로, 비교적 넓은 정원이 있고 주위가 조용한 시골 풍경의 집으로, 아이들이나 다른 사람의 방해를 받지 않으려고 맨 위층을 자신의 작업실로 정하였다. 많은 사람들이 지금도 '쉴러의 집'이라고 불리는 이 집을 방문한다. 여기서 그는 유명한 3부작 드라마 〈발렌슈타인〉과 〈마리아 슈투아르트〉의 일부를 썼다. 괴테는 이곳을 자주 방문하였고 쉴러가 쓰고 있는 〈발렌슈타인〉에 대하여 서로 창작에 대한 의견을 나누었다. 지금도 두 사람이 앉아 있던 곳을 누구나 앉아 쉴 수 있게 보존하여 놓고 있다. 괴테는 쉴러가 죽은 뒤 약 30년 후 이곳을 방문하고 "여기 이 정자에서 지금은 부서져 있는 의자에 앉아 돌책상을 앞에 놓고 우리는 많은 이야기를 하였지요. 그는 당시 30대였고 나는 40대였습니다" 하고 옛날을 회상하였다.

이곳에서 〈발렌슈타인〉 3부작 중 제1부인 〈발렌슈타인 진영〉을 마치고, 제2부 〈피콜로미니〉를 집필하던 중 쉴러를 열광적으로 흠모하는 리델이라는 예술가가 그를 묘사한 것이 오늘의 바이마르 극장 광장에 세워진 쉴러와 괴테가 함께 손을 잡고 서 있는 동상이다. 1797년 쉴러는 《연감》 작업으로 몇 개월간 〈발렌슈타인〉 작업을 미루다가 10월에야 다시 작업을 시작할 수 있었다. "이제 《연감》을 끝마쳤으므로 드디어 〈발렌슈타인〉을 할 수 있습니다" 하고 괴테에게 장문의 편지를 쓴다. 그러나 병의 발작으로 이 작업은 다시 중단된다. 새해 벽두(1798년 초) 그는 후에 〈피콜로미니〉로 불리는 제2부의 4막을 완성하였다. 다만 막스와 테클라의 사랑의 장면을 완성하지 않았다.

쉴러는 1798년 《호렌》 제3호를 끝으로 이 잡지를 그만두기로 하였다. 원래 그는 이 잡지의 편집에 독일 각처의 가장 저명한 사람들을 편집동인으로 참여시킬 생각이었다. 그중에도 가장 원하였던 사람은 철학자 이마누엘 칸트였다. 쉴러는 그에게 잡지 편집을 함께 할 것을 제의하였으나 칸트는 "나이가 들어 불편함" 때문에 함께 할 수 없어 미안하다고 하면서 가끔 글을 기고하겠다고 하였다. 그러나 그는 이 잡지에 글을 쓰지 않았다. 괴테도 원래 〈빌헬름 마이스터의 수업시대〉를 여기에 게재하여 잡지의 무게를 두려고 하였으나 책으로 먼저 나오는 바람에 쉴러는 실망할 수밖에 없었다. 괴테는 그 대신 "그리 중요하지 않은 것"을 실었다(〈독일 이주자 이야기〉). 쉴러만이 이 시기에, 대부분의 중요한 글을 여기에 실렸다. 미학 논문과 시, 역사물 등이다.

바이마르 극장이 오래되어 낡아 새로운 단장이 필요하던 차에 대작업을 끝내고 1798년 10월 12일 개관 기념으로 쉴러의 3부작 드라마 〈발렌슈타인〉 중 제1부인 〈발렌슈타인 진영〉을 공연하기로 하였다. 쉴러의 헌사를 배우 포스가 낭송하였고 제1부는 서막이라고 할 수 있어 비교적 짧았기 때문에 이것에 이어 코체부의 연극을 공연하였다. 연극이 끝난 후 오늘날의 뒤풀이처럼 쉴러는 함께한 모든 사람들을 '코끼리 카페'로 초대하여 한잔하였다. 여기서 쉴러는 식탁 위에 올라 한바탕 멋진 '연설'을 하였다고 한다. 이때 극 중 내용으로 〈기사의 노래〉라는 것을 작곡하여 악대에 맞추어 노래를 불렀다. 한동안 이 노래는 독일 전역에서 유행하였다고 한다.

예나에 돌아온 쉴러는 이제는 바이마르로 이주할까 진지하게 생각하였다. 괴테도 그곳에 있으며 그의 원래의 영역이 드라마이니만큼 극장이 있는 바이마르가 자신이 활동하기에 더 좋은 장소라고 생각한 것이다. 셸링(1775-1854) 이외의 많은 지인들이 이미 예나를 떠났으며 볼초겐까지도 바이마르에 새로운 직책을 얻었다. 피히테와도 사이가 나빠진 상태였다.

쉴러는 연말까지는 끝낼 예정으로 〈발렌슈타인〉 작업에 전력을 다하였다. 괴테도 자주 방문하여 쉴러의 작업에 조언을 구체적으로 하여, 장면 배치라던가 언어의 순화에 이르기까지 함께 논의하였다. 쉴러는 예정과 같이 연말에는 제2부 〈피콜로미니〉를 완성하여 지인들인 그리스바흐, 카롤리네 볼초겐, 셸링 앞에서 낭독하였다. 그러나 낭독하는 데 4시간이나 소요되자 그 다음 날 "아주 놀라울 정도로 짧게" 만들었다. 이 짧게 줄인 대본을 바이마르에서 검토하기로 하였다. 〈발렌슈타인〉의 마지막 3부 〈발렌슈타인의 죽음〉은 부활절 직전인 3월 15일 종려 주일에 완성하고 원고를 괴테에게 보냈다. 괴테는 "작품을 완성한 것을 마음으로부터 축하합니다. 〔…〕 물론 이 마지막 작품은 정치적인 것이 아니라 순수한 인간적인 것이길 원합니다. 역사적 사실 자체도 모사꾼의 인간성이었습니다"라고 축하 편지를 썼다. 괴테가 이 편지에서 얼마나 정치적인 것을 피하려고 하는지 그 속내를 우리는 알 수 있다. 괴테는 즉시 배우들에게 배역을 분담하고 대본을 나누어 주었다.

이 대작업을 하는 동안 그는 외로움을 느꼈다. 쾨르너에게, 바이마르에서 "연극을 보면서 나의 상상력을 자극하며 내 작업을 보다 쉽게 하고, 감각 세계에 외적 자극을 주기 위하여" 예나를 떠날 생각이 있음을 내비친다. 사실 그동안 예나의 옛 친구와 대학 동료들과는 정신적 교류가 이루어지지 않았다. 피히테의 후임으로 부임한 동향의 셸링은 카드놀이를 함께 하는 친구일 뿐이었으며 그 외 예나 낭만주의자들과는 세계관이 달라 교류가 어려웠다. 괴테도 이즈음은 바이마르 공의 새로운 궁을 짓고 있어 예나에 오랫동안 오지 못하였다. 옛날 그의 스승 아벨이 튀빙겐대학에서 좋은 대우를 제시하며 정교수로 초빙하였을 때 그는 "가능하면 여기〔예나〕에서 살다 죽고 싶다"고 하였으나 이제는 예나에 머무르고 싶지 않았다. 그는 "마치 낯선 해변에 버려져" 있는 것 같다고 하였다. 하나의 작품을 끝내면 누구나 허탈감에 빠진다. 쉴러는 이제 서재에서 허탈감과 공허를 잠깐 느낀 듯하다. "이미 오래전에 이런 순간을 두려워하였습니다. 작품에서 벗어나려고 그렇게 원하였지만 하나의 작품은 하나의 인간과도 같아 〔작품을 끝낸〕 지금의 자유가 이전의 노예와 같았던 것보다 더 좋지 않게 느껴집니다. 이제까지 나를 이끌고 묶어 놓았던 대중이 이제는 문득 사라져 버리고, 저는 마치 빈 공간에 목적 없이 매달려 있는 것 같습니다."

〈발렌슈타인〉(1800)

종교개혁 후 전 유럽은 가톨릭과 프로테스탄트로 나뉘었다. 이미 말한 바와 같이 군주들은 종교의 선택을 신앙으로서가 아니라 정치적 이해관계로 결정하였다. 물론 양측에 광신자도 있었다. 가톨릭 측에서는 반종교개혁이 일어나 두 진영 간에 일촉즉발의 분위기가 감돌았다. 합스부르크 왕가의 지배하에 있던 체코는, 개인의 신념에 따라 신앙을 선택한다는 정책에 의해 체코인은 대부분이 신교도였으나, 어느 날 갑자기 그 자유를 취소하자 체코인들이 시청으로 달려가 총독을 창문 밖으로 던져 버리는 사건이 일어났다 (유명한 '프라하 창문투척 사건'). 이에 빈의 황실은 새로운 총독을 임명하고 체코인을 압박하기 시작하자 종교전쟁이 일어난 것이다.

신교측은 북쪽의 대부분의 제후들로서 전쟁에 가톨릭 연맹(리가Liga)이 강하여 연전연패였으나 덴마크와 신앙심이 두터운 스웨덴이 참가하자 전쟁은 새로운 국면으로 들어서고, 싸움은 일진일퇴를 하고 있어 전쟁이 쉽게 끝나지 않았다. 이 전쟁이 30년이나 계속된 것이다(1618-48). 발렌슈타인 장군은 리가가 밀리고 있을 때 등장하여 신교도를 격파한 역전의 상승장군이었다. 그는 보헤미안 출신으로 그의 군대는 누구나 두려워하는 존재였다. 옛날 군대는 모두가 용병이었다(그러므로 당시의 군대에는 인종이 다양하였다). 그러나 급료는 거의 없었기 때문에 가는 곳마다 민가에 대한 피해가 말로 다 할 수 없을 정도로 컸다. 가톨릭 군주들도 그의 군대라면 증오하였다.

합스부르크 왕가의 황제 선출 시(신성로마제국의 황제는 독일의 선제후들이 선거에 의해 선출한다) 제후들의 눈치를 봐야 하는 황제는 발렌슈타인 장군을 총사령관직에서 해임하라는 제후들의 압력에 그를 해임 조치한 적이 있었다. 그러나 전황이 가톨릭에게 불리해져 황제가 다시 발렌슈타인을 중용하려고 하자, 발렌슈타인은 조건을 제시하였다. "절대적 군사권"을 요구하여 황제의 승낙을 받았다. 이제는 황제도 발렌슈타인에게 명령을 할 수가 없어진 것이다. 드라마는 이 두 번째 임명 후에 전개된다. 발렌슈타인은 언제 황제가 자신을 다시 해임 조치할지 모르고, 또 빈 황궁에서는 대신들이 자신을 불신하고 그들의 모반의 가능성을 항상 경고하고 있다.

쉴러는 〈삼십년전쟁사〉의 저자로서 종교전쟁의 역사적 사실에 정통하였다. 그 와중에서 강력한 장군 발렌슈타인은 드라마의 소재로 충분하였지만, 정략적인 에고이즘의 대표적인 인물이, 비극에서 파멸하는 위대한 위인으로서는 적합하지 않다고 생각하여 어려움이 많다고 괴테에게 말하였다. 괴테는 발렌슈타인을 정치적 인물로 하지 않을 것을 주문하였다. 결점이 너무나 많은, 증오의 대상이 파멸하는 비극에서 관객은 애련과 공포를 느끼지 않을 것이기 때문이다. 도덕적으로 완전하지 않은 인물의 파멸은 희극에나 해당하는 것이다. 쉴러는 정치적 야심의 인물인 주인공을 어떻게 형상화할 것인가를 고민하면서 셰익스피어의 〈맥베스〉를 여러 번 읽었다. 쉴러는 결국 비극 작품으로 〈발렌슈타인〉을 별점을 추가하여 운명 비극의 멋진 작품을 쓰는 데 성공하였다.

이 드라마를 써 가면서 그는 자신이 있었는지 "독일을 흔들 작품"이 될 것이라고 하였다. 그리고 정말 독일문학사에서 뿐만 아니라 세계문학사에 남는 작품이 되었다. 그는 〈발렌슈타인〉을 3부작으로 만들어 삼 일간 공연하는 작품으로 하였다.

제1부 〈발렌슈타인 진영〉은 군인들의 일상을 보여 주는 서곡에 해당한다. 모든 병사들은 발렌슈타인을 하늘처럼 생각한다. 그들은 장군에게 목숨을 바쳐 충성할 것을 맹서한다. 다른 한편 황제 편을 드는 신부도 있어 군대 내에서의 힘의 역학관계를 간접적으로 보여 준다. 사병들은 자신들을 보살펴 주는 사람은 황제가 아니라 발렌슈타인 장군이라고 한다. 그리고 그들의

무용담이 펼쳐지고, 막사 사이에는 야전군 부대에 흔히 있는 '이동 주보'도 등장한다. 발렌슈타인 장군은 첫날(제1부)에는 등장하지 않는다. 그의 위대성만 이야기하여 그에 대한 관객의 상상력을 극대화시킨다. 중요한 등장인물 피콜로미니 장군의 아들인 젊은 연대장 막스 피콜로미니가 얼마나 용감하게 싸웠는가를 이야기한다. 〈발렌슈타인 진영〉은 군 진영의 분위기만을 보여 주는 짧은 극이다.

제2부 〈피콜로미니〉는 전쟁이 소강상태에서 발렌슈타인 총사령관이 예하 부대 전원을 필젠(현재 체코의 한 지역명) 근처로 불러 모은다. 총사령관의 직계 장군인 일로, 이졸라니와 버틀러 등이 서로 안부를 물으며 총사령관의 우수성과 군에 무관심한 황제를 비난하고 있다. 황제의 사자 크베스텐베르크에게도 넌지시 황제를 비난한다. 사자는 황제의 권위가 여기서는 땅에 떨어져 있다는 것을 한탄한다. 그는 발렌슈타인 장군에게서 지휘권을 박탈하고 옥타비오 피콜로미니와 함께 발렌슈타인을 제거하라는 밀명을 받고 온 사람이다. 그리고 대장군의 병력을 감축하라고 한다. 발렌슈타인은 부인과 딸을 청년 기사이며 연대장인 막스 피콜로미니를 시켜서 역시 진영으로 호위해 오도록 한다. 필젠으로 이동하는 동안 발렌슈타인의 딸인 테클라와 막스는 사랑하는 사이가 된다. 이 두 사람은 역사적으로 실존하지 않았으나 쉴러가 창안한 인물이다. 황제는 전쟁을 속히 계속할 것을 요구하나 장군은 지구전을 펴며 스웨덴과 비밀리에 협상하려고 한다. 발렌슈타인은

별점을 신뢰하고 있어(실제로 그는 코페르니쿠스가 만든 성좌도를 지니고 있었다고 한다) 자신의 별이 한창 찬란한 빛을 발하고 있음을 알고 기뻐한다. 발렌슈타인은 자신을 파멸로 몰아넣으려는 옥타비오 피콜로미니를 가장 신임하고 있다. 전쟁 중 위기에서 자신을 구한 적이 있었기 때문이다.

장군파인 일로 장군은 여러 장군이 모인 회식 자리에서 발렌슈타인에 절대 복종한다는 서약서를 돌려 서명을 받는다. 막스는 서명을 하지 않는다. 자신은 서명 없이 그에게 충성한다는 것이다. 대장군의 딸인 테클라는 미묘한 분위기를 감지하고 세상에서 소중한 것은 사랑뿐이며, 막스에게 우리가 마지막일 수도 있다는 암시를 준다. 그리고 아무도 믿지 말라고 한다.

제3부 〈발렌슈타인의 죽음〉은 발렌슈타인의 장군으로서의 위대성과 음모의 진행, 그의 죽음을 다루었다. 발렌슈타인이 스웨덴에 보낸 사자가 황제군에게 잡혀 이제는 빈에서 그의 거사 계획을 확실히 알게 된다. 스웨덴군은 대장군에게 왕좌를 주는 대신 체코의 일부를 양도하라고 한다. 발렌슈타인은 불쾌하게 대한다. 장군 편의 대장들은 즉시 거사를 실행하자고 주장한다. 그러나 그는 망설인다. 발렌슈타인은 거사에 대해서는 아무리 측근이라고 해도 자신의 심중을 밝히지 않는다. 그러는 동안에 옥타비오는 황제의 비밀문서를 장군들에게 보여 준다. 거기에는 발렌슈타인을 파직하고 대장군에 옥타비오를 임명한다고 쓰여 있다. 장군들이 하나 둘씩 몰래 진영을 떠난다. 급기야 막스의 부대이며 백전백승의 부대원들이 발렌슈타인에게

황제 편인가 아닌가를 직접 묻는다. 여기에 발렌슈타인의 노장으로서의 면모를 여실히 보여 준다. 관객은 병사가 상관을 위하여 목숨을 바치는 이유를 알 만하다(쉴러의 기술이기도 하다). 그는 장병 하나하나의 이름을 외우고 있으며 어떤 전투에서 어떤 전공을 세웠는가도 잘 알고 그들을 설득한다. 그러나 무위로 끝난다. 발렌슈타인의 반역의 마음을 읽은 막스는 더 이상 갈 곳이 없다고 생각하고 적진에 자진하여 뛰어들어 전사한다. 테클라는 그 소식을 듣고 진영을 떠나 그의 시체가 묻혀 있는 수도원을 찾아간다.

발렌슈타인은 스웨덴군이 올 것이라는 실낱같은 희망을 지니고 심복만 이끌고 에거(체코의 지명, 지금도 많은 관광객이 이곳을 찾는다)로 이전한다. 그러나 여기서 대장군의 막하 장군과 발렌슈타인 자신도 버틀러에게 살해된다.

이 작품은 방대하고 대사 하나하나에 의미가 들어 있어 레제드라마로도 감동을 자아낸다. 행간에 들어 있는 뜻 또한 다중의 의미를 지니고 있어 누구나 한마디씩 할 정도로 당시부터 현대까지 해설이나 평론이 가지각색이다. 그러므로 작품의 뜻에 대한 '정설'이란 것이 없다. 역사적으로 그는 황제를 모반한 장군으로 나타나 있다. 그러나 그가 지루한 전쟁과 황폐해 가는 자기의 조국과 죄 없는 민초들이 죽어 가는 것—전쟁이 끝났을 때 독일 인구의 3분의 2가 죽었다—을 이대로만 둘 수 없다는 생각으로 전쟁 종식을 위하여 스웨덴과 협상하였는지도 모른다. 그는 종교가 신교인가 구교인가는 크게 개의치 않았다. 그러나 구교인 황제는 발렌슈타인의 협상을 적과의 내통으로 생각하고 있다. 발렌슈타인이 죽고 전쟁이 끝났을 때 양측이 맺은 평화조약을 '베스트팔렌 평화조약'이라고 하는데, 이 조약은 과거 천 년간에 일어난 10대 사건 중 하나라고 한다(《뉴욕 타임스》는 21세기를 시작하며 지난 천 년간의 사건 중 중요한 10대 사건을 보도한 바 있다). 비록 발렌슈타인은 살해되었지만 그의 의도가 바로 베스트팔렌 조약의 핵심일 수도 있다. 다만 그가 정말 황제를 살해할 의도가 있었는가에 대해서는 확실한 증거가 없다. 당시의 역사학자들은 쉴러를 포함하여 그렇게 기술하고 있다. 그러나 죽은 자는 변명의 여지가 없다. 쉴러는 자신의 주인공을 권모술수에 능한 인물로 생각하며 드라마를 썼다. 전제주의하에서 다르게 쓸 수는 없었을 것이다. 필자는 셰익스피어를 소개할 때 늘 우선 한번 읽어 볼 것을 권한다. 〈발렌슈타인〉도 우선 읽어야 쉴러의 드라마 작가로서의 위대성과 작품이 멋지다는 것을 독자는 깨닫게 될 것이다.

4월 20일에 〈발렌슈타인의 죽음〉을 극장에 올렸다. 로테는 시누이인 크리스티아네 라인발트에게 다음과 같이 쓰고 있다. "극장 안에 모든 사람들이 훌쩍이고 있었습니다. 심지어 배우들조차 울었습니다. 그들은 리허설 때에 이미 내용을 잘 알고 있는데도 울음 때문에 대사를 잘 하지 못하였습니다. 저도 〔연극의 내용을〕 모두 알고 있었고, 쉴러가 여러 번 저에게 읽어 준 적이 있었는데도 마치 처음 대하듯, 너무나 감동한 나머지 스스로를 가누지 못할 정도였습니다. 모든 사람들이 쉴러에게 갈채를 보내는 것을 보면서 제 안에 어떤 자부심 같은 것을 느꼈습니다. 보통 아무런 감동도 느끼지 못하던 사람들도 감동에 사로잡혔습니다." 군주의 좌석에 있던 카를 아우구스트 공은 작가에게 성공을 축하하며 혹시 연극을 위하여 주거지를 바이마르로 옮길 의향이 있는지 물었다.

그는 카를 아우구스트 공에게, 예나에 있으면 "황무지에 유배된 것" 같다고 쓴다. 아우구스트 공은 〈발렌슈타인〉 공연을 본 후 그를 보다 자주 보기를 원하였고, 쉴러는 바이마르의 생활비가 더 많이 든다며 연금을 인상해 달라고 청하였다. 공은 연 200탈러에 다만 장작(땔감은 당시 아주 비싼 것에 속하였다) 4단을 주기로 약속하였고 괴테는 숙소를 마련하여 주기로 하였다.

이해 여름은 쉴러에게는 행복한 여름이었다. 〈군도〉 이래 외면적으로, 혹은 공연 작품으로 큰 성과를 거두지 못하였다. 〈발렌슈타인〉은 가장 성공한 작품이 되었고, 누구나 명작으로 인정하였다. 이 작품으로 인한 재정적인 도움도 컸다.

그는 이런 성공에 자신감을 갖고 즉시 다른 소재를 찾았다. 그의 책상에는 스코틀랜드의 역사책이 놓였고, 그는 불행한 여왕 마리아 슈투아르트의 운명을 다시 생각하였다. 이미 바우어바흐에서 한번 이 여왕을 비극의 주인공으로 삼을 계획을 세운 적이 있었다. 에우리피데스의 작품을 번역하면서 그리스 비극의 형식을 택하여 그녀를 "물리적 실존 상태의 완전한 묘사"로 만들 생각이었다. 쉴러에게서 '물리적' 혹은 '필연적' 상태라는 의미는 인간이 자신의 실존을 위협받는 상황을 말한다. 더 나아갈 길이 없는 막다른 골목에서, 자신의 생명이 위협받고 있는 상태를 뜻한다. 쉴러는 주인공을 이때까지 몰고 간 후 이 순간에 자신의 에고이즘과, 구차하게, 혹은 비겁하게 자신을 굽히고 생명을 구하겠다는 욕심을 버리고 고귀한 인간의 마음으로 돌아와 올바른 말과 올바른 행동을 하도록 하여 인간의 위엄을 보여 준다. 죽음도 두려워하지 않고 인간이 가야 할 이상적 삶을 선택하는 것이다. 그리고 난파하는 것이다. 여기에 그의 비극의 비장미가 있다. 쉴러는 비극의 형식을 완전하게 하기 위하여 프랑스 비극 작가 라신을 열심히 읽었다.

여름에는 또한 바이마르에 큰 행사가 있었다. 프로이센의 왕 프리드리히 빌헬름 3세와 왕비 루이제가 방문한 것이다. 그들은 이곳에서 〈발렌슈타인〉을 관람하기를 원하였다. 연극을 관람한 왕과 왕비는 대단히 감동하였고, 루이제 왕비는 옛날 자신이 공주였던 때 다름슈타트에서 쉴러가 〈돈 카를로스〉를 낭독하였던 것을 기억하며 베를린을 한번 방문하라고 초대하였다.

바이마르로 이주하는 것은 이제 기정사실이 되었다. 그는 10월에 이사할 예정으로 적당한 집을 찾기 시작하였으나 이사는 겨울에나 가능하였다. "확실한 이유가 있어" 이사를 연기한다고 친지들에게 선언하게 되었는데 이는 부인이 임신을 하였기 때문이었다. 인연이 있었는지 그가 찾은 집은 전에 그와 친밀하게 지내던 폰 칼프 부인이 살던 집이었다. 그녀는 이웃 도시에 여학교를 설립하고 마침내 바이마르를 떠날 결심을 하였던 것이다.

15. 예나에서 바이마르로

극장이 있는 곳으로

이해 가을 10월 11일에 로테는 딸을 순산하여, 이름을 카롤리네라고 지었다. 모든 것이 안정되고 평안한 것 같았다. 쉴러는 〈마리아 슈투아르트〉와 〈바베크〉의 계획을 세웠다. 그러나 갑자기 정원집에 검은 구름이 다가왔다. 로테가 산후 후유증으로 위급하여 생사를 알 수 없는 위험에 처하였다. 마침 그의 언니 카롤리네가 있어 헌신적으로 환자를 돌보아 주었다. 또한 당시의 그 지방에서 잘 알려진 의사 슈타르크가 최선을 다하여 로테를 치료하였다. 로테는 차차 회복되었고 위험은 넘기게 되었다. 그러나 아기 어머니가 편안히 쉬도록 장난꾸러기인 아들 카를은 괴테에게 보냈다. 마침내 로테는 병마를 이겨냈다. 로테가 병에서 회복되자마자 1799년 12월 3일, 예나에서 바이마르로 수개월 동안 미루어 왔던 이사를 했다. 아직도 기운을 완전히 회복하지 못한 로테는 슈타인 부인 집에서 잠시 머물다가 그녀의 어머니와 쉴러가 집을 다 정리 정돈한 후 새 집으로 왔다.

쉴러는 타계할 때까지 5년간을 바이마르에서 살았다. 이사 후 바로 다음 해는 새로운 세기가 시작되는 해(1800년)이기도 했다. 쉴러는 새로운 희망을 갖고 작업을 시작하였다. 로테는 회복하였고 예나에서와 같은 외로움도 이제는 없었다. 궁정이 있는 이곳에서는 궁에서 주최하는 모임과 파티, 군주의 모후인 안나 아말리아의 초대 등으로 여러 사람들과의 모임이 많을 수밖에 없었다. 특히 슈타인 부인과 로테의 언니 카롤리네는 로테를 잘 돌보아 주었다. 그러나 이번에는 쉴러에게 병이 왔다. 쉴러는 겨울을 그냥 넘기는 적이 없었다. 병은 그의 작업을 언제나 멈추게 하는 방해꾼이었다. 병중에도 그는 〈마리아 슈투아르트〉를 한 장면 한 장면 써 나갔으며 〈발렌슈타인〉의 교정지를 다듬고 셰익스피어의 〈맥베스〉를 번역하여 공연도 하고 원고를 코타출판사에 보냈다.

그는 드레스덴이나 가까운 라이프치히 정도 이외에는 거의 여행을 하지 않았다. 그의 건강 상태로는 다른 것도 할 수 없었지만 작품과 극장 일에 전념하였다. 편지도 전처럼 많이 쓰지 않았고 다른 사람들과의 교류도 많지 않았다. 다만 거의 매일 괴테와 만나 서로 의견을 나누고 토의하는 것이 모두였다.

쉴러가 〈마리아 슈투아르트〉의 제1막을 낭독하는 것을 당시의 궁중 고문관 보이크트의 딸은 이렇게 묘사하고 있다. 아름다운 봄날 그는 몇 명의 친지들과 배우들 앞에서 "서서 낭독하였다. 멋지다고 할 수는 없으나, 가끔 의자 위에 무릎을 꿇고 〔…〕 열정으로 도취하여 읽는 것이었다".

마지막 제5막은 시에서 두 시간 거리의 에터스 성에서 썼다. 바이마르 공은 그에게 이곳을 숙소로 빌려 주어 그가 조용한 곳에서 쓰도록 도와주었다. 쉴러는 이곳을 좋아하였는데 식구들이 늘어나 아이들이 떠들고, 이제는 이곳 사교계의 부인들인 슈타인 부인, 그녀의 동생, 카롤리네, 크네벨, 여류 시인 폰 임호프, 쉴러 부인 로테의 먼 친척인 가수 폰 부름, 유명한 호머 번역자이며 시인인 요한 하인리히 포스의 아들 하인리히 포스(1779-1822, 아버지와 이름과 같다) 등이 잘 모이는 사람들이었다. 이들과 잘 어울리기도 하였으나, 또 이들로부터 멀리 떨어져 작품을 써야 할 때는 이 시골 성을 자주 찾아와 집필을 하였다.

괴테는 겨울에 격주로 모임을 갖는 사교 모임에 갔다. 이 모임에는 여러 부류의 사람들이 모였는데 주로 귀족층이었다. 군주도 참석한 적이 있었으며 군주의 아이들도 참석하였다. 쉴러도 이 모임에서 괴테 다음으로 주빈이었으나 쉴러는 서민적인 클럽에 출입하기를 좋아하였다.

이미 설명한 바와 같이 바이마르 극장에서 연극을 좋아하는 궁전 주위 사람들의 아마추어 극단이 공연을 하기 시작하였다. 고가의 의상은 궁전에서 마련해 주었으나 대부분 출연자들이 손수 만들었다. 괴테는 쉴러의 〈발렌슈타인〉 공연이 성황리에 끝나자 바이마르 극장을 독일의 가장 좋은 극장으로 만들기로 결심하였다. 그는 쉴러와 함께 극장 개혁에 착수하였다. 괴테의 극장 개혁이 "전쟁 포고"처럼 너무나 급진적이어서 쉴러는 "관중과의 전쟁"이라고 하였다. 쉴러는 이미 오래전에 만하임 극장에서 연극 공연에 관한 경험을 갖고 있었다. 그는 배우들의 발성과 제스처에 대하여 너무나 심한 비판을 하였기 때문에 배우들에게 원망을 샀으며, 당시 극장장 달베르크와 재계약을 맺지 못한 이유 중의 하나도 배우들의 모함 때문이라는 소문이 있을 정도였다. 그는 배우들에게 현실처럼, 그러나 아름답게 연기하도록 요구하였다. 배우들의 연기의 중요성을 그는 후에 작품 〈메시나의 신부〉 서문에서 강조하고 있다. 두 거장이 기본적으로 주장한 것은 우선 텍스트에 충실하라는 것이었다. 그들은 어떤 때는 괴테의 집에서, 어떤 때는 쉴러의 집에서 작품 독회를 철저히 하였다. 쉴러는 "감성과 내적 이해"를, 괴테는 "삶을 표현"하고 동작 하나하나, 등 · 퇴장의 상황, 그룹 형성 등을 강조하였다. 괴테와 쉴러의 바이마르 극장에서의 배우 훈련이 후에 독일 연극계에 큰 영향을 주었다는 것은 이미 기술한 바 있다.

쉴러가 이 기간 동안 공연하고 스스로 번역하여 공연한 연극은 셰익스피어의 〈맥베스〉, 고치의 〈투란도트〉, 라신의 〈페드라〉 등과 괴테의 작품 〈에그몬트〉, 〈타우리스의 이피게니〉, 〈괴츠〉와 레싱의 〈현인 나탄〉 등이었다. 쉴러의 텍스트 〈투란도트〉는 오랫동안 독일에서뿐만이 아니라 유럽에서 기본 텍스트 역할을 하였다.

〈마리아 슈투아르트〉(1801)

쉴러는 이 드라마를 그리스 비극의 형식으로 썼다. 드라마의 소재는 영국의 여왕 엘리자베트(엘리자베스 1세)가 스코틀랜드의 여왕 마리아 슈투아르트(메리 스튜어트)가 난을 피하여 영국에 피난 오자 그녀를 성에 가두고 재판을 하고 사형에 처하였다. 이 내용을 극화한 것이다.

마리아는 성에 유폐되었고 엘리자베트 여왕은 다른 사람의 손을 빌려 정적을 없애려고 한다. 즉 여러 사람에게 간접적인 지시를 하여 자신의 의중을 읽고 마리아를 처단해 주기를 바란다. 지상에 두 태양이 없듯이 두 왕이 있어서는 안 되는 것이다. 두 여왕의 숙명적 대결은 종교적으로 엘리자베트는 신교이고 마리아는 구교이며, 사생아인 엘리자베트보다 마리아에게 우선적으로 왕위 계승권이 부여된 것에서 비롯되었다. 여기에 보태어 마리아는 미모도 빼어나 많은 사람들이 그녀에게 동정적이었다. 특히 엘리자베트의 신하인 레스터는 비밀리에 양쪽에 사랑을 고백하고 있다. 마리아에게 광적으로 사랑을 바치는 몰티모어는 엘리자베트를 시해하려다 붙잡힌다. 레스터는 마리아를 살리려면 두 여왕을 만나게 하여 마리아가 엘리자베트에게 동정적이도록 하는 것이 우선이라고 생각하여 두 사람을 만나게 한다(역사적으로 두 여왕은 만난 적이 없었다). 드라마는 이 장면을 정점으로 한다. 마리아는 자신의 자존심을 죽이고 엘리자베트에게 약한 면을 보이면서 정치적 의도가 없음을 고백하려고 하나, 엘리자베트는 마리아의 자존심을 상하게 한다. 두 여왕은 이제 여왕으로서가 아니라 한 사람의 연인 앞에서 있기도 하다. 마리아는 문득 비굴한 삶의 가치를 중요시하기보다 진정한 연인으로, 진정한 정치인으로 돌아와 엘리자베트에게 품위를 지키며 말한다. "영국이 올바른 통치하에 있다면 그대는 내 앞에 꿇어 엎드릴 것이오." 두 여왕의 회동은 오히려 마리아의 비극으로 치닫는다.

엘리자베트가 마리아를 죽이는 과정에도 쉴러의 의도가 숨어 있다. 엘리자베트는 마리아의 처형 명령서에 서명을 하고 비서 데비슨에게 주면서 "그냥 보관만 하고 있으라"고 명한다. 그러나 서명서를 본 국수주의자 벌레이는 그것을 빼앗고 즉시 처형한다. 처형을 알고 놀란 척하는 엘리자베트는 서명서를 벌레이에게 인도하여 마리아를 처형하게 된 것에 대한 책임을 비서에게 넘긴다. 재판이 불법이었던 것이 알려진다. 엘리자베트는 비서를 런던탑에 가두고 벌레이를 추방한다. 엘리자베트는 자신의 손을 더럽히지 않고 정적을 죽이는 일에 성공한 것이다. 충신들은 교활한 여왕을 떠나 낙향한다.

〈마리아 슈투아르트〉는 쉴러의 원숙한 면모를 볼 수 있는 작품이다. 쉴러는 여기서 정치인의 이중적인 모습과 주요한 사안에 대한 속임수의 처리를 보여 준다. 세상이 그녀를 비난할 것을 알고 회피하는 수단으로, 자신의 비서에게 죄를 넘겨 그를 처형하는 것이다. 마리아는 지난 죄를 회개하여 새로운 인간으로 거듭나는 인물로 그려, 살아남기 위한 비굴한 굴종을 버리고, 그의 이론에서 흔히 말하는 물리적, 시간적 속박을 떠나, 파멸하더라도 인간의 품위를 지키는, 시간을 뛰어넘는 인물이며 "아름답고 숭고한 영혼"(NA. 9, 337)으로 만들었다.

〈마리아 슈투아르트〉를 끝낸 지 3주 후 쉴러는 1800년 7월 1일, 그의 달력에 새 작품을 시작하였다고 써 놓았다. 그는 쾨르너에게 "난 자네에게 내 계획을 비밀에 부치지는 않으려네. 그러나 아무에게도 말하지 않기 바라네. 내 작업을 아직 아무에게도 말하지 않았기 때문이네. 그 소재는 오를레앙의 소녀에 관한 것이네"라고 썼다. 쉴러가 잔 다르크의 설화를 드라마로 작품화하면서 〈오를레앙의 처녀〉라고 제목을 붙인 후 부제를 '낭만적 비극'이라고 하였다. 그가 '낭만적 비극'이라고 부제를 단 이유는 당시 낭만주의 작가들이 괴테와 그를 비판한 것에 대한 답변의 형식이기도 하다. 1800년 7월 26일자 편지에서 쉴러는 괴테에게 한 잡지에 낭만주의 시인들이 자기들 두 사람을 조롱하며 적대적으로 공격하고 있다고 쓰고 있다. 실제로 독일 낭만주의와 고전주의 사이에는 좁힐 수 없는 간극이 있다. 낭만주의는 무한을 추구하고, 고전주의는 절제와 조화를 추구한다. 낭만주의는 중세 가톨릭을 이상으로 삼고, 고전주의는 그리스 고전을 이상으로 삼는다. 낭만주의는 신비주의를 선호하고, 고전주의는 밝은 광명을 선호한다. 각각 자신들을 변호하고 상대방을 공격하던 이 두 문학자들의 대립은 오히려 당시의 문학계에 큰 보탬이 되었다. 쉴러와 슐레겔은 개인적으로도 나쁠 수밖에 없는 이유도 있었다. 슐레겔의 부인 카롤리네 슐레겔은 그보다 4살 연상이었고 괴팅겐 교수의 딸로서 먼저 의사와 결혼한 후 사별하고 프랑스 장교와의 사이에서 사생아를 낳은 후 슐레겔과 결혼하였다. 사실 당시의 신여성은 이런 관계가 많았다. 그러나 쉴러는 그의 잡지 《호렌》에 그녀를 마녀라고 불렀다(Alt I, 320f.). 이로써 슐레겔과는 돌이킬 수 없는 적대관계가 되었다.

쉴러는 우선 잔 다르크라는 소재의 선택에 대해 "내 작품의 소재는 〔중세의〕 음유시인의 시대입니다. 저는 올바른 음조를 만들려고 〔독일 중세〕 연가 시인에 대해서도" 공부하겠다고 괴테에게 썼다. 1801년 4월 말에 〈오를레앙의 처녀〉가 완성되었다. 그러나 이 드라마는 바이마르에서 공연하지 못하고 라이프치히에서 공연하였다(9월 11일). 외형적으로는 주연배우 선택이 늦었다고 하지만 바이마르 궁정과 프랑스와의 관계 악화 때문이라고도 전해진다. 쉴러는 여름에 전부터 계획하였던 드레스덴을 방문한 후 돌아오는 길에 라이프치히에 들려 이 연극을 관람하였다. 로테는 쉴러의 여동생이며, 시누이인 크리스티아네 라인발트에게 공연 광경을 긴 편지로 이렇게 말하고 있다. "그날은 아주 더웠어요. 그래서 우리는 아무도 극장에 오지 않으면 어떻게 하나 걱정하였고, 배우도 연기를 잘 하지 못할 것 같아 걱정하였죠. 그러나 〔…〕 첫째 막이 끝나고 커튼이 내려지자 '쉴러 만세' 하는 수

많은 관객의 환호성과 극장 악단의 트럼펫 소리가 끓어올랐어요. 쉴러는 놀랐고, 좌석에서 일어나 허리를 굽혀 감사를 표했어요, 우리들의 눈에는 맑은 눈물이 솟았고요. 만족한 공연이 끝나 극장 밖으로 나왔을 때 극장 앞 광장에서 성문까지, 그 넓은 곳에 사람들로 꽉 차 있었어요. 쉴러는 앞으로 나아갔고, 어린 카를은 많은 사람들과 그들이 든 횃불 때문에 두려워서 아빠의 외투를 꽉 잡고 있었어요. 우리 여자들은 뒤로 물러서서 난간 뒤로 갔어요. 그 순간 작은 길이 트이며 동시에 몇 사람이 큰 소리로 외쳤어요. '그가 온다. 모자를 벗자.' 모든 사람들이 모자를 벗었고 시인은 마치 왕처럼, 찬양자들이 늘어선 틈새를 따라 걸어갔어요. 어떤 사람은 아이들을 어깨 위에 올려놓고 쉴러를 가르키고 있었어요. 저는 무척 고무되었어요. 저는 감동하여 〔집에 와서〕 침대에서 오랫동안 울었어요."

〈오를레앙의 처녀〉(1801)

이 작품은 프랑스와 영국의 백년전쟁 중 프랑스가 거의 패할 무렵 요한나(잔의 독일식 발음)가 신의 계시를 받고 나타나 오를레앙에서 포위된 프랑스 왕 샤를 7세를 구하고 영국군을 몰아내 혁혁한 공을 세워 프랑스를 구하였다. 그러나 프랑스 왕의 어머니인 이자보는 프랑스가 패망한다고 생각하고 영국에 항복한 후, 프랑스를 배반하고 잔을 포로로 잡아 영국에 넘겨주어 마녀로 몰아 화형하였다는 옛날 프랑스의 역사적 사실이며, 전설화한 이야기를 다룬 드라마이다. 실제로는 시골 출신의 잔은 글도 읽을 줄 몰랐으며 가끔 환영에 사로잡히는 여자였다고 한다. 쉴러는 볼테르의 서사시 〈오를레앙의 처녀〉를 읽고 실망하였다고 한다. 볼테르는 계몽주의의 대표적인 사상가로 잔의 전설을 미신으로 취급하고 그녀를 풍자적으로 묘사하고 있는 것은 당연한 일일지도 모른다. 그러나 쉴러는 미신이 아니라 기적의 세계가 실제로 있다는 전제하에서 작품을 썼다.

프랑스 왕은 지급할 군량미도 없고 급료도 줄 수 없다. 전투는 항상 패할 뿐이다. 잔은 신의 계시를 받고 작은 부대에 입대하여 연전연승하며 오를레앙를 포위한 영국군을 몰아낸다. 잔은 "성신과 성처녀가 그대들을 인도하시니 돌격하라"고 격려하며 사기가 떨어진 전군에게 활력을 불어넣는다. 패배한 영국군 사령관 탤벗은 그 원인을, 원래 프랑스 편이었으나 배반하고 영국군으로 넘어온 부르군트에게 전가한다. 영국군 연합군은 사기가 떨어졌다. 잔은 영국군을 사정없이 베지만 부르군트 군사는 살려 보낸다. 승승장구하여 영국군 사령관 탤벗도 사망한다.

이때 잔에게 검은 옷을 입은 기사가 환영으로 나타나 그녀에게 이곳을 떠나라고 한다. 그러나 그녀는 그의 말을 거부한다. 랭스 시 탈환전에서 그녀의 앞에 나타난 영국군 장수 라이어넬을 본 그녀는 사랑하는 마음이 일어 그를 죽이지 않고 살려 준다. 랭스는 탈환하였지만 그녀는 금기하던 남성을 사랑하게 된 것이다. 샤를 7세의 화려한 즉위식을 보는 그녀는 기쁨도 없고 고통으로 가득하다. 이때 그녀의 아버지가 나타나 여러 사람이 보는 앞에서 그녀를 악마와 결탁한 마녀라고 부른다. 그녀는 결백하다고 주장하지만 증명하지 못하고, 하늘에서도 아무 증거를 보여주지 않는다. 자신의 계명을 어긴 허물을 자책하지만 이미 모든 사람들이 그녀를 떠난다. 어릴 적부터 그녀를 사랑하던 레몽이 그녀를 이끌고 랭스 시를 떠나 시골로 가던 중 왕의 어머니 이자보에게 붙들려 영국군의 포로가 된다. 잔이 없는 프랑스군은 다시 패하기 시작한다. 애인 레몽은 그녀가 악마가 아니라는 것을 증명한다.

영국군은 다시 연전연승하고 그녀를 가둔 탑 밖에서 왕이 사로잡혔다는 소리를 듣자 그녀는 기도한 후 손을 묶은 쇠사슬을 끊고 다시 싸워 영국군 사령관을 사로잡은 후 장렬히 전사한다.

쉴러는 잔이 영국군에게 포로로 잡힌 후 화형당한 것을 영국군 진영 탑에 갇힌 것으로 하고 다시 싸우다 전사한 것으로 만들었다. 당시 지식인들이 합리주의를 가장 높은 덕목으로 생각하고 있을 때, 잊어버린 중세적 낭만주의도 문학 세계에서는 가능한 것으로 보여 주고 싶었기 때문이다. 또 자신들만 완전한 문학 세계에 살고 있다는 낭만주의자들의 생각을 불식시키기 위하여 썼을지도 모른다. 이는 쉴러가 이 드라마의 부제를 '낭만적 비극'이라고 하였던 것을 보아도 알 수 있다.

그 후 한 달 반 동안 쾨르너의 로슈비츠 시골집에서 조용히 보냈다. 이곳은 전에 쉴러가 묵었던 집이기도 하다. 함께 여행하였던 카롤리네는 "쉴러는 아름다운 자연 가운데서 친구들과 담소하며 젊은 시절을 회상하면서 밝은 기분이 들었다. 〈돈 카를로스〉의 산실이었던 작은 오막살이를 즐거운 시선으로 보았다. 그는 아직 쓰고 있지는 않지만 즐겁게 〈메시나의 신부〉 작품 구상에 관해 이야기하였다. 그에게 작업을 언제 시작하느냐고 묻자 그는 아무 말도 하지 않았다."

쉴러는 출판업자와의 거래에서 조금이라도 이익이 되면 계약을 다시 하려고 하였다. 그가 〈메시나의 신부〉 출판 계약을 '독일 연극'이라는 시리즈를 발간하려고 계획하는 베를린의 출판업자 웅거와 더 좋은 조건으로 체결하려고 하자, 코타는 그에게 더 큰 액수를 지불하여 쉴러가 새로운 집을 살 수 있도록 하였다. 그는 2,600굴덴(약 1,733탈러)을 쉴러에게 주었는데 이는 집값의 3분의 1에 해당하는 금액이었다〔집값은 4,200탈러(Alt II, 76). 쉴러는 1795년에서 1805년까지 그에게서 약 3만2천 굴덴을 받았다. 괴테는 쉴러보다 30년 정도 더 생존하였기에 더 많은 돈을 받았다. 그 액수는 약 27만 굴덴이었다(Alt II, 77)〕. 바이마르에서 살고 있던 집은 작은 골목에 있어 좁고 답답하였다. 하루 종일 집에서 작업하는 사람은 빛과 공기와 전망이 좋은 곳이어야 한다. 그는 영국인 멜리쉬라는 사람이 집을 내놓았다는 것을 알고 그 집을 구입하기로 하고, 예나의 아끼던 정원집을 팔기로 하였다.

1802년의 처음의 반년간은 거의 일을 하지 못하였다. 열병도 잦았지만 새로운 백일해로 아무 것도 할 수 없었다. 4월 초 그는 괴테의 도움으로 새로 마련한 집으로 이사하였다. 당시 이 집은 푸른 초원이 보이는 곳에 있었다. 이 집이 현재 바이마르에 있는 '쉴러의 집'이다. 자신의 집을 갖는 것을 그렇게 원하던 그에게 이사한 날 슬픈 소식이 전해졌다. 어머니가 돌아가셨다는 것이다.

여름 동안 괴테는 할레에서 멀지 않은 휴양지 로이히슈타트에서 바이마르 극단을 이끌고 공연을 시작하였다. 그러나 쉴러는 그곳에 참석하지 않았다. 그는 "자료를 모으고 있다"고 괴테에게 썼다. 이것은 〈빌헬름 텔〉과 미완성으로 끝난 〈바베크〉에 관한 자료였다. 괴테는 이미 오랫동안 작품 활동을 중지하고 있었으며 초조해 하고 있었다. 그는 자신의 이런 처지에도 동시에 쉴러에게도 작품에 전념할 것을 '경고'하였다. "귀하는 가능하다면 즉시 작업에 집중하기 바라오" 하면서 쉴러에게 여러 번 이것을 쓸 것을 권하였다.

쉴러와 코체부 사건

당시의 가장 인기 있는 작가는 바이마르 출신의 아우구스트 폰 코체부(1761-1819)였다. 그는 러시아와 빈에서 화려하고 성공적인 삶을 산 후 고향인 바이마르로 돌아왔다. 그의 책 《나의 홍미로운 삶》이라는 책은 시베리아에서 그가 포로로서 겪은 홍미로운 체험기로서 베스트셀러였다. 그는 독일 문화의 절정이었던 바이마르에서 이곳 명사들과 어깨를 나란히 하는 것에 아무 부족함이 없다고 자부하였다. 헤르더와 빌란트가 그에게 갔으며 궁에서도 초대하였다. 그는 곧 사교계에서 여성을 모으는 중심인물이 되었다. 그러나 괴테만이 차갑게 대하였다. 그의 작품을 공연하기는 하였으나 어느 때보다 자신의 집을 개방하고 있던 괴테는 그를 초대하지 않았다. 괴테는 사람들이 '겨울회'라고도 하고 '수요회'라고도 부르는 모임을 주최하고 있었다. 이것은 격주로 수요일에 연극이 끝날 때마다 사람들을 초대하고, 특히 일곱 쌍의 남녀를 골라 남자에게는 포도주를, 여자에게는 '수요 화환'을 주곤 하였다. 그러나 코체부는 초대하지 않았다. 코체부는 예나의 낭만주의 작가들이 쉴러를 공격하는 것에 참가하여 함께 공격하였으나 괴테는 직접 공격하지 않고 은근히 부추기기만 하였다. 코체부는 이 회합에 참가하려고 하였으나 결정권을 갖고 있는 괴테는 끝내 허락하지 않았다. 오히려 쉴러 주위의 여성들이 그에게 호감을 갖고 대하였다. 괴테에게 기대하던 호의가 무산되자 그는 이제 괴테와 쉴러와의 우정을 어긋나게 할 뿐만 아니라 괴테의 자존심을 꺾어 놓으려고 하였다.

코체부는 복수할 계획을 세웠다. 똑같이 화환으로 하는 것이 아니라 쉴러와의 사이를 벌릴 계획을 세운 것이다. 이것에 대해서는 괴테가 1802년에 쓴 《일기》에 자세히 나와 있다. 바이마르 시는 3월 5일 시청에 새로 내부 치장을 한 곳에 쉴러의 명예를 위하여 그의 작품의 주인공인 오를레앙의 처녀(잔 다르크)와 몇몇 주인공의 상을 세울 계획이었다. 코체부는 이 상을 세울 곳에 여주인공의 상 대신에 신격화한 쉴러의 흉상을 세우고 여성들이 흉상에 화환을 헌정하도록 하자는 계획을 세웠다. 마침 괴테는 예나로 출타 중이었다. 수줍은 성격의 쉴러는 이 행사에 병을 칭하고 참석하지 않았다. 쉴러의 흉상을 가져왔을 때 시장이 열쇠를 주지 않아 문은 잠겨 있었고 시장의 이름으로 된 게시문이 걸려 있었다. "홀에 많은 사람이 참석하여 흉상을 파괴할 우려가 있어 설치하지 않기로 합니다." 결국 '쉴러 축제'는 취소되었다. 코체부가 쉴러와 괴테를 소원하게 만들려던 계획은 수포로 돌아갔다. 괴테는 아마도 자신에게 충실한 쉴러에게 만족하였을 것이다. 수요 모임도 차차 없어졌다. 꼭 이 사건 때문만은 아니었으나 이후에 코체부는 고향인 바이마르를 떠나 베를린으로 가서 《자유투사》라는 잡지사를 경영하였다. 이 잡지에서 그는 괴테를 강하게 비판하였다. 로테는 코체부를 "허풍장이 거장"이라고 부르며 "불행했던 3월 5일"을 기억하고 있다.

새집에 이사와 수리와 정리를 하면서 소란스럽게 보냈다. 이제는 모든 것이 자리를 잡자 그는 새로운 작품을 쓸 계획을 세웠다. 이제까지 그의 계획에는 〈말타인〉, 〈바베크〉, 〈빌헬름 텔〉이 있었으나 무엇보다 〈메시나의 신부〉를 착수하기로 하였다. 이것은 지난 여행 중 쾨르너의 시골집에서 친구들에게 일부를 이야기한 것이었다. 이 작품에는 합창대도 삽입하기로 마음먹었다. 그는 괴테에게 "저는 우리 드라마가 다만 힘차고 멋지게 하는 것이었으나, 이번에는 감각적인 힘을 끊임없이 자극하기 위하여 이주 다른 것으로 충만하게 하려고 한다"고 알리고 있다. 잦은 병으로 작업이 중단되기는 하였지만 그는 〈메시나의 신부〉에 박차를 가하였다. 1803년 1월에는 "저는 4주 안에 새로운 비극을 고대 형식으로 완성할 예정입니다"라고 했으며, 1803년 2월 1일 그의 달력 위에 "오늘 메시나 완성"이라고 썼다. 그리고 그의 계획처럼 2월 초 그의 집에서 몇 사람의 모임으로 낭독회를 하였다. 이번에 참석한 사람들은 여러 계층의 사람들이었다. 마이닝겐 군주를 비롯하여 배우, 귀부인, 교장 선생님 등이었다. 〈메시나의 신부〉는 '형제간의 반목'이라는 부제가 붙어 있다. 옛날 처녀작인 〈군도〉와 같은 소재이나 내용은 전혀 다른 것이다. 그는 이 작품의 구조를 고전적 수법으로 만들었다. 서로 맞지 않는 두 형제가 같은 날 자신들의 신부를 동반하고 나타나기로 하였으나 결국 같은 신부감이었다는 비극적 내용이다.

〈메시나의 신부〉(1803)

쉴러는 이제까지의 대부분의 드라마의 소재를 역사에서 가져왔지만 이 드라마는 순수한 창의적 작품이다. 그는 이 작품에 자신이 있었는지 훔볼트에게 보내는 편지에, "만일 내가 소포클레스와 같은 시대에 사람이라고 해도 상을 탈 것"이라고 하면서 전에 그가 자신을 "근대 시인 가운데 가장 근대적인 사람"이라고 한 것을 기억하면서, "이국적인 정신을 내 것으로 만들 수 있다는 것을 인정한다면 기쁨이 배가할 것"이라고 하였다. 그는 그리스적인 것과 한판 승부를 하고 싶었던 것이다. 훔볼트가 '근대적'이라는 것은 이념적, 감상적 시인으로서 강한 모럴이 들어있다는 뜻이기도 하다. 그러나 이 드라마에서는 어떤 이념이 아니라 신탁에 의해, 즉 신의 의지로 인간의 숙명이 결정된다는 옛 모티브를 주제로 한 것이다.

메시나 섬의 군주의 부인 이자벨라는 돈 마누엘과 돈 세자르라는 두 아들과 딸 하나를 두었다. 이자벨라는 근원적인 죄의 업보를 지니고 있었다. 원래 그녀의 남편은 노군주로서 젊은 아내 이자벨라를 비로 맞았으나, 그 아들은 그녀가 너무나 아름다워 부친에게서 그녀를 빼앗고 자신의 아내로 삼았다. 현재의 아이들은 아버지에게서 이자벨라를 빼앗은 다음에 얻은 2남 1녀의 아이들이다. 셋째인 딸의 임신 중 군주는 이상한 꿈을 꾸었다. 신혼 때의 신부의 방에서 두 그루의 종려나무가 자라나 서로 가지가 얽히고 어울리고 있을 때 그 가운데서 백합꽃이 피어나는 것이었다. 그 꽃은 불꽃이 되어 두 그루의 나무를 불살라 버렸다. 군주가 아랍 점성술사에게 꿈의 해몽을 물으니, 나무는 아들이고 백합꽃은 딸이며, 그 딸은 후에 두 오빠를 죽이게 될 것이라는 것이었다. 부인도 꿈을 꾸었는데 여자아이가 들에서 놀 때 한 마리의 사자와 한 마리의 독수리가 각각 먹이를 잡아와 여자아이에게 주고, 그녀 앞에 엎드린다는 것이었다. 기독교 수도사에게 물으니, 여자아이는 장차 두 아들의 반목을 화해시킬 것이라고 하였다. 열 달 후 딸을 낳자 군주는 아이를 강물에 던져 버리라고 하였으나 부인은 몰래 그녀를 수도원에 보내 아무도 모르게 기르라고 하였다.

그 후 두 아들은 사사건건 다투고 사이는 점점 나빠져 내란의 상태까지 이르렀다. 어머니는 아들들을 설득하여 두 아들은 화해하고 궁전에서 서로 만나기로 하였다. 그리고 두 아들은 서로 어머니에게 자기들의 신부감을 동반하여 소개하기로 하였다. 그들은 애인을 이미 정해 두고 있었다.

돈 마누엘은 몇 개월 전 사냥을 하던 중 사슴을 따라 가다가 사슴이 어느 수녀원으로 들어가자 그곳에서 아름다운 베아트리체라는 소녀를 발견하고 서로가 첫눈에 반하여 포옹을 하고 아무도 모르게 몰래 데이트를 하고 있었다. 그는 그녀를 산속의 수녀원에서 바닷가로 데려가 숨겨 두고 밀회를 계속하였다.

어느 날 베아트리체는 갑갑하여 밖에 나갔다가 성당에서 국왕의 장례식을 거행하는 것을 보게 되었다. 거기서 어떤 청년의 시선이 자신에게 집중되는 것을 느꼈다. 그리고 돌아와 애인을 애타게 기다렸다. 그러나 나타난 사람은 국장에서 보던 청년이었다. 그는 세자르였고, 부하들에게 전국을 뒤져 국장에서 만난 그녀를 찾게 하여 결국 그녀가 숨어 있는 곳을 알고 찾아온 것이다. 세자르는 베아트리체에게 자신이 왕자이며 그녀를 아내로 삼겠다고 선언하였다.

어머니는 군주가 죽은 지 몇 개월 후 두 아들을 불러 놓고, 이제까지 아버지 때문에 비밀에 부쳤으나 자신의 딸 즉 그들에게 여동생이 있으며 그들의 연인들이 오는 날 그 여동생도 함께할 것이라고 한다. 두 형제는 여동생이 있다는 것을 기뻐하며 어머니의 지혜를 칭송한다.

드디어 그날이 왔다. 그러나 딸을 모시러 갔던 신하 디에고는 수녀원에 갔으나 누군가 유괴하여 갔다는 보고를 한다. 아마도 해적일 것이라고 생각하고 무어인들에게 간다. 둘째는 무언가 생각나는 것이 있어 불안해 한다. 돈 마누엘이 부하들(합창단)과 함께 그녀를 찾아 해안가로 가보니 그곳에는 세자르의 부하들(합창단)이 지키고 있는 것이었다. 양측이 결투하려는 순간 마누엘이 두 합창대를 꾸짖어 물리치자, 베아트리체는 메시나의 세력가 세자르가 나타나 구혼하였다고 하였다. 그러나 돈 마누엘은 자신이 메시나의 영주이며 세자르의 형이라고 말하는 순간 세자르가 등장하며, 형이 베아트리체를 포옹하고 있는 것을 보고 격분하여 죽인다. 세자르는 합창대가 기절한 그녀를 운반하도록 한다.

어머니 이자벨라는 무엇인가 불안하여 전에 신탁을 하였던 수도사에게 디에고를 보낸다. 수도사는 돈 마누엘이 딸을 찾았으니 돌아가라고 하면서 성당에 불을 지르며 "재앙"이라고 소리 지른다. 기절한 베아트리체가 합창대에 의해 가마에 실려 오면서 합창대는 "돈 세자르가 보냈다"고 한다. 어머니와 딸이 서로 알아보고 놀라고 있을 때, 역시 합창대에 장송곡과 함께 죽은 마누엘의 시체가 도착한다. 모든 사정을 이제야 인식한 세자르는 자신도 자살한다.

이 드라마는 쉴러가 가장 고대 그리스 비극에 가까운 것으로 쓴 작품이다. 우선 운명극이라는 것을 의도적으로 하였을 뿐만 아니라 합창대도 사용하여 고전극의 분위기를 더하게 하였다. 고대가 아니면서 왜 자신이 이 드라마에 합창단을 사용하였는가를 긴 서문을 통하여 밝히고 있다. 그러나 이 서문은 합창단의 사용을 변호하는 것으로 유명한 것이 아니라 예술(연극)의 현대적 사명을 기술한 것으로 유명하다.

그는 주장하기를 모든 예술은 인간을 기쁘게 하기 위한 것이다. 인간을 기쁘게 하기 위한 과제만이 예술의 목적이다. "인간이 진지한 본성 가운데 있다면 인간은 현실 세계에 없는 도덕적 세계 정부를 무대 위에 갖고 싶은 것이다." 진정한 예술은 현실적이고 객관적인 것을 원하기 때문에 단순히 진리의 가상만 즐기는 것이 아니라 진리 자체를, 자연의 확고하고 깊은 근본 위에 예술의 이념의 건축물을 건설해야 한다는 것이다. 중요한 점은 헤겔의 철학이 헤겔보다 먼저 쉴러의 의해서 기술된 점이다. 현실적이고 객관적으로 묘사하되 현실에 지니지 못한 "이상적인 도덕적 세계 정부를 무대 위에" 갖도록 해야 한다는 것이다. 헤겔은 쉴러가 예나를 떠난 1년 후 예나대학 강사로 왔다. 아마도 쉴러가 그의 철학에 영향을 끼쳤을 것이라고 생각한다. 3월 19일 바이마르에서 초연할 때 배우들의 열연으로 "감동적이었고 의미심장하였으며 아주 강력하였다. 〔…〕 또 사람들은 공연 후 나를 향하여 만세를 불렀는데 이곳에서는 좀처럼 하지 않았던 것이다"라고 말했다.

16. 귀족 칭호를 받다

폰이라는 칭호

가을에 쉴러에게는 명예스러운 일이 있었다. 이전부터 카를 아우구스트 공은 빈의 독일 황제에게 쉴러를 귀족으로 격상시키자는 제안을 하였다. 당시의 제도로 누군가가 귀족 칭호 폰von을 받으려면 황제의 허가가 있어야 했다. 이런 청원은, 너무나 많은 사람이 신청하였기 때문에 허락받기란 쉬운 일이 아니었다. 쉴러의 부인 로테는 결혼 전 이미 귀족으로서, 그녀의 이름 중간에 귀족 칭호인 폰을 사용하였으나 일반 시민 쉴러와 결혼하여 그 칭호를 사용할 수 없을 뿐만 아니라 궁정에도 마음대로 출입하지 못하였다. 당시 귀족이 아닌 사람은 궁정 출입을 제한하였으며 들어갈 경우 항상 허락을 얻어야 했다. 실은 헤르더도 귀족의 작위를 받기를 원한 적이 있었다. 그러나 공은 그것을 허락하지 않았다. 공은 다만 쉴러를 자신의 추밀고문관에게 적극적으로 주선하도록 명하였다. 〈군도〉의 작가인 쉴러가 작위를 받는 것은 쉬운 일은 아니었다.

쉴러는 귀족 칭호를 받는 것이 기쁜 일만은 아니었던 것 같다. 그는 훔볼트에게 "당신은 우리 같은 사람이 신분 상승을 하였다면 아마도 웃을 것입니다. 카를 공의 작품입니다. 이제부터 롤로〔쉴러의 부인〕는 궁정에 들락날락할 수 있겠지요" 하고 썼다. 또 괴테에게도 편지에서 "빈에서 지금 귀족 임명장을 받았습니다. 이 일은 바이마르 군주가 하였습니다. 〔…〕 이제까지 궁에 가지 못하던 내 집사람이 궁에서 이제는 처제와 함께 앉기를 원하겠지요"라고 했다. 쉴러는 그리 기쁜 표현은 하지 않았으나 부인은 "아이들을 위해 기쁘다"고 하였다. 귀족 사교계에서 그녀는 괴로운 적이 많았다. 궁정생활은 이미 잠깐 이야기하였지만, 궁정에서뿐만 아니라 교회에서도 극장에서도 귀족과 평민은 분리되어 좌석이 배정되어 있었다. 쉴러가 귀족사회에 일원이 된 것을 그리 기쁘게 생각하지 않은 것으로 보아, 귀족이 사회에 속속들이 영향력을 미치는 사회에서 그가 속물이 아니었다는 것을 알 수 있다.

황제 같은 대우

1803년 여름 쉴러는 요양지인 로이히슈타트로 여행하였다. 14년 전 그는 이곳에 하루 머문 적이 있었다. 그때 그는 여기서 그의 부인을 만났다. 그러나 이번에는 2주간이나 체류하였다. 여기서 그는 〈메시나의 신부〉 공연을 야외극장에서 관람하고 있을 때, 연극 속에서 번개와 천둥이 내리는 장면에서, 실제로 같은 시간에 천둥과 번개가 번쩍이는 경험을 하였다. 이곳에는 바이마르에서처럼 군인들이 연극하는 동안 곳곳에서 지키며, 박수칠 때마다 저지하는 것이 없었다. 사람들은 "쉴러 만세"를 외쳤는데 이는 당시의 관습으로는 군주에게나 하는 구호였다(Alt II, 293). 관객의 열광에 그는 감동하였다. 이곳에는 할레, 예나, 라이프치히 등 여러 대학도시에서 온 학생들이 그를 찬양하고 술을 마시는 것도 또한 즐거운 일이었다. 젊은이들은 그의 시를 작곡한 노래를 세레나데처럼 그의 창문 앞에 와서 부르기도 하였다. 그의 시 〈환희의 송가〉(베토벤 이전의 곡)를 부르고 서로 악수하고 포옹하는 것이었다. 아침에 눈을 뜨기 전에 이미 젊은이들이 창문 앞에 와서 인사를 하였다. 후에 바이마르에 돌아와 그는 쾨르너에게 "새로운 관객과 낯선 사람들의 무리를 보는 것은 좋은 일이었네. 〔…〕 무엇인가 다른 것, 다른 정신을 보는 것 같았네" 하였다.

〈메시나의 신부〉는 처음 공연하는 동안 독일에서 크게 환영받지 못하였다. 이름을 밝히지 않은 평자는 "형편없는 모방작"이라고도 하였다. 그러나 나폴레옹 시대가 지난 후 베르너, 그릴파르처 등의 작가들이 오히려 이 작품의 모방작을 썼으며 〈군도〉만큼 사랑을 받았다.

스탈 부인

18세기는 유럽사에서 아주 강력한 인상을 주는 인물이 넘쳐 나는 시절이었다. 독일정신사에서는 수많은 천재들이 등장하였다. 철학에서 칸트, 헤겔, 피히테, 셸링이 있는가 하면 음악에서는 조금 앞선 시대의 바흐를 비롯하여 헨델, 하이든, 모차르트, 베토벤, 슈베르트 등이 있다. 이 세기는 독일이 세계정신을 지배하던 세기였다. 영국이나 프랑스에서도 대단한 인물들이 등장하였다.

특히 여성도 특출한 사람이 많았는데, 그 가운데 가장 유명하고, 세기를 풍미한 사람이 스위스 태생의 스탈(1766-1817) 부인이다. 그의 부친은 루이 16세 시절 재무장관을 지낸 부호로서 그녀의 어머니는 당시에 유행하는 살롱을 열어 디드로 등의 백과사전파들이 그곳에 드나들었고, 이는 스탈의 지적인 성장에 도움이 되었다. 프랑스혁명에 열광하였으나 나폴레옹이 정권을 잡은 후 그녀는 스위스로 도피할 수밖에 없었다. 그녀는 독일을 여행하면서 당시의 많은 작가를 만나고 그 결과를 《독일론》이라는 책으로 펴냈다. 책이 나온 직후 나폴레옹은 태워 버리라고 명령하여(1810년) 없애려 하였으나 영국과 독일에서 다시 나왔다. 이 책에서 그녀는 이제까지는 서양 문학의 모형을 고대 그리스에서 찾았으나 독일을 여행한 후 받은 낭만주의자들에 대한 인상으로, 기독교와 북방 민족에게서 새로운 문학을 창조해야 하며, 이것이 인류의 발전을 돕는다고 주장하였다. 이 책의 영향으로, 프랑스 사람들이 독일과 독일인을 보다 깊게 이해하는 계기가 되었고, 또 프랑스에서는 낭만주의 문학이 탄생하게 되었다.

1803년 12월 중순, 스탈 부인이 바이마르를 방문하였다. 쉴러가 그녀를 처음으로 만난 곳은 카를 아우구스트 공의 모후 아말리아의 궁에서였다. 스탈 부인은 쉴러의 첫인상을 이렇게 묘사하고 있다. "내가 방에 들어서자 어떤 키가 큰 사람을 보았다. 그러나 어깨에 견장을 단 유니폼을 입고 있는 마르고 창백한 사람이었다. 나는 그를 바이마르의 군사령관이라고 생각하였다. 그래서 나는 장군에 대한 경외심으로 가득하였다. 그는 벽난로 옆에서 아무 말도 없이 서 있었다. 나는 방안을 거닐었다. 그때 모후가 들어오더니 내가 장군이라고 생각하던 사람을 쉴러 씨라고 하며 소개하였다. 잠시 동안 나는 완전히 말을 잃었다."

원래 스탈 부인을 맞기로 한 사람은 괴테였다. 그러나 괴테는 예나에 갔다가 복통으로 돌아오지 못하자 그녀를 만나지 못하게 된 것이 아주 유감스럽다고 하면서 대신 쉴러에게 그녀를 맞이하도록 부탁하였다. 괴테는 스탈 부인에게 전부터 흥미를 느끼고 있었으며 이미 쉴러와 함께 만드는 잡지 《호렌》에 그녀의 글을 번역하여 게재하기도 하였다. 쉴러는 그녀와의 해후를 괴테에게 긴 편지로 보고하고 있다. 그는 그녀의 달변에 놀랐다고 한다. 스탈 부인은 《독일론》에서 독일의 모범적인 작가로 괴테와 쉴러를 들면서 친구에게 〈발렌슈타인〉을 번역하라고 권하기도 하였다.

〈메시나의 신부〉를 쓰기 전 괴테가 로이히슈타트에서 연극 활동을 하고 있을 때 쉴러는 다른 것을 수집한다는 핑계로 그곳에 가지 못한다는 편지를 썼다고 위에서 말하였다. 이 편지를 보낸 바로 다음 날 출판업자 코타에게 스위스 역사에 관한 문헌을 구해 줄 것을 부탁하면서 "제가 〈빌헬름 텔〉을 쓰고 있다는 헛소문이 돌고 있었는데 이제는 정말 이것에 관심을 갖고 있습니다. 진지하게 이것을 작업할 생각을 가지고 있습니다. 그러나 아직은 비밀로 하여 주시기 바랍니다"하고 썼다. 그러나 그 후 쉴러는 〈빌헬름 텔〉을 쓰지 않고 〈메시나의 신부〉를 먼저 완성하였다.

〈빌헬름 텔〉을 쓰려고 하였던 것은 오래전이었다. 그의 부인 로테는 어렸을 때 이미 스위스에 체재한 적이 있었으며, 텔의 용맹스런 행동에 찬사를 보내고 있었다. 괴테는 6년 전 스위스 여행에서 돌아오면서 텔을 작품으로 쓸 계획을 세운 적이 있었다. 괴테가 후에 밝힌 바에 의하면 자신은 텔을 쓸 흥미를 잃었으며 쉴러에게 권하였다고 한다(괴테의 《일기》와 《연감》). 괴테에게 텔은 단순하고 그저 힘이 강한, 무해한 사람으로 총독과 개인적 다툼이 있는 인물로 그릴 예정이었다. 괴테 작품의 성향을 본다면 다분히 그럴 것이라고 생각할 수 있다. 더구나 정치적인 작품은 괴테에게 어울리지 않는다. 괴테가 프랑스혁명의 와중에서 얻은 전원적인 서사시 〈헤르만과 도로테아〉와 같은 서정성의 작품과 같은 종류의 작품을 쓸 생각이었다.

이미 괴테가 텔에 대하여 생각하고 있었던 만큼 쉴러는 작업을 하면서 스위스의 지형에 관하여 괴테에게 많은 조언을 부탁하였다. 친구 쾨르너에게도 그곳의 지형에 관한 자료를 보내 달라고 하면서, 작품에 관한 자신감이 있었는지 신들이 돕는다면 "이것은 강력한 것이 될 것이고 독일 무대를 흔들게 될 것"이라고 썼다. 신들이 도왔는지 그의 건강이 좋지 않았음에도 병을 극복하면서 썼다. 그는 〈빌헬름 텔〉을 완성하였고 정말 독일 무대를 흔들어 놓았다. 쉴러 사후 괴테의 증언에 의하면 쉴러가 이 작품을 쓰기 전에 수많은 스위스 지도를 벽 사면에 붙여 놓았으며, 책상 위에 가득히 책을 쌓아 놓고, 스위스 역사와 여행기를 읽어 봉기가 일어난 길 모두를 하나하나 자세히 알았으며, 또 "문자 그대로 쉴러는 작품을 완성할 때까지 자리를 뜨지 않았으며, 피곤하면 머리를 팔에 얹고 잠을 잤다. 자고 나면 정신을 맑게 하려고 진하게 커피를 타 마셨으며 그렇게 6주 만에 〈빌헬름 텔〉을 완성하였다. 그것은 마치 〔완전한〕 주물과 같다"고 전한다. 그러나 6주 만에 완성한 것은 아니다. 수년에 걸쳐, 오랫동안 계획하고 생각한 후 쓰기 시작한 것이었다. 그는 〈빌헬름 텔〉을 제1막, 제2막 하는 순서로 쓰지 않고 테마별로 혹은 장면별로 쓴 후 1804년 2월 18일 완성하였다.

쉴러는 주인공 역으로 이미 이플란트를 생각하며 〈빌헬름 텔〉을 썼었기에 2월 말 베를린에 있는 그에게 작품을 보냈다. 그리고 한 달 후인 3월 17일 바이마르에서 처음으로 무대에 올렸다. 〈빌헬름 텔〉은 쉴러의 가장 인기 있는 작품이 되었다. 스위스 사람들은 이 작품을 국민극으로 생각하고 있으며 아직도 해마다 '빌헬름 텔 기념 축제'를 하고 있고, 교과서에 빼놓지 않고 싣고 있다. 스위스 의회는 이 드라마의 출판 특허를 그에게만 주도록 하여 그에게 또 다른 기쁨을 주었다.

〈빌헬름 텔〉(1804)

세계 명작 가운데 가장 좋은 작품은 아마도 어린이들이 읽는 산문으로 고쳐 쓴 동화책일 것이다. 이때에는 작가는 모르고 작품만 알게 된다. 세계의 모든 어린이들이 셰익스피어는 모르며 찰스 램이 고쳐 쓴 《셰익스피어 이야기》를 읽는다. 이 책을 읽은 어린이가 자라서 〈햄릿〉이니, 〈베니스의 상인〉이니 하는 것들이 드라마라는 것에 놀란다. 쉴러의 〈빌헬름 텔〉도 여기에 해당한다.

쉴러는 텔 설화를 극화하려고 스위스의 역사책을 섭렵하였다. 또 이미 말한 바와 같이 지리책도 구입하여 골목골목까지 자세히 알고 있었다. 쉴러가 스위스의 역사를 공부한 이유가 유럽의 다른 나라와는 달리 스위스가 자유국가였기 때문이라는 것을 알 수 있다. 원래 스위스는 어느 국가에도 속하지 않는 자유로운 국가였다. 그들의 조상은 스웨덴에서 남하하다 현재의 스위스에 정착하여 오랫동안 자유인으로 살았다. 아마도 이것은 스위스가 지리적으로 험난한 알프스 산중에 놓인 천혜의 요새라는 점도 작용하였을 것이다. 물론 그들은 형식적으로 신성로마제국에 속하기는 하였다. 그러나 모든 것을 자율적으로 하였으며 이 자유를 신성로마제국의 황제도 인정하여 왔었다(이런 제도는 중세의 코뮌제도를 이해하면 알 수 있다). 그러나 오스트리아 사람인 알브레히트가 독일 황제가 되면서 사정이 달라졌다. 그는 총독을 두 명 보내 스위스를 오스트리아 땅으로 삼으려 하였다(1304년). 총독 중 하나가 작품 〈빌헬름 텔〉에 등장하는 게슬러이고 다른 하나는 란덴베르크라는 사람이었다. 게슬러는 현재의 지명이기도 한 알트도르프에 성을 쌓고 스위스 국민을 압박하였다. 게슬러의 압정이 절정이던 때에 텔이 등장한 것이다.

드라마의 시작은 목가적인 노래로 시작한다. 그러나 산간 날씨가 그렇듯이 별안간 폭풍이 몰아친다. 이것은 작품 속의 분위기를 날씨에 비유해 평화적, 목가적 환경에서 정치적 폭력의 어두운 그림자가 온다는 뜻이다(이것은 로시니의 오페라 〈빌헬름 텔〉 서곡에 잘 나타나 있다). 과연 나무꾼 바움가르텐이 급히 쫓기면서 폭풍우에 무서운 파도가 일고 있는 호수를 건너게 해 달라고 한다. 그는 자기의 부인을 겁탈하려는 게슬러의 부하를 도끼로 살해하고 관군에 쫓기는 중이다. 아무도 도와주지 못할 때 텔이 구하여 준다. 목동과 어부들이 부르던 목가는 삽시간에 살벌한 분위기로 바뀐다.

멜히탈이라는 농민은 다른 총독인 란덴베르크에 의해 핍박을 받았다. 그의 아들 아르놀트가 소를 빼앗으러 온 관리와 다투고 도망하여 란덴베르크가 멜히탈에게 아들의 소재를 물었으나 그가 모른다고 하자 그의 눈을 칼로 찔러 소경으로 만든다. 게슬러는 알트도르프에 성을 쌓는다고 인민을 강제 동원하고 장대에 자기의 모자를 걸어 놓고 절을 하도록 강요한다. 게슬러가 스위스 유지인 슈타우파허를 없애려고 하자 그의 부인 게르트루트는 투쟁할 동맹을 결성하라고 한다. 스위스인들은 한밤에 뤼틀리에 모여 독립 투쟁을 할 것을 선언한다. 그러나 텔은 투쟁에 참여하기를 거부한다.

텔은 모자 밑을 지나면서 절을 하지 않아 우리가 모두 알고 있듯이 아들의 머리에 사과를 활로 쏘고 목숨은 건졌으되 체포되어 호수를 건너 압송된다. 압송 중 폭풍을 만나 배를 부릴 수 있는 유일한 사람인 텔을 풀어 배를 살리라고 하나 그는 탈출한다. 그는 좁은 언덕길에서 게슬러를 숨어 기다리다가 그를 쏘아 죽인다. 스위스의 모든 곳에서 자유를 위한 봉기가 일어나 각각의 성을 차지하였다.

합스부르크의 알브레히트가 그의 조카 파르치다에 의해 살해되고 룩셈부르크인이 새 황제로 등극하자 그는 스위스에 다시 자유를 주었다. 스위스의 귀족은 오히려 민중에게 주권이 있다고 선언하고 민중의 보호를 받겠다고 한다. 귀족인 루덴츠가 "나는 모든 종을 해방시키겠다"며 귀족으로서의 모든 특권을 포기하는 것이 드라마의 마지막 대사이다.

〈빌헬름 텔〉에서 텔이 처음부터 용감한 사람으로 나타나나 다른 사람들과 함께 거사에 참여하지 않으려는 것은 주목할 만하다. 그는 "뱀은 밟지 않으면 물지 않는다", 또는 "폭풍이 오기 전에 배를 항구에 대는 것이다"고

하면서 거사에 참여하는 것을 거절한다. 작품의 이 점을 좌파들은 긍정적으로 평하면서도 "텔은 힘은 있으나 비겁하다" 혹은 "머리가 부족하다"고 평가절하한다. 그러나 이것은 단견으로서 쉴러의 숨겨진 진정한 의도를 모르는 것이다. 쉴러는 일반 민중들의 정치적 의식을 깨우려는 것이다. 텔은 그의 아들과의 대화에서 저 아래 대처에서 살지 않는 이유를 말하기를 "이웃이 이웃을 믿지 못하는 곳"이며 "모든 길이 세상의 끝으로 인도하고 있다"고 하자, 아들은 "눈사태 밑일지언정 이곳에서 살겠다"고 한다. 자유가 없는, 나쁜 정치 밑에서 사는 것보다는 자연의 위협을 택하겠다는 것이다. 이것은 이미 공자孔子가 말한 바 있다.

공자가 어느 날 태산을 지날 때 어느 여인이 구슬피 우는 소리를 듣고 "왜 그렇게 슬피 우느냐"고 하자 그 여인이 대답하기를 "제 시아비와 지아비를 호랑이가 죽였으며 오늘은 제 자식을 죽여 슬피 웁니다"고 대답한즉, 공자가 또 묻기를 "그러면 그대는 어찌하여 마을에 내려가지 않는가" 한즉 그 여인이 대답하기를 "가혹한 정치가 없다면 가겠습니다"고 했다. 공자가 제자들에게 말하기를 "그대들은 알고 있으라. 가혹한 정치는 호랑이보다 무서우니라"(《예기》〈단궁〉 편)고 말한 바와 같다. 거의 모든 평범한 사람들은 '나는 정치와 무관하다'고 생각하며 살고 있다. 텔도 자신이 정치와 먼 곳에 있다고 생각한다. 그리고 정치는 자기와 아무 상관없다고 생각한다. 그러나 정치는 우리와 함께 있는 것이며 무서운 채찍이 나에게 내려지기 전까지는 정치가 나와 무관하다고 생각되나 가혹한 정치는 어느 날 갑자기 도둑처럼 다가와 체험되는 것이다. 바움가르텐이나 멜히탈이 그렇다. 그들이 폭정의 희생물이 되었어도 텔은 객관적 방관자에 머물 수 있다. 악을 알되 추상적 지식에만 머문다. 그러기에 텔은 모든 참여를 거부할 수 있다. 그는 자기 아들을 쏠 때에야 비로소 정치의 횡포를 알고, 혼자 게슬러를 기다리면서 "모두가 서로 모르는 척 지나면서, 다른 사람의 고통 같은 것은 모르는 척 하는구나" 하는 것은 이제야 자신의 방관자적 태도를 뉘우치고 정치적 삶의 실체를 깨달은 것이다. 쉴러의 숨겨진 의도는 바로 이것을 관객에게 알려 주려고 한 것이었다. 정치적 무관심이 바람직하지 않음을 깨우치게 하려는 것이다.

쉴러는 그의 모든 작품에서 주인공이 순교자로서 죽음을 택하게 하였다. 그러나 텔만은 생명을 부여하여 비극적 지혜를 주지 않고 관객에게 발걸음을 가볍게 하는 축제극으로 만들었다. 스위스에서는 이 작품이 교과서에 빠지지 않고 실리고, 항상 축제극으로서 스위스의 국민극으로 만들었다. 그리고 독재국가마다 〈빌헬름 텔〉을 공연 금지 목록에 올렸다. 한국도 군사독재하에서는 이 공연이 금지되었다. 〈빌헬름 텔〉이 공연되는 곳은 자유가 숨 쉬는 곳이라는 바로미터가 되었다.

베를린 여행, 숨겨진 의도?

〈빌헬름 텔〉을 완성하고 몇 주 후에 쉴러는 부인과 두 아이를 동반하여 라이프치히에 갔다. 그곳에서 그는 출판업자 코타와 괴셴을 만날 생각이었다. 잠깐 일을 끝낸 후 다음 날 그는 아직 한 번도 가 본 적이 없는 베를린으로 향하였다. 바이마르를 떠날 때부터 라이프치히를 방문한 후 바로 돌아오려는 생각은 없었다. 바이마르에 있는 누구에게도 그 말은 하지 않았다. 그는 운터 덴 린덴가街에 있는 룻시 호텔에 여장을 풀고 옛날부터 잘 알고 있는 배우 이플란트에게 메모를 보냈다. "라이프치히에 볼일을 보러 왔다가 갑자기 베를린이 가까이 있다고 생각하여 이곳에 왔습니다. 여러 사람을 보고 경험을 넓히고 싶습니다" 하는 메시지였다.

쉴러는 이즈음 바이마르에 싫증을 느끼고 있었다. 훔볼트에게 보낸 편지에도 그런 것을 숨기지 않았다. 소도시 바이마르에서도 궁중을 둘러싼 술수가 있고 배우들과도 맞지 않았다. 아우구스트 공이 〈마리아 슈투아르트〉 공연 시 무대 위에서 성찬식을 금지한 것도 마음이 상하였다. 그는 "여기서 죽고 싶지 않다"고 하였다. "괴테는 집중하여 작업하지 않고 있으며, 요즘은 정말 중이 된 것 같고 병이 아닌데도 아무것도 하지 않고 바이마르에서는 아무것도, 특히 극 활동이 없으며, 나 혼자는 여기서는 아무것도 할 수 없어 이제는 다른 세상으로 나가고 싶다"는 것이었다. 예나에 대해서도 싫증을 느끼는 것은 마찬가지였다. 옛 동료들은 이미 많이 떠나 버렸고,

소위 예나 낭만파는 세계관이 다른 사람들이다.

쉴러의 연봉은 아직도 400탈러였고 문학 작품에서 나오는 수입이 이제는 많이 증가하였으나 지출도 증가하였다. 그는 아직도 빚을 갚지 못하고 있었다. 이 빚을 갚지 못하고 자신이 죽는다면 부인과 자식에게 빚을 물려주게 된다는 부담을 항상 느끼고 있었다. 그를 항상 돕던 주교 달베르크에게도 도움을 구할 수 없었다. 그의 영지인 마인츠는 아직도 프랑스군 지휘하에 있었다. 재정적인 궁핍은 그가 그렇게 바라던 프랑크푸르트와 고향을 거쳐 스위스의 피어발트슈타트 호수까지의 여행을 불가능하게 만들었다.

쉴러는 베를린에서 그 해결점을 찾으려고 하였다. 프로이센 왕 부부는 이미 수년 전에 바이마르를 방문하였을 때 그의 작품 〈발렌슈타인〉 공연을 보고 감동한 적이 있었고, 당시 루이제 왕비는 그를 베를린으로 초청하였었다. 더욱이 옛날부터 잘 알고 지내던 이플란트는 현재 베를린 극장장으로 있으며, 쉴러를 베를린으로 오도록 초청하였었다.

쉴러가 미리 연락도 없이 베를린에 왔을 때 그는 아주 기쁘게 맞이하였다. 그는 쪽지를 받자마자 다음 날 아침 쉴러를 호텔로 찾아왔다. 그리고 쉴러의 작품 〈발렌슈타인〉, 〈오를레앙의 처녀〉, 〈메시나의 신부〉의 공연을 차례로 보여 주었다. 이 공연은 바이마르에서의 공연보다 화려하고 멋진 공연이었다. 베를린 사람들은 쉴러를 개선장군으로 환영하였다. 쉴러 부인도 이 당시의 느낌이 얼마나 감동적이었던지 쉴러 사후 이플란트에게 "쉴러는 귀하의 덕분으로 베를린에서 처음으로 국가를 위하여 일하였다는 보상을 받았다는 느낌"을 가졌었다고 썼다.

쉴러는 베를린에서 삼 주 동안 체류하였다. 그는 여러 사람들에게서 성대한 초대를 받았다. 쉴러는 이 도시에서 만나는 사람에게 소극적인 태도를 취하였다. 당시의 유명한 살롱을 경영하였던 유대인 여인인 헨리에테 헤르츠는 "난 그가 〔〈돈 카를로스〉의〕 유명한 장면인 주인공 포자가 필립 왕과 대화할 때처럼 우리와 대화를 이끌어갈 것이라고 상상하였다. 그러나 놀랍게도 그는 대화를 아주 조심스럽게, 사람에 관하여 말하는 것도 처세술이 능한 사람처럼 아주 조심스럽게 하는 것이었다"라고 하였다.

상수시 궁으로의 초대

루이스 페르디난트 왕자의 초대도 있었고, 왕과 왕비의 초대는 두 번이나 있었다. 두 번째 초대는 상수시 궁에서였다. 쉴러는 바이마르에서뿐만 아니라 일찍이 다름슈타트에서 폰 칼프 부인과 함께, 민나가 만든 비단 주머니에 〈돈 카를로스〉의 일부를 낭송하고 봉정한 적이 있었다. 왕비는 이 자리에서 그를 베를린에 영원히 오라고 정식으로 초대하였다. 이플란트는 베를린으로의 초대를 정식으로 수속하기 시작하였다. 그는 이 일을 바이메라는 대신에게 위임하였다. 연봉은 삼천 탈러였으며 궁정인(귀족)으로 대하고 왕실 마차를 사용할 수 있다는 것이었다. 남은 문제는 해당 관료에게 명하는 것과 공식으로 선포하는 것이었다. 또 다른 중요한 것은 바이마르에 알리는 것이었다. 베를린에서의 정점은 떠나기 전 〈빌헬름 텔〉 공연이었다. 젊은 이들은 극장 안에서뿐만 아니라 거리서도 그에게 존경을 표하였다.

쉴러는 바이마르에 다시 돌아와서 결정을 하지 못하고 망설였다. 더 큰 세계에서의 활동도 중요하지만 바이마르에서의 옛정을 끊는 것이 쉬운 일이 아니었다. 그는 쾨르너에게 "새로운 세계가 나의 평안을 해칠 것 같다"고 썼다. "여기 바이마르에서 난 절대적으로 자유이고 정말 편안하네. 또한 아우구스트 공에게 의무감도 있네. 이것도 괴로운 일이네. 만일 그분이 나에게 무엇인가 조금이라도 도움을 준다면 기꺼이 이곳에 남아 있겠네."

쉴러는 베를린에서 돌아온 후 그곳에서의 일을 공에게 보고하였다. 그는 서신으로 가부간의 결정을 공에게 맡기겠다고 하면서, 그의 궁핍한 사정과 그의 사후의 가족에 대한 걱정을 썼다. 공은 그에게 200탈러의 연봉을 올려주었고 해마다 베를린에 몇 달씩 머물러도 좋다는 허락을 하였다. 쉴러는 만족하지는 않았으나 바이마르에 남기로 하였다. 그러나 무엇보다 쉴러와 괴테와의 작은 간극이 괴테로 인하여 극복된 것이 그가 바이마르에 남은 가장 큰 원인인지도 모른다.

17. 마지막 샴페인 한 잔

쉴러의 최후

베를린 여행 후 1804년 7월 중순 쉴러는 예나에 임시 거처를 마련하였다. 그것은 부인 로테의 산달이 곧 예정되어 있어 오래전부터의 그의 가정의 슈타르크가 그곳에 있었기 때문이었다. 그는 둘째 딸이 태어나기 하루 전 저녁, 근처의 계곡에 말을 타고 가벼운 산책을 나갔었다. 그때 그는 별안간 아주 심한 복통을 느꼈다. 너무나 복통이 심하여 큰소리로 외칠 정도였다. 보통 때도 그는 항상 병을 달고 사는 사람이었지만 이번에는 거의 죽을 것 같았다. 진찰한 의사는 곧 죽을지도 모른다고 하였다.

현대의 의사들은 그가 거의 10년간을 앓아 온 병을 폐렴과 복막염이라고 추측한다. 당시 폐렴은 "전통적인 국민병"(Ueding, 11)이라고 할 정도로, 특히 저소득층에 만연했다. 쉴러는 이미 이 병을 오랫동안 지병으로 앓고 있었다. 여기다 복막염은 간 기능을 저하시키는 것으로서 당시에는 불치병으로 간주하였다. 그는 일주일 동안 앓아누운 채로 이제는 회복할 희망이 없다고 생각하면서, 떨리는 손으로 괴테에게 몇 자 적었다. "고통의 발작을 견뎌내기는 하였습니다만, 무서운 신열을 이겨내지 못한다면 어려울 것 같습니다. 그러나 위험은 다행히도 조금 지났습니다. 지금은 조금 좋아졌습니다. 이런 갑작스런 신경쇠약은 여름에는 없었습니다. 머린 맑고 식욕은 다시 왔습니다만 일주일간 앓았어도 아직도 기력이 나지 않습니다." 보름 후 그는 바이마르로 돌아가야겠다는 생각을 하였다. 그는 출판업자 코타에게, "아주 천천히 회복되고 있으나 기운이 없습니다. 유감스럽게도 지난 한 달 반 동안 거의 죽을 것 같았습니다"고 썼다. 10월에 들어서 약간의 기운을 차리자 그는 작업을 다시 시작하며 쾨르너에게 작업을 다시 한다고 썼다.

〈빌헬름 텔〉이 끝나자마자 쉴러는 〈데메트리우스〉를 시작하였다. 이 시기에 그의 작업에 얼마간의 진척이 있었는지 남겨진 자료가 없다. 또 그의 작업은 생각처럼 쉽지 않았다. 오랫동안 중단한 작업은 더욱 어려운 법이다. 그는 계획하였던 리스트 외에 다른 것을 할까 생각도 하였지만 역시 쉽지 않았다. 마침 이때 바이마르 공의 태자인 카를 프리드리히의 부인으로서 러시아 황제의 공주 마리아 파울로바나가 이곳에 결혼하려고 방문하여 축제를 열게 되자, 그는 사흘 만에 〈예술의 찬양〉을 썼다. 원래 괴테에게 그

일이 주어졌으나 괴테는 쉴러에게 위임한 것이다. 축제를 하는 동안에 쉴러는 다시 감기로 고생하였다.

괴테는 1804년 연말 쉴러에게 신년을 맞아 연하장을 쓰면서 연하장을 두 번이나 찢어 버려야만 했다. '신년을 맞아zum neuen Jahr'라고 써야 할 것을 '마지막 해를 맞아zum letzten Jahr'라고 두 번이나 잘못 썼던 것이다. 쉴러의 죽음의 전조인지도 모른다('마지막'이라는 독일어는 '지난해'라고도 해석할 수 있다).

쉴러의 마지막 날들을 자세히 기록한 사람은 이미 설명한 요한 포스이다. 당시 그는 바이마르의 고등학교 선생으로, 쉴러와 괴테를 신처럼 생각하는 젊은이였다. 그는 이전에 쉴러와 와인을 마시며 지낸 일을 그의 친구에게 전하였다. 쉴러는 마치 20세의 젊은이처럼 새벽 3시까지 개방적이며 소탈하게 함께 먹고 마시며 지냈다고 한다. 요한 포스는 쉴러의 가정생활도 그리고 있다. 쉴러는 자상한 가장으로 아이들과 어린아이처럼 '사자와 개' 놀이—두발과 두 팔로 방을 기어 다니며 사자도 되었다가 개도 되었다가 하면서 함께 놀았다. 특히 식사 중에는 아이 둘을 자신의 양편에 앉게 하고 귀여워하였으며 아이들도 아빠를 아주 좋아하였다. 아이들이 그의 방에 들어와 키가 큰 그의 등 위에 기어오르고 매달려도 야단치는 법이 없었다.

미완성 〈데메트리우스〉

쉴러는 궁중에서 하고 있는 많은 축제나 행사에 참석해야 했다. 그의 병이 조금 회복되는 듯하였으나 이내 겨울이 왔다. 겨울은 언제나 그에게 혹독한 시련의 계절이다. 1804년 말에서 1805년까지 이어진 겨울은 특히 혹독했다. 이내 그는 감기가 들었다. 자신의 작업을 할 틈도 없이 바이마르 공은 그에게 라신의 〈페드라〉를 독일어로 번역하고 공연해 주기를 원하여 그는 번역 작업에 몰입하였고 4주 만에 번역을 완성하였다. 이제야 그는 자신의 드라마 〈데메트리우스〉에 매달릴 수 있었다. "이제야 저는 번역의 번거로움에서 벗어나, 할 수 있을까 의심이 들었던 나의 〈데메트리우스〉를 쓸 분위기가 되었습니다" 하고 괴테에게 썼다.

그러나 그러한 그의 희망은 금방 불가능하다는 것으로 나타났다. 2월 초 큰 고통과 함께 무서운 열병이 그를 엄습하여 의식을 잃었다. 같은 시기에 괴테도 위험한 신장병을 앓고 있었다. 쉴러는 자신이 와병 중임에도 그의 병을 많이 걱정하였다. 괴테의 병에는 차도가 있었으나 쉴러의 병은 점점 더 깊어만 갔다. 그리고 이제는 이 병마와 싸울 용기마저 잃어 갔다. 쉴러가 앓고 있는 이 마지막 기간 동안 포스는 병을 간호하는, 오늘날의 호스피스 같은 역할을 하였다. "나는 12주 동안 쉴러와 네 번, 괴테와 두 번 밤을 보냈네. 괴테는 좀 거친 환자였다면, 쉴러는 부드러움 그 자체였네. 그는 얼마나 남자답고 밝았는지… 12시까지 부인이 지키고 있으면, 쉴러는 불편해 하면서 쉬려고 하니 아래층으로 내려가라고 하였네. 부인이 내려가자마자 그는 나의 팔에 쓰러져 잠깐 동안 의식을 잃었네. 그는 부인이 있을 때는 힘을 다해 고통과 괴로움을 참고 있다가 그의 부인이 내려가자마자 의식을 잃는 것일세."

3월 초에 쉴러는 외출을 감행하였다. 그의 첫 외출은 아직도 집에서 외출을 하지 못하는 괴테를 방문하는 것이었다. 포스는 쉴러가 외출할 때에 동행하였다. 그는 두 사람의 만남을 이렇게 묘사하고 있다. "그들은 서로 목을 끌어안고 말없이 오랫동안 뺨을 비볐다. 서로 병이 어떠냐고 묻지도 않았다. 서로 다시 만난 것만도 기뻐하는 것 같았다."

봄이 오자 쉴러는 회복할지도 모른다는 희망을 가졌다. 포스도 그렇게 믿었다. 쉴러는 오랫동안 소식을 전하지 못하였던 쾨르너에게 편지를 다시 쓰기 시작하였다. "다행이네. 이제 〔고통은〕 지났네. 내가 생각하였던 것보다 빨리 기력이 생겼네. 금년 겨울처럼 힘들어 했던 적은 없었네. 나는 다시 일을 시작할 것이네." 그러나 그의 건강은 그렇게 빨리 회복되지 않았다. 3주 후에야 괴테에게 편지를 쓸 수 있었다. "이제는 정말 진지하게 내 일을 시작해야겠습니다. 이제 정신을 차려야겠습니다. 오랜 휴식과 불행한 병 후 다시 힘을 내야겠습니다." 그리고 "50세까지만 건강하다면!" 하였다. 이때가 46세였다.

그는 정말 건상 상태가 좋아졌다고 생각하였다. 포스와 함께 북해로 여행을 계획하였고 부인 로테와 처제와 함께 옛날 피난처였던 바우어바흐로 떠날 계획을 세웠다. 쉴러는 바다를 보는 것이 소원이었다. 포스와 바우어바흐를 거쳐 고향을 방문하고 북해에 가자고 약속하였다. 그러나 쉴러는 평생, 이탈리아에서 지중해를 보기를 원하였으나 결국 이루지 못하였다. 쉴러는 바다를 본 적이 없을 뿐 아니라 독일이라는 곳을 떠나본 적이 없었다. 여행을 좋아하였으나 항상 빚에 허덕이는 생활에 여행다운 여행도 하지 못하였고, 나중에는 건강이 좋지 않아 근처에도 잘 다니지 못하였다.

현실적인 문제의 가장 중요한 것은 작업이었다. 그는 〈데메트리우스〉를 다시 쓰기 시작하였다. 폴란드 의회에서 주인공이 러시아의 합법적인 적자라는 것을 확인하는 장면이었다. 그러나 여기서 더 나가지는 못하였다. 다만 그의 서랍과 서류철에는 이 드라마 이외에 산문으로 쓴 여러 장면과 작품의 마지막 부분, 폴란드와 러시아 역사 자료에서 추려낸 메모, 각 지방의 습관, 전통적인 옷, 건축 양식의 특징 등을 적은 종이가 뭉치로 발견되었다. 쉴러는 한 작품을 쓴 후 이전의 모든 메모나, 역사적인 자료, 초안 같은 것을 파기하였다. 이 종이 뭉치는 그가 한 작품을 완성하기 위해서 얼마나 노력하고 부지런했는지를 말해 주고 있다. 후에 괴테는 이 작품을 완성하려고 시도하였으나 실패하였고 헵벨도 역시 실패하였다.

1805년 5월 1일 저녁, 괴테는 마지막으로 그의 친구를 볼 수 있었다. 괴테는 친구의 집을 몸소 방문한다. 그러나 바로 그때 쉴러는 연극을 관람하기 위해 집에서 나오고 있었다. "나〔괴테〕는 그가 연극을 보러 가는 순간에 만났지. 나는 그를 잡아두지 않으려고 그와 동반하지 않았소. 우리는 그의 집 앞에서 헤어졌는데 그것이 우리를 영원히 갈라놓은 것이오."

쉴러는 그의 처제와 함께 극장으로 갔다. 도중에 그는 "좀 이상한데? 여러 해 동안 아팠던 왼쪽의 통증이 전혀 없는데…" 하고 말하였다. 그도 그럴 것이 후에 그를 해부한 의사는 왼쪽 폐가 완전히 훼손된 것을 발견하였다. 공연이 끝난 후 늘 그랬듯이 포스가 쉴러를 집에 데려가려고 그의 좌석으로 왔다. 그는 쉴러가 심한 열로 떨고 있는 것을 발견하였다. 다음 날 그가 쉴러의 집에 갔을 때 그는 소파에 누워 있었다. 쉴러는 비몽사몽의 상태였으나 포스를 보고는 텅 빈 목소리로 "또 누웠네" 하고 말하였다. 그의 아이들이 와서 키스를 하였으나 아무런 응답을 하지 않았다. 상태는 날마다 더 심해졌다. 사흘 후에는 가망이 없어 보였다. 눈은 깊이 파여 있었고 몸은 떨고 있는지 흔들리고 있었다. 시녀가 그에게 레몬을 가져오자 급히 그것을 하나 잡고는 먹으려고 하는 듯하였으나 손에 힘이 없는 듯 그냥 놓았다. 그날 저녁부터 온 하루를 열병으로 환상에 잡혀 있었다. 의식이 다시 돌아왔을 때 막내딸 에밀리에를 데려오라고 하였다. 그는 아이에게 머리를 돌려 손을 잡고 말할 수 없는 고통에 차서 얼굴을 쳐다보았다. 그리고는 눈물을 흘리며 머리를 베개에 묻으며 아이를 다시 데려가라고 손짓하였다. 운명하기 24시간 전이었다.

식구들은 좁고 불편하고 난방이 되지 않는 침실에서 서재로 그를 옮겼다. 포스와 함께 그의 처제 카롤리네 폰 볼초겐도 후에 쉴러의 마지막 날에 대하여 기술하였다. 그것은 쉴러의 부인의 회상기와 일치한다. 쉴러는 5월 6일까지도 맑은 정신이었다. 그날 저녁 그는 말을 더듬기는 하였으나 의식을 잃지는 않았다. 로테는 그가 위험하다고 생각하지 않았다. "그의 시선은 맑았다. 〔…〕 우연히 〔쉴러가 싫어하는〕 코체부가 발행하는 잡지 《자유투사》 한 부가 그의 방에 흩어져 있었다. '즉시 저것을 밖으로 내어 가요. 난 정말로 그것을 본 적이 없어요. 동화책과 〔중세〕 기사 이야기책을 주시오. 저기 훌륭하고 아름다운 이야기책이 있어요.' 자매는 동화집에서 이곳저곳을 읽어 주었으나 끝까지 듣지는 못하는 것 같았다. 〔…〕 7일 저녁 그는 '비극의 소재에 대한 이야기'를 하길 원하였다. 그러나 나는 그가 조용히 쉬기를 바라서 전에 그랬던 것처럼 활발하게 말하지 않았더니 그는 그것을 알고, '음, 이제 아무도 나를 이해하지 못하는군, 이젠 내가 말을 하지 말아야지.' 그리고는 곧 잠이 들었다. 그러나 곧 '이것이 지옥인가? 이것이 천국인가?' 하고 큰소리로 외치다가 깨어서는 마치 어떤 모습이 그에게 인사나 하듯이 부드럽게 미소 지으며 공중을 쳐다보았다. 그가 수프를 조금 먹고 내가 가겠다고 하자 '신이 원하신다면 오늘 밤은 잘 자게 되리라 생각하오' 하고 말하였다."

커튼을 열어라

"8일 오전에 그는 조용하였고 가끔 잠들곤 하였다. 저녁에 내가 그에게 어떠냐고 묻자 그는 나의 손을 꼭 잡으며 '좀 좋아졌소', 그리고는 '커튼을 열어 달라'고 하였다. 태양은 아름다운 마지막 저녁노을을 발하고 있었다. 밝은 시선으로 그는 아름다운 저녁놀을 보고 있었다. 밤마다 그의 곁을 지켰던 그의 충실한 하인은 어젯밤 쉴러가 혼자서 많은 말을 하였다고 하였다. 대부분이 그의 드라마 〈데메트리우스〉였다고 한다. 천천히 생명이 꺼져 가면서 그는 한두 번 '하나님'을 불렀다. 9일 아침 의식을 잃었으며, 혼자 무엇인가 중얼거렸다. 대부분 라틴어였으며 무엇인지 알아들을 수 없는 말이었다.

그는 남이 씻겨 주는 목욕을 싫어하였다. 그러나 이번에는 그냥 참고 있었다. 의사는 그의 원기를 북돋우기 위하여 그에게 샴페인 한 잔을 권하였다. 이것이 그의 마지막 잔이었다. 그의 가슴 통증은 없어진 것 같았다. 베개에 눕더니 휘 둘러보긴 하지만 사람들을 알아보지 못하는 듯하였다"(카롤리네의 《쉴러 전기》).

로테는 프리츠 폰 슈타인에게 "그는 이별이 가까운 것을 모르는 것 같았어요. 적어도 그는 나에게 아무 말도 하지 않았거든요. 그의 큰 몸 때문에 목이 잘못 놓여 편하게 해 주려고 숙인 머리를 제가 바로 뉘었더니 그는 미소를 지었어요. 그리고 눈으로 감사를 표하였지요. 내가 그의 머리로 숙이니 나에게 키스를 하였지요. 그것이 그의 의식의 마지막 표현이었어요. 그래도 나는 희망이 있다고 생각하였어요. 나는 언니와 옆방에 앉아서 이번에도 그가 회복할 것이라고 말하고 있었는데 그 순간 시중드는 사람이 부르는 것이었어요. 저는 헛되게, 아, 그의 차가운 손을 따듯하게 하려고 하였지요. 그런 체험을 한다는 것이 정말 힘들었어요. 그러나 저는 마지막 순간에 용기와 희망을 주시는 하나님께 감사했습니다. 그저께 그가 헛꿈을 꿀 때 카롤리네가 와서 어떠냐고 물으니, 그가 말하기를 '밝아, 점점 밝아져' 하였어요."

3시경에 완전히 기운이 없는 것 같았다. 숨이 가끔 멈추기 시작하였다. 로테는 그의 침대 앞에 무릎을 꿇었다. 로테는 "그가 내 손을 꽉 잡아요" 하고 말했다. 카롤리네와 의사는 침대 발치에 서서 따듯한 쿠션으로 그의 찬 발을 덮었다. 이때 마치 전기에 맞은 듯 그의 온 몸이 경련을 일으켰다. 그런 후 그의 머리가 베개 깊숙이 놓이더니 그의 얼굴에는 평온함이 보였다. 그의 모습은 부드럽게 잠자는 듯하였다. 카롤리네는 그의 종말을 "축복 받은 임종"이라고 하였다. 이것이 프리드리히 쉴러의 마지막 이었다. 1805년 5월 9일 오후였다.

쉴러가 죽었다는 소식은 바이마르에 삽시간에 퍼졌다. 괴테도 앓고 있었다. 아무도 그에게 그가 죽었다는 말을 하지 않았기 때문에 그는 모르고 있었다. 그러나 집이 불안하다는 것을 느꼈는지 5월 10일 부인인 크리스티아네에게 "안 그래? 쉴러가 어제 심하게 아팠지?" 그는 "심하게"를 힘주어 말하였다. 부인은 더 이상 말하지 않을 수 없다고 여기었으나 말하는 대신 훌쩍이며 울었다. "그가 죽었어?" 하고 괴테는 확실한 듯이 물었다. "당신이 지금 말했잖아요." "그가 죽었다고!" 그는 반복하였다. 그는 옆으로 비켜서더니 손으로 눈을 가리고 한마디도 하지 않고 울었다(Ueding, 133). 쉴러가 죽은 지 20여 일이 지난 후 괴테는 "나 자신을 잃은 것이고 나의 친구를 잃은 것이며, 내 존재의 절반을 잃은 것"(Hoyer, 777) 같다고 하였다.

괴테의 《한 소녀와의 서신 교환》에서 베티나는 괴테와의 해후를 회상하고 있다. "나는 지금 귀하〔괴테〕와 쉴러를 생각하고 있습니다. 세상은 두 분을 한 보좌 위에 두 형제라고 봅니다. 그분도 귀하처럼 많은 사람들이 존경하고 있습니다. 그들은 한 분이 서로 다른 분을 감동시켜 변화시켰다는 것을 모릅니다. 그러나 전 알고 있습니다." 두 사람은 10년간의 형제와 같은 우정으로 독일 문학뿐만 아니라 세계 문학에 가장 빛나는 유산을 남겼다.

쉴러의 장례식 때 여배우가 쉴러의 시 〈종의 노래〉를 낭독할 때, 괴테는 중간에서 잠깐 멈추라고 하면서 "난, 난 이 사람을 결코 잊을 수가 없어요" 하면서 눈물을 흘렸다. 괴테만이 아니다. 자유를 위하여 삶을 불사른 그를 아는 사람은 누구나 그를 잃은 것에 눈물을 흘릴 것이다. 쉴러는 공동묘지에 안장되었다가 후에 괴테와 함께 군주를 모시는 바이마르 '군주 묘지'에 이장되었고 지금도 많은 사람들이 그를 방문하고 있다.

후기

외국 사람의 전기를 쓰는 것이 어렵다는 것을 이제야 알게 되었다. 만일 처음부터 알았다면 시작하지 않았을 것이다. 그 이유는 '전기'를 쓴다는 것은 새로운 자료를 발굴하면서 써야 하는 창조적 작업이라고 할 것이나 '여기서'는 남이 써 놓은 것만을, 그것도 제한된 자료만 참고할 수밖에 없다는 것이 별로 신이 나는 일이 아니었다. 다만 한국에는 얇은 번역서가 있을 뿐 아직 쉴러의 전기가 나오지 않았고, 독일 전기 작가들 역시 필자가 참고한 책을 보고 썼다는 것을 위안으로 삼았다.

우리나라 사람들은 '쉴러' 하면 다 알고는 있으나 그의 진면목은 모르고 있다. 워낙 그의 작품이 어렵기 때문인지도 모른다. 금년(2006년)에 나온 쉴러 전집(NA. 41, Teil IIA)에는 그에 관한 모든 서류가 다 들어 있어 서양 사람들의 서류의 보관과 정리에 경이감을 감출 수 없었다.

처음에는 철저히 주석을 달았으나 오히려 읽는 데 거추장스러울 뿐만 아니라 다른 전기서에도 어떤 곳에서 왔다는 것을 알도록 할 뿐 일일이 언급하지 않은 것이 대부분이었다. 모든 자료를 요구하는 대로 신속하게 구입하여 준 고려대학교 도서관 사서 선생들께 감사한다.

안암동 연구실에서

김승옥

프리드리히 쉴러 연보

1759 11월 10일, 요한 크리스토프 프리드리히 쉴러, 네카어 강변의 마르바흐에서 둘째로 태어남. 아버지 요한 카스파르 쉴러 중위와 어머니 엘리자베트 도로테아(처녀 때 이름은 코드비스).

1767 루트비히스부르크 라틴어학교 입학.

1773 1월 16일, 졸리튜데에 있는 카를학교에 입교.

1776 의학 전공 시작.

1777 3월, 《슈바벤》지에 시 〈정복자〉 실림.

1780 12월 15일, 카를학교(군사아카데미) 졸업, 연대 의무관으로 복무.

1781 5월, 〈군도〉 출간.

1782 1월 12-13일, 〈군도〉 초연을 관람하기 위하여 만하임 여행.

2월 중순, 《연감.1782년》 출간.

6월 28일, 만하임으로의 무단이탈로 2주간 구금.

8월 말, 군주의 시작 금지 명령.

9월 22일, 만하임으로 친구 슈트라이허와 함께 탈주.

1782 12월 7일, 바우어바흐 체재(1783년 7월 24일까지).

1783 4월 말, 〈피에스코의 모반〉 출간.

7월 27일, 만하임 도착.

8월 말, 만하임 극장 전속 극작가로 계약.

1784 3월 15일, 〈계교와 사랑〉 출간.

4월 13일, 프랑크푸르트에서 〈계교와 사랑〉 초연.

6월 26일, 팔츠독일학회에서 '좋은 무대는 어떤 효과를 낼 수 있는가?' 라는 주제로 강연(1785년 《라인의 탈리아》에 〈도덕적 기관으로서의 무대〉로 개칭하여 게재).

12월 27일, 바이마르의 궁중고문관으로 피임.

1785 4월 7일, 쾨르너의 초청으로 라이프치히로 떠남(17일 도착).

1785 3월 중순, 잡지 《라인의 탈리아》 출간.

1787 7월 20일, 드레스덴을 떠나 바이마르로.

7월, 〈돈 카를로스〉 출간.

8월 29일, 함부르크에서 〈돈 카를로스〉 초연.

1788 1월 말, 잡지 《독일 메르쿠어》에 〈네덜란드 멸망사〉 일부 게재.

5월 20일, 폴크슈타트로 이주.

11월 12일, 다시 바이마르로.

1789 5월 11일, 예나로 이주.

5월 26일, 신임 교수 강연, 《독일 메르쿠어》에 〈보편사란 무엇이며 어떤 목적으로 연구하는가?〉라는 제목으로 게재.

11월 5일, 소설 〈영을 보는 사람〉 출간.

1790 2월 2일, 병에 관해 처음으로 샤를로테 폰 렝게펠트에게 편지를 씀.

2월 22일, 샤를로테 폰 렝게펠트와 결혼.

10월, 〈삼십년전쟁사〉 1, 2권 출간.

1791 1월 3일, 에어푸르트에서 심한 열병을 앓음.

1월 중순, 〈뷔르거의 시〉 평론.

5월 8일, 세 번째로 심하게 앓음.

6월, 쉴러 사망 소문이 돔.

7-8월, 칼스바트에 요양.

12월, 논문 〈비극론〉 발표.

12월 13일, 코펜하겐에서 연 천 탈러씩 삼 년간 장학금을 주기로 결정한 후, 1차분 장학금 받음.

1792 1월, 심한 병 앓음.

1793 6월, 잡지 《신新탈리아》에 〈우아와 품위〉 게재.

7월 13일, 덴마크 아우구스텐부르크에게 〈인간의 미적 교육에 관한 서한〉 최초로 발송.

8월, 고향 방문.

1794 3월 11-13일, 튀빙겐대학에서 옛 스승 아벨을 만남.

5월 14일, 예나로 귀환.

7월 20일, '자연과학회' 모임 후 괴테와 새로운 우정을 시작.

12월 10일, 잡지 《호렌》 발간 취지문 발송.

1795 6월 8일, 《호렌》에 〈인간의 미적 교육에 관한 서한〉 게재, 〈소박 문학과 감상 문학〉 출간.

1797 5월 2일, 예나의 '정원집'으로 이사.

5-9월, 담시를 괴테와 함께 씀(1798년 출간됨).

1798 3월 14일, 예나대학 명예교수로 임명됨.

10월 12일, 바이마르 극장 재건축 기념으로 〈발렌슈타인 진영〉 초연.

1799 1월 30일, 〈피콜로미니〉 초연.

3월 17일, 〈발렌슈타인의 죽음〉 완성.

4월 20일, 〈발렌슈타인의 죽음〉 초연.

12월 3일, 바이마르로 이사.

1800 2월, 중순부터 한 달간 병고.

6월 14일, 〈마리아 슈투아르트〉 바이마르에서 초연.

6월 말, 〈발렌슈타인〉 출간.

8월 말, 《시집》(1부), 《소산문집》(2부) 출간.

1801 4월, 〈마리아 슈투아르트〉 출간.

5월 12일, 《소산문집》(3부) 출간.

7월, 오랫동안 중병에 시달림.

9월 11일, 〈오를레앙의 처녀〉 라이프치히에서 초연.

10월 12일, 〈오를레앙의 처녀〉 출간.

1802 5월 초, 《소산문집》(4부) 출간.

6월 19일, 〈돈 카를로스〉 바이마르 공연.

11월 16일, 귀족 칭호 받음.

1803 3월 19일, 〈메시나의 신부〉 바이마르에서 초연.

5월, 《시집》(2부) 출간.

6월 20일, 〈메시나의 신부〉 출간.

7월 2-14일, 로이히슈타트에서 요양.

1804 3월 17일, 〈빌헬름 텔〉 바이마르에서 초연.

4월 26일-5월 21일, 베를린 여행.

7월 24일, 중병.

10월 초, 〈빌헬름 텔〉 출간.

1805 2월 8-15일, 중병 재발.

5월 1일, 괴테와 마지막 상봉, 극장에서 급성 폐렴 발작.

5월 9일, 쉴러 서거.

참고문헌

1. 쉴러의 작품

Schiller, Friedirch, *Sämtliche Werke*, 5Bde., Hrsg., v. Gerhard Fricke und Herbert G. Güpfert, München 1967.[Bd.]

______, *Schillers Werke*, Hrsg., v. Julius Petersen und Gerhard Fricke, Weimar 1943ff.[NA]

2. 쉴러의 생애

Biedermann, Flodoard Freiherr von, *Goethes Gespräche. Ohne die Gespräche mit Eckermann*.[o.J.]

Burschell, Friedrich, *Schiller*, Reinbeck bei Hamburg 1968.

______, *Schiller. bild-monographien*, Reinbeck bei Hamburg 1971.

Darsow, Götz-Lothar, *Friedrich Schiller*, Stuttgart 2000.

Gleichen-Russwurm, Alexander von, *Schiller. Die Geschichte seines Lebens*, Hamburg.[o.J.]

Haller-Nevermann, Marie, *Friedrich Schiller*, Berlin 2004.

Mann, Thomas, *Schwere Stunde*, *Sämtliche Werke*. Bd. 11, Stuttgart 1975.

Meyer, Herbert, *Schillers Flucht nach Mannheim, Selbstzeugnissen, zeitgenössischen Berichten und Bildern dargestellt*, Manheim 1959.

Streicher, Andreas, *Schillers Flucht von Stuttgart und Aufenthalt in Mannheim von 1782 bis 1785*, Stuttgart 1968(1836).

Wolzogen, Caroline v., *Schillers Leben verfaßt aus Erinnerung der Familie, seinen eignen Briefen und den Nachrichten seines Freundes Körner*, Hildesheim 2004(1830).

3. 쉴러에 관한 문서, 편지, 대화록

Berghahn, Klaus L, Hrsg., *Briefwechsel zwischen Schiller und Körner*, München 1973.[Briefwechsel]

Bodo Lecke, Hrsg., *Dichter über ihre Dichtungen : Friedrich Schiller*, 2Bde., München 1969.

Burghoff, Ingrid und Lothar, *Reisen zu Schiller. Wirkungund Gedenkenstätten*, Berlin-Leipzig 1989.

German, Dietrich, Eberhard Haufe, Hrsg., *Schillers Gespräche*, NA, Bd. 42, Weimar 1967.

Hoyer, Walter, *Schillers Leben. Dokumantarisch in Briefen, zeitgenössischen Berichten und Bildern*. Frankfurt/M. 1967.

Wilpert, Gero von, *Schiller-Chronik*, Stuttgart 2000.

4. 연구서, 논문

고창범, 《쉴러의 예술과 사상》, 서울대학교출판부, 1986.

김승옥, 《독일문학연구》, 우삼, 1993.

_____, 《서양문학의 흐름—서양문학사상사 시론》, 고려대학교출판부, 2000.

Alt, Peter-André, *Schiller. Leben-Werke-Zeit.* Eine Biographie, 2Bde., *Mü nchen* 2000.

Barthe, Ilse-Marie, *Literarisches Weimar*, Stuttgart 1971.

Berghahn K. L., Grimm Reinold, Hrsg., *Schiller : Zur Theorie und Praxis der Dramen*, Darmstadt 1972.

Buchwald, Reinhard, *Schiller. Leben und Werk*, Wiesbaden 1959.

Darsow, Götz-Lothar, *Friedrich Schiller*, Stuttgart 2000.

Debon, Günther, *Schiller und der Chinenische Geist*, Frankfurt/M. 1985.

Ders, Hrsg., *Schiller-Handbuch(in Zusammenarbeit mit der Deutschen Schillergesellschaft Marbach)*, Stuttgart 1998.

Graham, Ilse, *Schiller, ein Meister der Tragischen Form. Die Theorie in der Praxis*, Aus dem Englischen übersetzt v. Klaus Börner, Darmstadt : Wissenschaftliche Buchgesellschaft 1972.

Kim, Sung-Ock, *Dir Fürstenkonfrontation im deutschen Drama vom Barock bis Schiller. Eine historische Untersuchung zu Akt III, Szene 4 von Schillers "Maria Stuart"*, Erlangen 1976.

Knobloch, Hans-Jörg, Helmut Koopmann, Hrsg., *Schiller Heute*, Tübingen 1996.

Koopmann, Helmut, *Friedrich Schiller*, 2Bde., Stuttgart 1966.

Rainer, Ulrike, *Schillers Prosa. Poetologie und Praxis*, Berlin 1988.

Reed, T. J., "Schillers Leben und Persönlichkeit", *Schiller-Hanbuch*, Hrsg., Koopmann, Stuttgart 1998.

Theo, Elm, "Friedrich Schiller. Kabale und Liebe. Ein bürgerliches Trauerspiel. Gesellschaftskritik und Menschheitsutopie", *Das Soziale Drama*, Stuttgart 2004.

Ueding, Gert, *Friedrich Schiller*, München 1990.

Wiese, Benno von, *Friedrich Schiller*, Stuttgart 1963 .

5. 일반 도서

고려대학교 독일문화연구소, 《독일문화사대계》, 신지사, 1974.

자크, 크리스티앙, 《프리메이슨*La franc-maçonnerie*》, 하태환 옮김, 문학동네, 2003.

* 본문 중 괄호 안의 참고서는 작가명 및 페이지 수를 나타낸다. 독자들이 쉽게 읽도록 출전을 대부분 생략하였으나 전후를 파악하면 누구나 알 수 있도록 하였다. 편지에는 연대를 알 수 있도록 가끔 연월일을 표시하였다.

주요 인명 찾아보기

프리드리히 쉴러

초판 발행 2006년 8월 25일
초판 1쇄 2006년 8월 25일

지은이 김승옥

펴낸곳 고려대학교출판부
www.kupress.com
kupress@korea.ac.kr
136-701 서울특별시 성북구 안암동
02-3290-4230, 4232
Fax 923-6311

찍은곳 이환D&B

ISBN 89-7641-585-X 03850

값 12,000원

* 잘못 만들어진 책은 바꿔드립니다.